PASSAGES, SEUILS, MUTATIONS

© Dervy Paris, 1996
ISBN : 2-85076-752-2

M. Abiven – A. Fraisse – G. Guy-Gillet
C. Javary – F. Jeze – A. Maman – Y. Millerand
F. Roux – J.-P. Schnetzler – A. de Souzenelle
Y. Tardan-Masquelier – P. Tomatis – J. Vigne

PASSAGES, SEUILS, MUTATIONS

Revue Française de Yoga
n° 13
Directrice de rédaction : Ysé Tardan-Masquelier

Éditions Dervy
130, boulevard Saint-Germain
75006 Paris

Ysé TARDAN-MASQUELIER

PRÉFACE

Au XIXᵉ siècle, être moderne, c'était croire au progrès indéfini, technique, sociologique et spirituel. L'homme nouveau, enfant du siècle des Lumières, surpassait l'homme ancien et prévoyait un monde où l'histoire, malgré ses aléas et ses ruptures, conduirait à un accomplissement de l'intelligence individuelle et collective. Aujourd'hui, notre belle modernité, rêvée par les générations qui nous ont précédés, apparaît à bien des égards comme un champ de ruines. Les guerres restent nombreuses, le lien social devient fragile face à la disparition des communautés traditionnelles, aux multiples formes d'exclusions, à la perte de confiance dans les institutions, qu'elles soient religieuses ou politiques. Les sources de souffrance n'ont pas été abolies par la médecine, et les nouvelles maladies semblent plus puissantes que les avancées de la science. Aujourd'hui, on craint pour soi, pour ses vieux parents, pour les enfants qui nous suivent. Comme autrefois, dira-t-on ; certes, mais avec la désillusion d'avoir cru qu'il aurait pu en être autrement...

Le mythe du progrès est-il à ranger au placard des vieilles lunes ? Certainement oui, si nous entendions par là que nous aurions encore la possibilité de refaire le monde, dans un projet un peu prométhéen. Mais l'idée de progresser ne peut s'abandonner aussi facilement, au risque de tomber dans un scepticisme négatif qui serait infiniment dangereux, et moralement indéfendable. Si les lignes d'un éventuel progrès global de l'humanité semblent, au moins aujourd'hui, brisées, régressantes et désordonnées, dans les vides de leurs pointillés émergent d'autres paroles, d'autres regards, d'autres approches qui indiquent des mutations en cours. Certes ces ouvertures sont modestes dans leurs expressions, puisque le temps n'est plus de construire de « grandes machines » philosophiques. Elles n'en portent pas moins une forte exigence : celle de sortir du lamento des lendemains qui ne chantent plus, pour travailler ici et maintenant à l'accomplissement de l'humain, en sachant que le bonheur est difficile, parce qu'il ne sera jamais donné de l'extérieur par la société. Pour avoir le courage de cette exigence, il faut payer le prix d'un certain renoncement, perdre un confort intellectuel qui consisterait à penser, même implicitement, que les états humains, physiques, psychologiques et spirituels peuvent être acquis et stables. C'est un truisme de dire que dans notre monde, « tout change » ; mais en réalité, la perspective positiviste et institutionnelle, très forte au XIXᵉ siècle, qui s'efforçait de créer un ordre durable et, par cela même relativement rigide, s'est écroulée, laissant apparaître une autre vérité : tout change, parce que le changement est, et a toujours été, la loi de la réalité. L'homme est, par définition, « passant ». Eternelle constatation, mais vertigineuse, quand elle se donne de manière brute, et qui ne peut devenir féconde que si elle s'appuie sur des expériences précises, encadrées par certains repères, travaillées de l'intérieur par une présence consciente.

Nous avons choisi ici, parmi bien d'autres avenues possibles, trois chemins qui offrent une réflexion sur les passages de la vie, les seuils qu'ils exigent de franchir, et les mutations qu'ils entraînent.

Une première ligne de force sera constituée par un retour sur les traditions. Héritages du passé, ces sagesses ne nous apparaissent pas comme lettres mortes, si nous y voyons des systèmes de signes encore ouverts à une lecture neuve. Car il ne s'agit pas de les ériger en modèles intangibles, de céder à la tentation fondamentaliste de les préférer à une modernité « sauvage ». Au contraire, les traditions, en indiquant, dans leurs langages particuliers, où se situent les passages et les points de rupture, et comment ils peuvent être négociés, proposent des références avérées. Nous ne pouvons nous priver de ces expériences millénaires, nous ne pouvons non plus les adopter directement, « naïvement » ; d'où l'idée de les considérer elles-mêmes comme des « passeuses » plutôt que comme des répertoires de vérités à croire.

Un bel espace est fait aux spiritualités de l'Orient – Inde, Tibet, Chine – parce que leur approfondissement est l'un des apports majeurs de notre siècle. Il est toujours utile de retourner à leur authenticité, car leur découverte en des circonstances et des milieux très divers ont donné lieu à toutes sortes d'interprétations bizarres. Mais le lecteur se tromperait en pensant que cette place première implique une hiérarchie : l'Orient n'est pas « meilleur » que l'Occident ; tout au plus, ses idées sur le passage et la mutation se sont-elles mieux transmises, parce qu'elles n'ont pas été refoulées par l'intellectualisme des théories de l'évolution. Et puis, par une loi paradoxale dans sa constance, on sait qu'il faut souvent chercher très loin, chez l'autre, ce qui existe chez soi, mais si habituel ou si méprisé qu'on n'en sent plus le souffle créateur. Ainsi le « voyage en Orient » ne doit-il pas faire oublier la force de ce que transmettent judaïsme et christianisme : l'expérience de l'Exode, la mort et la résurrection du Christ, sont des « pâques », c'est-à-dire des passages, résonnant ensemble à plusieurs niveaux de par leur inscription dans une même histoire sacrée. Nous avons eu envie d'ajouter à ces deux grandes sources, désignées de manière simpliste comme « Orient » et « Occident », un troisième courant, qui représente des cultures minoritaires, défavorisées par leur faible puissance numérique, politique, économique. Dans le dialogue Orient-Occident, si riche aujourd'hui, il est indispensable d'introduire un troisième interlocuteur, la voix des spiritualités indigènes, d'autant plus que, partout vaincues par la colonisation, elles n'ont pourtant pas dit leur dernier mot, surtout au sujet du « passage » : on voit ainsi le chamanisme des Indiens d'Amérique renaître en « néo-chamanisme » et, parmi les expressions les plus vivantes de cette renaissance, les rites d'initiation et de passage jouer un rôle essentiel.

Le deuxième axe pointe vers la notion de présent. L'homme qui a pris conscience qu'il est « passant » ne peut en effet se maintenir sans difficultés dans cette vérité toute nue. Ou s'il le peut, c'est à certaines conditions, qui sont comme les prix à payer pour cette vérité. Ici aussi, nous avons choisi entre plusieurs pistes possibles, et en avons privilégié quatre. Une première conduit à une analyse approfondie des paradoxes du présent : l'expérience de soi-même comme passant nécessite le passage d'un seuil, qui provoque une véritable rupture des modes de pensée et d'agir habituels ; il faut désormais vivre pleinement « l'ici-maintenant », sans se tromper de voie et s'imaginer qu'il suffit d'adopter un hédonisme irresponsable. Rien n'est plus simple, rien n'est plus difficile ; comme dit Tchouang tseu : « Cet œuf dans votre main, il fait déjà cocorico »... Or l'« œuf » a peut-être infiniment plus à nous apprendre que toutes les anticipations de notre mental.

Encore faut-il – et c'est l'objet d'une deuxième réflexion – renoncer à ce que les passages nous conduisent « quelque part », renoncer aux expressions du but qui ne sont que nos propres fabrications. S'il y a un but, il ne se situe pas dans un futur ; il est déjà là, toujours déjà là ; c'est seulement sa non-réalisation qui nous donne l'impression d'un avenir à accomplir. Le but est contenu dans le présent de la sensation corporelle, dans l'actualité des émotions ; il se réalise dans les états méditatifs, qui n'ont rien de transcendantaux ou d'extatiques, mais naissent d'une présence très précise et très centrée.

Rien n'est plus simple, rien n'est plus difficile, disions-nous : l'unicité de soi s'atteint, d'un coup et sans effort, dans l'amour ou la contemplation de la nature, dans l'expérience mystique ou dans l'intuition créatrice, dans le fulgurant trait de pinceau du peintre zen, ou dans le « libera me, Domine » du Requiem de Fauré... Mais cette soudaine présence, qu'elle vienne d'emblée ou qu'elle ait été longuement attendue, ne provoque aucune mutation, ne crée pas un nouveau sens de la vie, si elle n'est pas relayée par – osons le mot, car il n'y en a pas d'autre ! – une discipline. Vivre le présent, se vivre « passant » exige une extraordinaire fermeté, et des haubans bien tendus. C'est pourquoi nous avons tenu à ce que soient présentés dans toute leur rigueur les moyens élaborés, depuis bien des générations, par les yogis de l'Inde. En ceci, d'ailleurs, nous nous sentons particulièrement « actuels » : on sait que le yoga, pendant la grande ébullition des années soixante, a servi de prétexte à toutes sortes de libérations, à l'affranchissement d'interdits religieux, moraux, institutionnels. Certainement nécessaire, ce moment est aujourd'hui passé au second plan ; dans une société aux morales éclatées, se fait jour le souci de disposer, pour le rapport à soi-même et pour la relation à l'autre, d'un système de repérage et de régulation intérieurs. Les préceptes du yoga, qui précèdent dans l'exposition des traités classiques la pratique des postures et du souffle, sont des éléments pour architecturer sa vie intime et apprendre à vivre pleinement « présent ». Il ne faut pas les prendre comme des vertus, mais comme des instruments symphoniques qui agissent à la fois sur le corps, l'âme et l'esprit.

Nous avons dit qu'il n'y avait pas de but défini à atteindre ; c'est l'objet du quatrième article de cette partie que d'y insister, en abordant – seulement, car c'est un immense sujet – la question du vide. Le *samâdhi* du yoga, le *nirvâna* bouddhique sont des « présents » que l'on ne peut s'approprier. En quelque sorte, c'est lorsqu'on se dessaisit de l'idée du but que la mutation se produit. Alors, il n'y a plus rien à chercher, plus rien à attendre ; mais ce maintien dans le présent exige une extraordinaire vigilance. Le vide constitue ainsi l'extrême limite d'une réflexion sur le passage ; seuil, il marque aussi un commencement, celui de la vraie simplicité.

Dans une troisième partie, l'attention se déplace sur ce qui se produit sous nos yeux, en Occident, et que nous ne voyons pas toujours, parce que trop de pesanteurs cachent ces changements, parce que la voix tonitruante des media ne fait pas souvent droit à une parole discrète. Il y a de réelles mutations dans le regard que l'on porte sur la vie humaine. Ces mutations touchent, par exemple, à l'approche de la naissance, de la dépression, de la maladie et de la mort. Cela ne devrait pas nous étonner : si l'homme ne peut se construire lui-même et ne se maintenir que dans une relative continuité, qui lui masque en partie sa nature impermanente, certaines expériences le confrontent ou re-confrontent avec cette vérité abrupte. La naissance, la souffrance, la mort de soi ou d'autrui sont toujours des évènements-sources. A la différence de bien d'autres, elles sont partagées par tous, sans distinction de classes et de cultures. Les spiritualités les ont toujours tenues pour des centres de forces et de sens. La science les a progressivement prises en charge et, il faut le souligner, en a évacué les aspects les plus terrifiants. Mais cette approche scientifique doit devenir plus humaine, et elle s'efforce d'ailleurs de le faire actuellement. Nous avons voulu montrer ici comment les passages, mieux compris, donc mieux assumés, frayaient le chemin à des mutations concrètes, porteuses de réconciliation pour l'être humain.

Qu'il s'agisse de la naissance du cheminement dans la connaissance de soi, ou de la mort, le point commun de ces autres manières de faire, c'est l'accompagnement. Accompagner la naissance permet d'envisager comme interagissants dans un ensemble le bébé, ses parents, leur généalogie, les sages-femmes et médecins.

Accompagner la confrontation avec l'inconscient exige du psychanalyste de se mettre en jeu et de convoquer les archétypes collectifs. Accompagner le mourant, c'est rassembler autour de lui la cohorte diverse de ceux qui peuvent encore quelque chose pour lui et de ceux qui souffrent de l'inévitable séparation. La mutation prend en compte l'ensemble d'une situation où sont noués les fils de temps différents – l'« avant » et l'« après » –, et de plusieurs vies individuelles, dont celle de l'accompagnant, du médiateur qui fait nécessairement partie du processus, et se trouve donc modifié par lui.

Les terrains d'expériences que nous avons choisi de décrire tendent donc à nous montrer qu'actuellement ces mutations, qui s'accomplissent toujours dans la profonde solitude de l'être intérieur, entraînent aussi la relation à l'autre. Elles s'affirment ainsi comme des contre-poids à l'isolement qui replie sur soi, favorisant les fixations et la rigidité, les ruptures et le retour des traumatismes. Tout ce qui mute remet en jeu de l'énergie ; celui qui accepte et assume ses propres passages se situe dans la transmission.

Ce volume est le fruit d'une longue réflexion dont la première incarnation a été le congrès de la Fédération Nationale des Enseignants de Yoga qui a réuni huit cents personnes à Saint-Malo, en mai 1987. Certaines conférences données lors de ces Assises ont été retravaillées par leurs auteurs, en vue de cette publication : celles de J.-P. SCHNETZLER, C. JAVARY, A. de SOUZE-NELLE, F. ROUX, G. GUY-GILLET, M. ABIVEN. Nous avons demandé à A. MAMAN, A. FRAISSE, Y. MILLERAND, P. TOMATIS, J. VIGNE et F. JEZE de nouvelles contributions. Que tous soient ici chaleureusement remerciés ; sans leurs généreuses collaborations, ce numéro de la Revue Française de Yoga n'aurait pu voir le jour ! Il me faut également remercier M.B. BANDET, M. COFFRE, S. HENRY, B. REBIN, C. VILLIERS qui m'ont aidée dans ce travail.

I

LES TRADITIONS : DES PASSEUSES

Docteur Andrée MAMAN

LES ÂGES DE LA VIE
DANS LA TRADITION INDIENNE
(ĀSHRAMA)

INTRODUCTION

Les âges que l'on traverse tout au long de ce passage conscient sur terre, ponctué par la naissance et la mort, sont autant de mutations progressives. Ces changements sont souvent des périodes douloureuses à vivre car les habitudes dans lesquelles on s'était installé s'écroulent, les repères habituels s'estompent et l'on se retrouve face à une réalité qu'il faut bien affronter pour continuer à progresser. On passe ainsi d'une étape à l'autre, « mourant » chaque fois à ce que l'on était précédemment ; et si chaque âge est vécu dans sa plénitude présente, on évolue vers plus de compréhension, plus de maturité et moins d'égocentrisme. Le parcours ainsi réalisé, avec l'humour que permet la possibilité progressivement acquise de voir les « choses » avec un certain recul, mène sans heurt à accepter tour à tour les aléas de la vie et à en apprécier pleinement les différents épisodes tout en acceptant joyeusement l'énergie amoindrie et le physique moins séduisant que ce qu'il était quelques décennies auparavant.

Il est évident que toutes les traditions ont exploré ces différentes phases de l'existence ; on peut néanmoins affirmer que la tradition indienne attache une particulière importance au respect d'une progression intelligente, d'un souci constant d'accorder ses actions à ses propres possibilités ; cela implique la nécessité de se bien connaître, de façon humble et lucide, et ensuite de trouver les

LE SVA-DHARMA
Histoire de la petite fille souris et du saint homme

Un saint homme qui se nommait Yajnavalkya vivait avec sa femme sur une rive du Gange. Un jour, alors qu'il méditait, il sentit tomber quelque chose de chaud et doux dans le creux de sa main. Ouvrant les yeux, il vit une minuscule souris ; il eut pitié d'elle et, utilisant ses pouvoirs, il la transforma en une petite fille qu'il emmena chez lui. Là, elle grandit, considérée comme la fille de la maison.

Lorsqu'elle atteignit l'âge de se marier, la femme de Yajnavalkya fit un jour à celui-ci le reproche suivant : « Ne vois-tu pas que ta fille est mûre et qu'elle a besoin d'un mari ? » Yajnavalkya répondit : « Tu as raison. J'ai décidé qu'elle aurait le meilleur époux des mondes existants ». Il appela alors le dieu du soleil et lorsqu'il apparut il lui dit : « Je vous ai choisi comme beau-fils » et se tournant vers sa fille, il lui demanda : « Veux-tu la lumière des Trois Mondes pour mari ? » Mais elle répliqua : « Ah ! père, il a le visage trop rond et trop rouge, trouve-moi un autre mari ». Le sage appela alors le dieu des nuages ; mais une fois encore lorsqu'il demanda l'assentiment de sa fille, celle-ci s'exclama : « Oh ! père, il a l'air bien trop morose, trouve-moi un autre mari ». Le sage appela le dieu de la montagne mais dès qu'il apparut, sa fille s'écria : « Oh ! père, il est trop massif et trop gauche ! Trouve-moi un autre mari ».

Le saint homme demanda à la montagne si elle connaissait quelqu'un de meilleur qu'elle. Celle-ci répondit : « La souris peut me faire autant de trous qu'elle veut ; si l'on tient compte de cela, elle doit être plus forte que moi ». Yajnavalkya appela la souris mâle et dès qu'elle l'aperçut sa fille s'exclama : « C'est le seul mari qui me rendra heureuse ! Ne peux-tu pas me changer en souris ? » Le sage réalisa son vœu.

Lorsqu'ils eurent tous les deux disparu dans les buissons, il rentra chez lui se parlant à lui-même en souriant : « Bien que le soleil, le nuage et la montagne se soient présentés à elle comme prétendants, elle a eu besoin de redevenir souris ! » On ne peut nier sa propre nature (*sva-dharma*), donc ses tendances, ses attirances et répulsions qui conditionnent un comportement.

Conte tiré du livre *Moksha* de Sudhir KAKAR

moyens d'adapter ce que l'on est à ce que l'on doit accomplir et à ce que l'on devient. Ainsi sera constamment maintenu un état de grande harmonie, non seulement en soi mais aussi autour de soi.

Ce respect d'une certaine norme, qui va prévaloir dans le concept des âges de la vie fait partie de la notion de *dharma*, qui de façon plus large comprend aussi des règles qu'il est souhaitable d'observer pour mener une vie harmonieuse, aussi bien individuellement que socialement ; ainsi que nous le verrons succinctement, *dharma* signifie aussi l'observance des quatre sens de la vie (*purushartha*) et des quatre castes (*varna*). Les modèles de conduite spécifiques qui en découlent permettent de canaliser les instincts parfois agressifs. La non-violence apparait en filigrane dans toutes ces injonctions ; de plus, il est clair que l'on n'agit d'une certaine façon que parce que c'est ainsi que cela doit être, sans se préoccuper des résultats de cette action.

I. DHARMA ET SVA-DHARMA

La notion de *dharma* est explicitée concrètement dans des recueils de préceptes connus sous le nom de *smrti,* c'est-à-dire « tradition, mémoire, ce qui a été transmis ». Ces textes définissent l'ordre du monde et les rituels à observer pour que l'ordre soit respecté et perpétué. A part les rituels, le respect de cet ordre implique aussi des devoirs tels que des règles de vie individuelle et sociale et des vertus à observer... Le plus connu de ces textes est celui qui énumère les *Lois de Manu* (1). Les deux grandes épopées, le *Râmâyana* et le *Mahâbharata,* définissent et commentent aussi la notion de *dharma*.

Selon la définition donnée dans le dictionnaire de civilisation indienne, *dharma* se traduirait donc par « loi générale, devoir, chose immuablement fixée, ensemble des règles et des phénomènes

---

(1) D'après le dictionnaire de civilisation indienne, *manu* signifie en premier lieu « homme ». C'est le nom donné au premier homme de notre *kalpa* ou âge actuel, premier législateur à qui l'on attribue la composition des « lois de Manu » (*mânavadharma shastra*). Selon les *Purâna,* ce nom de Manu, de la racine *man* : penser, serait collectivement donné aux quatorze ancêtres des *manvantara* ou périodes cosmiques (*kalpa*).

régissant l'ordre des choses dans l'univers, les sociétés et les êtres humains ». C'est un comportement éthique dans le sens du « juste », pour aller vers l'harmonie, plutôt que du « moral ». Le « juste », s'accordant à la bonne marche du tout et du particulier, a selon cette philosophie un caractère absolu, tandis que le « moral » est relatif, et change avec les époques et les conceptions en vigueur dans un certain contexte.

En sanskrit *dharma* vient de la racine DHRI qui signifie : « maintenir, tenir à un haut degré, empêcher de tomber, soutenir ». Il signifie aussi « caractéristiques » d'un objet, d'une personne, caractéristiques à bien connaître et donc à maintenir pour que les choses soient harmonieuses.

On pourra donc concrètement dire que *dharma*, c'est ce qui doit être fait et bien fait. Le contraire est *adharma* ; l'incompréhension de ce qui est juste est *paradharma. Dharma,* ainsi défini, concerne surtout la bonne marche de l'univers dans son ensemble, du macrocosme ; étant donné que, faisant partie intégrante de cet univers, nous sommes un microcosme construit selon les mêmes principes et les mêmes éléments, *dharma* va s'appliquer et devra être respecté par chaque individu. Il s'agira alors de *sva-dharma* (*sva* signifie « soi-même »), donc d'un ensemble de règles que chacun d'entre nous se doit d'observer pour, selon sa propre nature et ses propres potentialités, s'épanouir pleinement dans ce qui lui correspond. La signification profonde de *sva-dharma*, « devoir », est aux antipodes de l'idée de suivre avec une certaine complaisance un penchant qui nous pousse à ne faire que ce qui nous plaît. C'est ce qui doit être fait à notre échelle, même si cela implique des contraintes et des efforts. Dans ce cas les responsabilités essentielles ne se mesurent pas au degré de réussite, et le succès est totalement indépendant des faits accomplis. C'est, dans une situation qui nous concerne, avoir fait le maximum, à notre portée, quelles qu'en soient les conséquences, agréables ou douloureuses. Avoir accompli son *sva-dharma*, dans ces conditions, procure toujours un profond sentiment d'avoir fait ce que l'on avait à faire, donc un sentiment de contentement (*samtosha*). Ceci exige d'abord une bonne connaissance de soi, puis de bien savoir comment l'on se situe par rapport aux autres et ce qu'on leur doit. Plus on se met en résonance avec son *sva-dharma* mieux on le vit, et plus on le respecte et mieux on comprend celui des autres.

Le respect du *sva-dharma* dans la tradition indienne implique que l'on observe différents aspects de la vie individuelle et de la vie sociale : les quatre sens ou piliers d'une vie équilibrée (**purushartha**) ; les quatre castes (**varna**) ; enfin les quatre âges de la vie (**ashrama**) qui seront plus largement détaillés dans cet article.

Les quatre purusharta

(*purusa* : homme – *artha* : but, intention, sens), ils représentent les comportements souhaitables à observer pour que la vie soit harmonieuse et équilibrée ; ce sont : *kâma*, le plaisir, le désir surtout sensuel ; *artha*, les richesses matérielles ; *dharma*, dans le sens ici du respect des lois sociales ; *moksha*, l'aboutissement de ce comportement qui est la libération.

La signification des quatre *purusharta*, buts ou sens de la vie, est qu'une vie ne peut pas être complète si l'on n'a pas expérimenté ces quatre aspects : le plaisir, la jouissance, les émotions suscitées par les relations humaines mutuelles, sur tous les plans ; les moyens matériels pour une vie plus facile (ces philosophies, notons-le au passage, n'ont jamais prôné l'ascèse dans le sens de contrainte frustrante), la réalisation de soi sur le plan social, l'action en général avec tout ce que cela implique ; le respect des lois qui régissent une vie en société, ce qui implique certaines vertus comme la politesse, la tolérance, la charité, l'attention à l'autre, l'amitié, la compassion ; enfin l'acquisition d'une maturité qui permet de se réaliser pleinement sur tous les plans et surtout sur le plan spirituel.

Les quatre castes ou classes sociales

(*varna* veut dire « couleur »). Elles sont : *brahmana*, les intellectuels (prêtres, professeurs) ; *kshatrya*, les « guerriers » ; *vaisya*, les commerçants, les agriculteurs ; *shûdra*, les artisans.

La signification des castes, si décriées, est aussi très profonde, toujours selon cette idée qu'un plein épanouissement n'est possible que si l'on « reste à sa place » et que l'on s'y perfectionne sans cesse, sans chercher à usurper un rôle que l'on n'est pas capable de bien assumer. L'idée de base est que toute société s'appuie sur des corps constitués qui se seront spécialisés dans une tâche déterminée et qui, de ce fait, s'acquitteront parfaitement ou le mieux possible de ce qu'ils ont à accomplir.

Ce qui choque souvent nos sensibilités, c'est de penser que ces catégories sociales se transmettent dans une famille de père en fils. C'est peut-être ce qui s'est produit au fil du temps, mais à l'origine les choses n'étaient pas ainsi et les castes correspondaient à une véritable compétence dans un domaine donné (enseignement, défense du territoire, artisanat, commerce, etc...). Et ce que l'on sait peu (ou mal) est que chaque caste a ses droits certes, mais aussi ses devoirs très astreignants et contraignants, et d'autant plus que l'on grimpe haut dans la hiérarchie.

Les quatre âges de la vie : ashrama

Remarquons que dans cette tradition, tous les cycles sont caractérisés par le nombre quatre qui est le nombre de la terre et de ses saisons. L'homme, en tant qu'habitant de cette terre, a aussi ses saisons qui ponctueront le dénouement de sa vie depuis le printemps jusqu'à l'hiver ou encore, comme dans une journée, depuis le matin jusqu'au soir. Si l'on a bien compris ce que signifiait le *sva-dharma*, chaque période de la vie, avec tout ce qui la caractérise, doit être vécue pleinement, sans essayer de sauter des étapes, sans vouloir non plus s'évertuer à revenir en arrière pour revivre des épisodes déjà révolus et qui ne peuvent plus être en correspondance avec ce qui est advenu. Car il est évident qu'un adolescent ne peut avoir encore acquis suffisamment de maturité ; tout comme une personne âgée n'a plus la faculté physique (et plus non plus l'envie) de réussir des performances...

Les quatre étapes de la vie sont : *brahmacarya*, phase de l'éducation générale et religieuse ; *grihastha*, la vie au foyer ; *vanaprastha*, phase de méditation, renoncement encore relatif ; *sannyasa*, détachement complet vis-à-vis du monde, vie dévouée au service du Seigneur, renoncement total.

Brahmacârya

De *brahman* : « absolu » et « *cârya* », « se mouvoir », c'est la quête du savoir. C'est donc la phase de l'éducation générale et religieuse ; elle correspond à l'adolescence où va s'effectuer l'apprentissage (aux choses de la vie, à un métier). C'est alors qu'on va commencer à savoir ce qu'est le *dharma*, à le respecter et à entrevoir ce que pourrait être son *sva-dharma*.

L'enfant, jusque-là très protégé par ses parents, sa mère surtout, (il est dit que la mère est le premier *guru*), la famille élargie dans laquelle il vit, va recevoir sa première initiation. l'*upanayana* (ceci n'aura lieu que dans les trois permières castes). Seul le garçon est concerné ; c'est pour lui le sacrement le plus important, qui correspond à cette « rupture » de la protection familiale pour rechercher un précepteur, un *guru*, un guide en fait. Ceci a lieu entre la huitième et la dixième année pour le brahmane, un à deux ans plus tard pour le *kshatrya* et le *vaisya*. Lors d'un rituel bien codifié entre le maître et l'élève, seront données les instructions du maître qui le recommande aux dieux : cela correspondra à une seconde naissance (*dvija*). L'ouverture du temps des études sera symbolisée par la lecture du Veda sous des formes précises de répétitions pour apprendre la fameuse prière appelée *gâyatrî* ou *sâvitrî*. Traditionnellement l'élève vivra avec son professeur qu'il servira et honorera ; il devra dormir sur un lit bas à sa porte, observer la chasteté, s'abstenir de certains mets et lui obéir rigoureusement. Selon la caste, le maître sera soit un brahmane, soit un maître artisan, ou un artiste. Dans ce contexte de l'adolescence très occupée et concentrée sur son apprentissage à la vie d'adulte, il est souvent fait mention de chasteté : c'est la signification fréquente que l'on donne du reste au terme de *brahmacârya* que l'on va retrouver cité dans les *Yoga sûtra* de Patanjali (II, 30), où sont énumérés les *yama* (règles de vie dans la relation à soi-même ou observances), puis au sûtra 38 qui définit le concept (2).

Cette signification effraie considérablement les adeptes du yoga en Occident et leur fait souvent considérer et conclure que cette discipline ne peut les concerner, eux qui vivent dans une société

---

(2) Voir infra l'article de Patrick TOMATIS, *Le yoga, voie de transformation.*

qui a autrement réglé les problèmes de relations sexuelles. En fait, il n'est absolument pas question de retenir cette signification stricte de chasteté indispensable. Car le sens premier est, « être au service du *brahman* », littéralement « pratiquer le *brahman* ». Dans ce contexte, le mot *brahman* fait référence à l'énergie cosmique immanente et transcendante, présente dans tous les êtres qu'ils soient animés ou inanimés, et que l'on atteint par l'acte (*kriyâ*), la parole (*vâk*) et l'esprit (*manas*). Celui qui se consacre avec toute sa force de conviction à l'obtention de cette énergie est un *brahmacârin*. Il est vrai que pendant la durée des études, une certaine continence sexuelle est souhaitable pour réserver toutes ses forces vitales à l'étude. Cette abstinence relative distingue le chercheur spirituel du maître de maison (phase suivante) ou de la personne uniquement préoccupée de gains matériels. On pourrait pour conclure ces considérations donner à *brahmacârya* le sens plus général de « conscience de », de « maîtrise », de meilleure utilisation possible de son capital énergétique ; peut-être pourrait-on dire aussi de modération dans les actes, quels qu'ils soient, d'adéquation entre les actes et une situation donnée. Ce serait alors un état d'équilibre, d'harmonie entre pensée, parole et action. Dans le cadre de la relation sexuelle, cela correspondrait à une forme saine de relation à autrui impliquant un contrôle des fonctions sensorielles et non pas une contrainte, impliquant aussi une responsabilité vis-à-vis de soi-même et d'autrui.

Traditionnellement, l'étudiant ne doit pas se marier avant d'avoir terminé ses études. Dans certaines familles de Brahmanes très traditionnalistes, encore de nos jours, l'enfant quitte ses parents entre dix et douze ans pour aller dans l'un des centres de la culture sacrée tels que Bénarès et y cherche un maître qui veuille bien l'accepter. Un maître peut avoir jusqu'à dix élèves qui le serviront et mendieront pour lui et pour la subsistance du groupe. En Inde la ferveur de l'élève vis-à-vis de son *guru*, le respect et la confiance totale qu'il lui voue sont extrêmement vivaces. Il se formera donc une chaîne d'initiation intellectuelle et spirituelle (*guruparampara*) dont on pourrait trouver l'équivalent, chez nous Occidentaux, dans les milieux artistiques davantage qu'intellectuels.

Le premier *guru*, nous l'avons vu, étant la mère (ou à défaut une mère adoptive) qui a appris à l'enfant les premiers rudiments du langage et de la vie sociale, le respect envers la mère sera toujours très marqué. Le père pourra bien sûr être un conseiller et on le consultera lors de décisions à prendre, mais il ne sera jamais un maître ; c'est le chef de famille qui a ses propres préoccupations et devoirs à accomplir pour faire vivre sa famille.

Le savoir ne pouvant être vendu, l'enseignement est gratuit. Néanmoins, à la fin des études, l'élève se doit d'offrir un présent au *guru*, selon ses moyens (vêtements, fruits, or, bétail, terres ou sommes d'argent selon les possibilités). Lorsque les études sont terminées, l'adolescent revêt au cours d'une cérémonie le vêtement de pèlerin et, avant de retouner chez ses parents, il ira visiter des lieux saints. Ce rite, de nos jours, peut ne prendre qu'un aspect symbolique et fictif ; il est néanmoins toujours pratiqué. Même après avoir terminé ses études, il est d'usage de se choisir un *guru* dont on pourra suivre les enseignements et à qui on pourra aussi demander conseil.

Grihastha

La vie domestique de maître de maison (*griha* = maison) constitue la seconde époque de la vie. C'est alors que l'adolescent devenu adulte fonde une famille ; traditionnellement le mariage était souvent arrangé, en tenant compte de plusieurs facteurs favorables tels que caste, hérédité et concordance des horoscopes (l'astrologie joue encore en Inde un rôle prédominant pour toute décision). De nos jours, certaines de ces considérations existent toujours mais, tout au moins dans les classes aisées, on sent une nette émancipation de la femme et de la conception du couple. Néanmoins, le comportement des femmes en Inde diffère de celui des Occidentales : on a l'impression qu'elles cherchent moins systématiquement à séduire par tous les moyens, qu'elles sont pleinement femmes et mères, une fois mariées, et que, plus tard, elles acceptent mieux d'avoir vieilli, la ménopause étant infiniment mieux vécue que sous nos latitudes.

Le couple a souvent plusieurs enfants et vit dans une maison personnelle ou aussi, souvent, dans une partie d'une grande maison familiale. Ils se doivent d'entretenir un feu qui symbolise l'unité familiale : un feu qui meurt est considéré comme de mauvais augure. Dans son livre *Les quatre sens de la vie*, Alain Danielou explique que chez certains Brahmanes orthodoxes, le feu qui sert à cuire les aliments est toujours celui qui a été allumé lors du mariage et qui ne s'est jamais éteint ! L'intimité entre époux dans ce contexte de famille élargie est difficilement réalisable à cette phase ; ce n'est que plus tard (à la troisième époque) que le couple pourra plus aisément se retrouver.

A ce stade il est tout à fait légitime et même souhaitable de gagner de l'argent pour vivre, grâce à son travail ; les biens matériels (*artha*) ne sont donc aucunement méprisés. C'est aussi la phase où s'épanouira le désir, la sensualité (*kâma*) avec la possibilité d'apprécier si cela est possible les bijoux, les appartements agréables, les arts (musique, danse), les divertissements, tout en sachant que, chaque caste ayant ses droits et ses devoirs, la jouissance puisse être pour certaines d'entre elles limitée.

Quand le chef de famille, le maître de maison, a rempli ses devoirs, fait correctement vivre sa famille, élevé ses enfants, il n'a plus de responsabilités familiales et sociales, et il peut alors entrer dans la troisième phase de sa vie et se consacrer davantage à son couple et à lui-même.

Vana-Prashta

(*vana* signifie « forêt », *prashta* « qui est établi »). Cela évoque donc (toujours selon la tradition) la possibilité de s'installer dans un lieu de retraite qui avant pouvait être un ermitage dans la forêt, et qui aujourd'hui peut consister simplement à résider encore dans la maison familiale, un peu à l'écart du reste de la famille, ou à vivre dans une petite maison en dehors de l'agitation de la ville. Ce sont maintenant les enfants qui se doivent de subvenir aux besoins de leurs parents pour qui ils conservent respect et considération. Cet âge sera celui d'une plus grande maturité acquise, donc de la réflexion, de l'étude, des discussions philosophiques. Pour la femme, dans l'Inde moderne, cette période de la maturité qui correspond à la ménopause est beaucoup mieux vécue que chez nous, car elle accepte les changements survenus. Elle est épanouie, plus sûre d'elle et joue souvent à cette époque un rôle social ou politique. Les mères ont toujours un grand impact sur leurs enfants qui les respectent et gardent sans faillir, vis-à-vis d'elles, une grande dette de reconnaissance.

La maturité acquise permet d'approcher de cet état de libération (*moksha*) dont nous avons parlé en évoquant les quatre sens ou piliers de la vie.

Sannyasa

De *samnyâs* « déposer », c'est le renoncement total. Cette étape n'est pas une obligation ; il se peut que le couple continue jusqu'à la fin cette vie de retraite relative ; mais il se peut aussi que l'homme surtout décide de pratiquer le renoncement absolu et d'entrer dans l'état de *sannyâsin*. Néanmoins, un nombre assez grand de femmes suivent cette même voie, la plus connue à notre époque ayant été Mâ Ananda Mâyi.

Si tel est son choix, à cette époque, l'homme (ou la femme) peut laisser sa famille, abandonner tout rite (en particulier l'entretien du feu sacrificiel et rituel) pour partir et devenir moine errant. Cet être atteint alors le quatrième but de la vie, *moksha*, la délivrance totale de tout lien. C'est un accomplissement, un au-delà des rites. Cet état implique une perte totale d'identité telle qu'on la conçoit socialement ; le *sannyasin* se dépouillera de tout : famille, maître, livres, rites pour aller « nu comme à sa naissance » retrouver la source même de son être. Cela impliquera une errance sans fin de lieu saint en lieu saint, mendiant sa nourriture, s'abritant la nuit dans des temples ou dans des maisons abandonnées par de riches propriétaires et généralement données à ces moines errants. Les *sannyasi* enseigneront à qui s'adressera à eux dans ce but et passeront leur temps en pieuses discussions.

S'il arrive que des jeunes soient d'emblée attirés par cette vie de dévotion, il est néanmoins admis qu'il faut connaître le monde avant de le quitter car tous les aspects de la vie sont à vivre : peut-on savoir si l'on s'engage dans la bonne voie, sans avoir expérimenté les autres piliers d'une vie harmonieuse ? D'autre part, il se peut aussi très bien que seules les trois premières étapes soient accomplies : l'état de renoncement n'est nullement une obligation et l'on peut parvenir à la libération à partir du troisième stade de la vie qui est déjà voué à la réflexion et à la concentration menant vers plus de lucidité. Alors on sera plus clair sur sa propre nature et on aura trouvé son équilibre ; car une bonne connaissance de soi est indispensable pour s'intégrer pleinement dans son environnement.

Ainsi sont définies les caractéristiques des âges de la vie dans la tradition et la société hindoues. Respecter cette progression en relation avec les changements inéluctables qu'entraînent les années qui passent, est non seulement souhaitable mais, dirons-nous, incontournable. Ne pas s'y conformer intelligemment n'aboutira qu'à de graves difficultés existentielles.

Il est remarquable de constater à quel point cette conception d'évolution dans le temps d'un être humain est équilibrée sur tous les plans. Elle respecte ce qui caractérise psychologiquement un être : l'**action**, la connaissance et le renoncement. L'action au moment de l'adolescence et chez l'adulte jeune : une action parfois rigoureuse, un peu austère, exigeant des efforts, une intention vers un but souhaité et une conviction qui porte la détermination à réaliser son projet. C'est l'époque de l'étude, de l'apprentissage qui construit l'être, le confronte aux autres et aux difficultés de la vie et l'oblige déjà à chercher des solutions ; c'est l'époque aussi, incontournable, de l'acquisition des biens matériels, indispensables à une vie décente, l'époque de la découverte des émotions sensuelles qui poussent à fonder une famille et à l'assumer, avec tout ce que cela implique de confrontations aux autres, de combattivité positive sans agressivité. Ce sont les première et deuxième étapes. L'action ainsi menée conduit progressivement à plus de **connaissance**, et de soi et des autres ; cette connaissance implique l'envie d'aller encore plus profond pour mieux comprendre les questions existentielles et essentielles que l'on se pose immanquablement. Et ainsi vient la maturité avec plus de propension à la réflexion et aussi moins d'attirance pour une action très extériorisante. Après s'être frotté aux autres, peut-être parfois durement et ironiquement, cette étape est celle où l'on sait prendre un certain recul, voir les défauts de tous les humains et en rire avec humour. Ceci correspond à la troisième étape. Et puis justement plus on connait, plus on est lucide et mieux on est apte à donner à chaque chose sa juste valeur ; plus on réalise à quel point on représente peu de choses dans ce contexte macrocosmique, sans nier néanmoins l'importance et les retombées des actes accomplis par chacun dans la bonne marche du tout. Alors ne peut naître qu'un magnifique sentiment de reconnaissance quasi dévotionnelle, d'humilité, de don de son action à plus haut que soi. Et ceci est la phase du **renoncement**.

Le renonçant est celui qui ayant exploré tous les aspects de son moi, les ayant bien compris, s'en est libéré. Pour ce faire, il a fallu parcourir des étapes successives, « mourant » chaque fois à ce qui était précédemment pour « revivre » à un autre niveau de clarté et de lucidité. La vie est ainsi faite d'étapes de mutations, de trans-mutations, pourrait-on dire, qui acheminent petit à petit, sans heurt ni souffrance, si cela est vécu chaque fois avec intensité, vers cet autre pôle de l'existence qu'est la véritable mort. *« Renoncer », étymologiquement, se rattache à la famille du latin nuntius »mes-sager« d'où nuntiare « annoncer ». Renuntiare prend donc le sens « d'annoncer le retrait », de « révoquer ». Le premier sens que donne Larousse dans son dictionnaire du XIXe siècle est « se désis-ter de toute prétention », « ne plus s'attacher », ce qui correspond au sanskrit samnyâs « déposer »* (3)). Il faut retenir ces définitions du Larousse ancien : « se désister de toute prétention », « ne plus s'attacher », qui résument parfaitement le sens profond d'une évo-lution vers ce que ces philosophies nomment « libération ». « Se désister de toute prétention », c'est justement ce sentiment d'humi-lité évoqué plus haut, cette juste appréciation de ce que l'on est et qui ne peut aboutir qu'à une « fusion » dans le sens de com-préhension totale des autres et de l'environnement. La prétention, elle, qui pousse à affirmer son « moi » contre les autres ne peut être que limitation. Se libérer est avoir supprimé cette limitation. Le cheminement va donc de l'action, à la connaissance jusqu'à l'acceptation.

---

(3) A. DEGRACES-FAHD, *Les Upanishad du renoncement*, Paris, Fayard, 1989, p. 22

ACTION ET DÉTACHEMENT
SELON LA BHAGAVAD-GITA

II 13 – Un homme dans son corps, traverse enfance, jeunesse, vieillesse mais il aura d'autres corps, le sage ne s'en émeut pas.

II 20 – Ni naissance, ni mort n'existent pour qui n'a jamais eu, pour qui n'aura d'existence physique. Sans naissance, éternel, permanent, immémorial, Cela n'est pas tué, quand le corps est tué.

II 31-32 – Un simple regard à ton devoir doit te tirer de tes doutes.

33 – Rien, pour un *kshatrya* n'est meilleur qu'un combat légitime.

34 – Providentiel est un tel combat : il ouvre la porte du ciel. Heureux les *kshatrya* auxquels ils échoient !

Si tu ne livres pas ce combat légitime, tu failliras à ton honneur, à ton devoir et tu feras ton infortune.

Bien plus, ce déshonneur, on en fera courir le bruit irréversible. Pour un homme accompli, le déshonneur est pire que la mort.

II 51 – C'est parce qu'ils sont détachés que les sages renoncent au fruit de l'action. Délivrés des fardeaux liés à la naissance, ils touchent à un état où rien ne les affecte.

III 35 – Son propre devoir (*sva-dharma*), même imparfait, est préférable au devoir d'autrui, fût-il exceptionnel. Meilleure est l'assise dans son propre devoir, le devoir d'autrui est source de danger.

IV 19 – Celui dont toutes les actions sont vides de tout ce que modèle le désir et dont les actes sont consumés par le feu de la connaissance est nommé un sage.

V 18 – A l'égard d'un brahmane maîtrisant le savoir, à l'égard d'une vache, d'un éléphant, d'un chien et aussi d'un mangeur de chien les sages ont le même regard.

V 26 – Ce sont les ascètes affranchis de désir et de colère, maîtres de leur pensée, qui se résorbent entièrement dans la conscience : ils connaissent leur vraie nature.

XVII 5 – 6 – Ceux qui se livrent à de surhumains efforts en dissonance avec ce que prescrit l'enseignement, identifiés à leur moi illusoire, hantés par la violence de leurs désirs et de leurs émotions, harassant dans leur corps, par manque de conscience, leur être existentiel et essentiel, sache qu'ils sont possédés des ténèbres.

XVIII 2 – Les poètes inspirés savent que le détachement c'est s'abstenir des actes animés de désir, et que le renoncement c'est l'abandon du fruit de toute action ; c'est ce qu'ils disent avec lucidité.

XVIII 10 – Celui qui a renoncé ne repousse pas plus un acte difficile qu'il ne s'attache à une action aisée ; il possède la vraie pensée, ses doutes ont été tranchés.

XVIII 45 – Quand il s'en tient à son propre mode d'action, un homme atteint à la réussite...

47 – Meilleur est son lot, fut-il ingrat, que le destin d'autrui même suivi à la perfection. Accomplir ce que dicte notre propre maître ne nous vaut aucun mal.

48 – Son mode d'action inné, il ne faut pas le rejeter même s'il y a des difficultés...

53 – Quand on n'a plus le goût d'être quelqu'un, que l'on n'a ni orgueil, ni violence, ni désir, ni colère, ni instinct de possession, quand on est enfin libre et serein, on est tout à fait prêt à devenir « Cela qui est ».

II. LES RITES DE PASSAGE, RITUELS PONCTUANT LES ÂGES DE LA VIE

Avant d'analyser certaines conséquences plus pratiques et plus concrètes de cette façon de voir et de concevoir, il serait bon d'évoquer quelques aspects des sacrements rituels qui ponctuent les âges de la vie. Car pour les Hindous, tout au moins selon la tradition, tout est vécu avec ferveur et dévotion, tout est sacralisé, accompli à la gloire du « Tout Autre » ainsi que l'aurait exprimé Dürckheim.

De la conception à l'initiation

Des cérémonies (4) prennent place avant même la naissance ; pour les filles le rituel est en général simplifié ou même aboli. La première est la *garbhâdhâna* ou conception, suite d'oblations pour favoriser celle-ci : une onction de beurre sur les membres de la femme préviendra un avortement ; un autre rituel pendant la grossesse prendra place pour favoriser la naissance d'un mâle. Au moment de la naissance, une aspersion d'eau sur la mère écarte les démons. Quand l'enfant naît a lieu le *jâtakarman* ou rite de la naissance avec création d'un feu nouveau dans lequel se font des offrandes de sésame et de riz durant dix jours ; au terme du douzième jour, on laisse ce feu s'éteindre. Ce rituel est destiné à donner à l'enfant santé et intelligence. C'est le dixième ou douzième jour que l'on donne un nom à l'enfant (*nâma karana*). Le choix est soumis à des règles précises qui varient suivant la caste. Parfois le nom secret n'est conféré qu'à l'initiation.

La troisième année, c'est la cérémonie de la tonsure (*cûdâkarman caula*), la première coupe de cheveux selon un rituel bien établi, assez complexe. Les cheveux sont mouillés, mêlés de brins d'herbe puis coupés à quatre reprises à droite et trois à gauche. Ensuite les chutes sont enfouies. La coupe de la barbe à seize ans donnera lieu à des rites analogues.

Le sacrement le plus important déjà décrit est l'*upanayana* ou introduction auprès du précepteur choisi. Le début et la fin des études sont marqués aussi par des rites, des offrandes aux anciens. Quand les études sont complètement terminées et que l'étudiant retourne à la vie de famille, une ablution le délie du vœu de *brahmacârya*.

---

(4) On les appelle *samskara*, « consécration » ou « sacrement »

Le mariage (vivâha)

La date de la cérémonie est fixée avec soin ; le rite commence par l'envoi de messagers auprès du père de la jeune fille pour exposer les titres de la famille du futur mari ; puis l'accord est scellé par une formule solennelle. Le fiancé est conduit par de jeunes femmes chez ses futurs beaux-parents ; il voit la jeune fille, lui offre un vêtement neuf, et un miroir ; le père la lui « remet » solennellement. Puis viennent une série de rituels autour du feu, en particulier sept pas consacrant le caractère irrévocable de l'union, les deux fiancés ensemble, leurs vêtements étant liés et leurs mains nouées. Puis prennent place les dons au précepteur ; et un cortège se forme jusqu'à la nouvelle demeure de la jeune épouse. Là, prendront place d'autres rites d'offrandes. Le mariage ne sera pas consommé pendant trois jours : un bâton sur la couche sépare les époux.

Les funérailles

Le mode habituel est l'incinération sauf pour les renonçants (les *samnyasi*), qui sont inhumés car considérés comme des saints et leur tombe devient un sanctuaire visité par les fidèles. Le mort qui a expiré dans sa famille, préparé, vêtu de neuf, est transporté jusqu'au lieu crématoire. Le cortège est précédé des parents. Puis le cadavre est placé sur le bûcher ; selon sa caste on place près de lui ses insignes caractéristiques (l'arc du *kshatrya*, les instruments du sacrifice pour le brahmane) ; puis des offrandes sont faites et des prières dites pendant que le feu est allumé.

Il faut ajouter à toutes ces cérémonies les *pûja* quotidiennes faites auprès d'un autel à la gloire de la divinité d'élection de chaque famille ; les cérémonies qui ponctuent les rituels d'offrandes, témoignages de respect aux maîtres, aux ancêtres et aux parents ; les prières dans les temples qui sont des lieux de recueillement, et qui comportent toujours un plan d'eau où s'effectuent les ablutions préalables à toute purification. Ces temples, souvent immenses, sont construits selon un plan concentrique : le fidèle, en parcourant le trajet qui le mène dans la pièce centrale où se trouve la divinité se prépare à la prière en méditant. Puis, pour sortir du temple, sa déambulation en sens inverse lui permettra de se repréparer doucement à affronter le monde extérieur et son agitation.

III. LA PRATIQUE DU YOGA SELON LES ÂGES DE LA VIE

Les différentes étapes de la vie, dans le cadre du *sva-dharma* vont impliquer, pratiquement, un comportement fondé sur des occupations adaptées au moment présent. Cela signifiera, nous le répétons, poser l'acte juste par rapport à ce que l'on est capable d'accomplir, ne s'engager dans l'action qu'après en avoir mesuré toutes les conséquences. Dans la pratique du yoga, il y aura aussi respect des caractéristiques de chaque âge et des changements qui inéluctablement surviennent.

Ainsi la tradition (5) dont se réclame Desikachar, professeur connu à Madras et en Europe, lui-même élève d'un pandit éminent, son père, Krishnamacarya, a proposé différentes façons de pratiquer, tenant compte de multiples facteurs tels que la constitution physique, le lieu géographique où l'on pratique, le sexe, la constitution, l'âge et aussi l'état d'esprit dans lequel on est. En conséquence, il est tout à fait logique et sage d'adapter sa pratique à ce que l'on est, et ceci est valable de manière générale mais aussi, plus particulièrement, au moment même où l'on va s'engager dans cette pratique. Ainsi, celle-ci prend la valeur d'un véritable épisode de sa vie avec l'intention de modifier un élément éventuel gênant, ou bien encore d'aller doucement du point de départ vers une autre situation souhaitée, ce qui va aider à choisir ce qui doit être fait. Cette intention implique une analyse de la situation de départ, donc une réflexion pour aboutir à ce que l'on souhaite. En chemin, peuvent surgir des obstacles (musculaires, articulaires, respiratoires) : l'attention que l'on porte au déroulement de la pratique permettra de découvrir des solutions à plus ou moins long terme à ces obstacles.

Les différentes pratiques proposées tenant compte des facteurs

---

(5) Il s'agit de la « Yoga rahasya » du maître *Nathamuni* qui a introduit le terme *viniyoga* pour la pratique en tant qu'adaptation vigilante.

cités sont de trois types : on parle de **krama** pour désigner un
« palier », une « étape ».

| Shrishti krama | Sthiti krama | Antya krama |

Shristi krama

Shristi veut dire croître, créer, se développer. Cela donne l'idée
d'une expansion, tant sur le plan physique que mental. C'est donc
l'action qui doit être accomplie ou qui s'adapte le mieux au premier
âge, celle qui développe, ouvre le champ de conscience et permet
de grandir intelligemment. Il est évident que si l'on fait pratiquer
des enfants ou des adolescents, on va privilégier des mouvements
énergiques et toniques, des sauts, et insister peu sur la concentration trop intériorisante et sur des techniques respiratoires trop sta-
tiques.

Ce type de pratique surtout dynamique peut être figuré par un
schéma où le centre figure la personne et les flèches, son pôle
d'intérêt tout entier dirigé vers l'extérieur. D'après les textes
anciens toutes les pratiques tant physiques qu'intellectuelles doivent avoir ce type de direction jusqu'à l'âge de vingt-quatre ans,
car jusque-là on peut encore prendre des risques avec son corps
et sur le plan intellectuel, toutes les facultés (mémoire, compréhension...) sont vives. On a envie d'apprendre et il faut expérimenter même en prenant certains risques qui permettront de se
construire. Plus tard, ces mêmes expériences pourront au contraire
briser le corps et avoir des conséquences fâcheuses.

Sthiti krama

(De la racine *stha* « stable », « se tenir fermement verticale-
ment »). La flèche unique signifie qu'entre vingt-cinq et quarante-
cinq ans environ, on a une idée stable de ce que l'on souhaite ; et

c'est aussi le stade de l'accomplissement individuel, familial et social, celui où l'on essaiera de conserver, préserver et perpétuer au mieux ce que l'on a acquis de force, d'énergie et de savoir pendant la phase précédente de croissance. Cette phase (la seconde des âges de la vie) celle de la maturité et aussi des responsabilités, se caractérisera par des pratiques toujours régulières mais moins dynamiques, moins toniques, dans lesquelles le temps accordé au prânâyâma commencera à prendre une place durable dans le déroulement des séances *âsana-prânâyâma*. Il y aura plus de concentration car l'on aura une tendance naturelle à aller dans cette direction.

Antya krama

(De *anta* = « fin », aussi appelé *samhara krama*), il est figuré par un symbole d'intériorisation. L'énergie baisse progressivement, les forces déclinent. D'après Desikachar qui cite les anciens : « *ce stade débute quand on commence à accepter ce qui ne peut manquer d'arriver (le coucher du soleil) et qu'on s'adapte à cette situation* ». C'est la phase de réduction avec ce que cela signifie de renoncement, de détachement, d'acceptation.

Les troisième et quatrième stades de la vie correspondent à ce *krama*. Le troisième stade (*Vana prastha* – « se retirer dans la forêt ») peut symboliquement signifier savoir s'isoler, quitter les circonstances auxquelles on était habitué pour se préparer à la phase suivante ; c'est en fait une retraite qui permet d'aller progressivement et sereinement vers la mort, inéluctable. De même le quatrième stade (*sannyasa*) aura symboliquement pour sens de pouvoir se détacher des choses qui nous retiennent et qu'on a tant de mal à abandonner.

La pratique sera plus courte, plus calme, pratiquement constamment statique, avec une attention encore plus soutenue sur les éventuels effets négatifs de certaines postures. On prendra moins de risques car les structures physiques sont bien moins résistantes. Le *prânâyâma*, la concentration prendront une grande place dans le temps imparti à la séance, et surtout seront pratiqués dans un esprit de total lâcher-prise, dans l'acceptation pleine et entière de l'impossibilité soudaine de faire une posture pourtant possible la veille – obstacle qui pourra fort bien avoir disparu quelques jours après, mais qui aurait pu avoir, sans cette vigilance, des conséquences graves.

IV. LES ÂGES DE LA VIE EN OCCIDENT

Concevons-nous chez nous les choses de la même façon ? Sans entrer dans des polémiques stériles de conception de société, on ne peut que constater d'énormes différences, et des retombées négatives sur l'équilibre en général, de notre façon différente de cheminer tout au long de la vie. Du reste, en Inde aussi, la tentation du mieux-être matériel est grande, ce mieux-être qui est, certes, tout-à-fait légitime, quand il reste au niveau de la satisfaction des besoins et de l'obtention d'une vie décente mais qui devient très déséquilibrant quand il consiste à accumuler avec frénésie des richesses inutiles. Les considérations matérialistes ne se bornent pas à accumuler des biens ; elles poussent aussi à s'identifier physiquement à des aspects éminemment changeants de l'individu, ce qui est source de souffrance.

Si l'on parcourt les âges de la vie chez nous, que constate-t-on ? L'enfance est toujours une époque privilégiée et protégée. On s'occupe de mieux en mieux de l'éveil des tout-petits, mais on pourrait regretter l'éclatement des familles, la solitude des couples avec leurs enfants dans ce que l'on nomme des familles « nucléaires » par opposition aux familles « élargies » que les plus âgés d'entre nous ont connues, où grands-parents, oncles, tantes, cousins, cohabitaient joyeusement et chaleureusement ; cela permettait à l'enfant de partager, de s'épanouir dans le jeu constamment et de profiter de la patience, de l'expérience et de la disponibilité des personnes âgées. Maintenant, combien d'enfants dont les parents doivent travailler sont souvent très seuls... signe des temps où les moyens ne permettent plus les grandes maisons ou les grands appartements dans lesquels toute la famille pouvait être réunie.

L'adolescence, cette période extrêmement riche en expériences, où l'on commence à se frotter aux autres, à prendre conscience de ses responsabilités, est toujours difficile à vivre : de grands changements physiques et physiologiques s'opèrent et sont déconcertants, les indécisions et les doutes préoccupent et surtout on veut s'affirmer, parfois brutalement avec agressivité pour prouver (et se prouver) qu'on est « quelqu'un ». Nous avons vu qu'en Inde, traditionnellement, cela correspondait à l'étude avec un total respect du « maître ». Ici aussi l'étude prévaut mais c'est la considération, le respect qui se sont en grande partie perdus. Seules les professions artistiques et aussi artisanales ont conservé cette magnifique tradition de l'apprentissage auprès d'un maître qu'on admire et qu'on vénère. Peut-on se construire si l'on n'a pas de modèle auquel on souhaiterait ressembler ? Alors la jeunesse actuelle manque de convictions, de motivations : elle se « traîne », se dépense dans des activités parfois agressives pour s'affirmer, se singulariser et se retrouve bien sûr très désabusée et insatisfaite. Cercle vicieux dont il est difficile de sortir...

L'âge adulte, celui des responsabilités justement n'est plus vécu ainsi : on veut à tout prix rester « jeune », la vieillesse étant considérée comme une tare à éloigner au maximum. Alors on ne s'occupe pas comme on le devrait de ses enfants adolescents auxquels on continue à s'identifier ; on veut être « copains ». Mais les enfants seraient peut-être heureux de trouver en face d'eux de véritables parents sur lesquels ils pourraient s'appuyer, à qui demander conseil et surtout qu'ils pourraient admirer pour d'autres raisons qu'une apparence physique si éphémère malgré les techniques artificielles qui font fureur...

Nous arrivons au troisième (ou quatrième) âge. Comme il est souvent douloureusement vécu ! La ménopause chez la femme est ressentie comme un drame (« une injustice », paraît-il, selon certains médecins !). L'andropause chez l'homme est physiquement moins tranchée, mais cet âge de transition est aussi difficile à passer. Les enfants sont grands, partent en général du foyer, on se sent donc familialement inutile ; c'est l'âge de la retraite, donc on ne travaille plus, on n'a plus de statut social – on est alors aussi socialement inutile... Inutile, cet adjectif si souvent entendu dans les plaintes... mais pourquoi faut-il à tout prix être « utile » à quelque chose ou à quelqu'un ? Pourquoi faut-il à un âge où l'on a envie de se poser, de se reposer, envie de souffler un peu, car débarrassé de ses responsabilités, pourquoi faut-il sacrifier au conformisme social et médiatique qui pousse à s'extérioriser encore dans des voyages lointains et exotiques (ô combien fatigants !), à entretenir son corps dans une gymnastique tonique, au rythme « fou » pour cet âge-là, et pour les muscles, et pour le cœur. Pourquoi refuser ses rides (si expressives, si touchantes comme témoins d'un riche vécu), ses cheveux blanchis et tout ce qui implique le vieillissement, pour s'engager parfois dans des maternités tardives et artificielles qui ôtent toute valeur à ce que signifie la famille dans le sens plein du terme...

Toutes ces interrogations devant les résultats de ces pratiques tendent à se demander : est-on plus heureux ainsi ? Nous ne le pensons pas, car le bonheur ne peut résulter que d'une plénitude totale, d'une acceptation des changements et des mutations profondes que nous vivons et qui nous construisent. Le bonheur c'est être là, simplement, mais constamment disponible pour apprécier ce qui est, et être à l'écoute de l'autre. Le bonheur n'est pas s'il dépend d'éléments extérieurs ; il est, c'est tout, au fond de soi sous forme d'une profonde joie.

Cette conclusion sur une comparaison hâtive de points de vue est très courte et mériterait bien sûr de longs développements. Mais finalement est-il bien utile de comparer ? L'important, quel que soit le contexte vécu, n'est-il pas dans un premier temps d'expérimenter pleinement ce qui échoit, puis, si cela est possible et souhaitable, de changer ce qui peut être changé ? C'est là le propos du sûtra 16 du deuxième chapitre des *Yoga Sûtra* de Patanjali, sûtra plein de sens et de bons sens, qui est à méditer :

> *Heyam duhkham anagatam*
> « Seule la "souffrance" qui n'est pas encore venue
> doit être évitée ».

Docteur Jean-Pierre SCHNETZLER

MORT, ÉTAT INTERMÉDIAIRE ET RENAISSANCE, À LA LUMIÈRE DES ENSEIGNEMENTS TANTRIQUES ET DES RECHERCHES CONTEMPORAINES

Les enseignements bouddhiques, surtout tantriques, sur la transmigration, pratiquement superposables à ceux du yoga et de l'hindouisme, ont été rejoints, ces dernières années, par la recherche scientifique qui s'est enfin intéressée aux phénomènes préludant à la mort, comme à ceux, tout aussi scandaleux, de la renaissance. Nous les exposerons brièvement, à la lumière des enseignements traditionnels, issus principalement des expériences méditatives, et des nombreuses enquêtes scientifiques relevées dans la littérature (1). Le refoulement de la mort dans l'Occident contemporain a fini par aboutir à un retour du refoulé. Notre monde déchristianisé avait remplacé le souci des fins dernières et de la vie spirituelle aujourd'hui, par l'attention exclusive à la vie matérielle, donc les valeurs de l'être par celles de l'avoir. Sous ces deux aspects la mort signe une faillite. On comprend la nécessité, pour un monde dont elle marque l'échec intolérable, de la refouler aussi complètement que possible. Il en allait de même pour les médecins, trop souvent bons représentants du matérialisme ambiant.

Aux U.S.A., une psychiatre, Elisabeth Kubler-Ross, s'est alors scandalisée, à la fin des années 60, du désintérêt que manifestait le milieu médical pour la condition psychologique et spirituelle du mourant. Elle a donc étudié la situation du patient placé devant la

---

(1) Pour une revue générale de ce phénomène désormais accepté par la communauté scientifique, voir : ROBERTS Glenn, OWEN John. « The near-death experience ». *British journal of psychiatry*, 1988, 607-617.

perspective de sa mort proche et décrit les aménagements psychiques produits par l'annonce d'une disparition à échéance de quelques semaines ou mois. Ces travaux (2) ne sont pas notre propos, mais nous les mentionnons car ils ont été à l'origine de la levée du tabou, à l'hôpital, sur certains phénomènes, qui avaient été épisodiquement signalés, mais en général tenus cachés. C'est récemment qu'ils ont fait l'objet d'études systématiques.

Il s'agit de ce que les Anglo-Saxons appellent « Near-death experiences » (N.D.E.) et que nous avons proposé d'appeler « Expériences de la mort imminente » (E.M.I.) (3), à la suite des enquêtes grenobloises qui ont permis de publier les premiers cas français contemporains, modestes en nombre (sept) mais conformes aux données recueillies aux U.S.A.. Ce sont des expériences subjectives, rapportées par des sujets qui ont vu la mort de près lors d'accidents, ou ont présenté un état de mort apparente suivi de réanimation.

Raymond Moody, docteur en médecine et en philosophie, a publié le premier travail sur la question, aux U.S.A., traduit en français en 1977 : « La vie après la vie » (4). L'ouvrage, écrit d'après les témoignages de cent cinquante personnes fut un best-seller, mais sa présentation, qui reste trop souvent au niveau anecdotique, et l'absence d'appareil scientifique l'ont malheureusement desservi auprès des chercheurs, en particulier en France, où les tabous sont restés vivants jusqu'à ce jour. Des équipes dotées des moyens nécessaires se sont mises en place aux U.S.A., avec l'arrière-pensée d'infirmer les résultats de Moody (Sabom), ou de les confirmer (Ring). Les deux études les confirmèrent (5). Une abondante littérature scientifique est aujourd'hui disponible, qui permet d'assez bien cerner le phénomène. L'association interna-

---

(2) KUBLER-ROSS Elisabeth, *Les derniers instants de la vie*, Labor et Fides, Genève, 1975 ; *Questions et réponses sur les derniers instants de la vie*, Labor et Fides, Genève, 1977.

(3) EYSSERIC Elisabeth, SCHMITT Frédéric, *Expériences de l'imminence de la mort*, Thèse, médecine, Grenoble, 1984. DAYOT Pierre, *Expériences de l'imminence de la mort. Approche traditionnelle*, Thèse, médecine, Grenoble, 1984. SCHNETZLER Jean-Pierre, EYSSERIC Elisabeth, « Le voyage de l'au-delà et les expériences de la mort imminente (E.M.I.) », in *Itinéraires imaginaires* », Ellug, Université des langues et lettres de Grenoble, 1986, p. 53-73.

(4) MOODY Raymond, *La vie après la vie*, Laffont, 1977.

(5) SABOM Michael B., *Souvenirs de la mort*, Laffont, 1983. RING Kenneth, *Sur la frontière de la vie*, Laffont, 1982.

LA N.D.E. D'UN PSYCHANALYSTE

Je croyais être très haut dans l'espace cosmique. Bien loin au-dessous de moi j'apercevais la sphère terrestre baignée d'une merveilleuse lumière bleue, je voyais la mer d'un bleu profond et les continents. Tout en bas, sous mes pieds, était Ceylan et devant moi s'étendait le subcontinent indien (...). Je savais que j'étais en train de quitter la terre.

A une faible distance, j'aperçus dans l'espace un énorme bloc de pierre, sombre comme un météorite, à peu près de la grosseur de ma maison (...). Une entrée donnait accès à un petit vestibule ; à droite, sur un banc de pierre, un Indien à la peau basanée était assis dans la position du lotus, complètement détendu, en repos parfait ; il portait un vêtement blanc. Ainsi, sans mot dire, il m'attendait. (...) Tout ce qui avait été jusqu'alors s'éloignait de moi. Tout ce que je croyais, désirais ou pensais, toute la fantasmagorie de l'existence terrestre se détachait de moi ou m'était arrachée – processus douloureux à l'extrême. Cependant quelque chose en subsistait, car il me semblait avoir alors, près de moi, tout ce que j'avais vécu ou fait, tout ce qui s'était déroulé autour de moi (...). Je n'avais plus rien à vouloir, ni à désirer ; j'étais, pourrait-on dire, objectif, j'étais ce que j'avais vécu (...).

Tandis que je m'approchais du temple, j'avais la certitude d'arriver dans un lieu éclairé et d'y rencontrer le groupe d'humains auxquels j'appartiens en réalité. Là je comprendrais enfin – cela aussi était pour moi une certitude – dans quelle relation historique je me rangeais, moi ou ma vie. Je saurais ce qui était avant moi, pourquoi j'étais devenu ce que je suis et vers quoi ma vie continuerait à s'écouler.

Tandis que je méditais sur tout cela, un fait capta mon attention : d'en bas, venant de l'Europe, une image s'éleva : c'était mon médecin, (...) délégué par la terre pour m'apporter un message : on y protestait contre mon départ. Je n'avais pas le droit de quitter la terre et devais retourner. Au moment où je perçus ce message, la vision disparut.

Carl Gustav Jung
« *Ma vie* », *Souvenirs rêves et pensées*,
trad. fr. Paris, 1973, p. 331-334.

tionale pour l'étude des états proches de la mort (I.A.N.D.S.), dans sa branche française, a récemment publié un ouvrage collectif sur la question (6).

I. L'EXPÉRIENCE DE LA MORT IMMINENTE ET SES PHASES

Rappel historique

On retrouve des faits superposables dans la littérature grecque (Platon, Plutarque), chrétienne du purgatoire au Moyen-Age, voire tibétaine depuis le douzième siècle. Celle-ci décrit le *das log* comme un mourant réanimé, revenu de l'au-delà chargé de messages pour les vivants. Ces textes, dont certains sont célèbres pour d'autres motifs, ont été interprétés, à l'époque moderne, comme relevant du mythe, de l'imaginaire ou du conte pédagogique, ce qui nous semble vrai pour une part. Mais notre hypothèse a toujours été qu'à la base se trouve une expérience réelle, ensuite parfois déformée et utilisée, par l'individu et les pouvoirs en place.

Le « mythe » d'Er le Pamphylien, dans *La République*, sert à Platon (7) d'artifice pédagogique pour exposer la métempsycose. Il le met toutefois dans la bouche d'un soldat laissé pour mort sur le champ de bataille qui reprend conscience sur le bûcher, ce qui peut être inspiré d'un événement réel. N'avons-nous pas des observations analogues d'Américains au Vietnam ?

La littérature chrétienne du purgatoire est fort intéressante à cet égard. Jacques Le Goff, expert en cette matière (8) pense évidemment que saint Grégoire le Grand, dans ses « Dialogues » (9) raconte simplement des histoires édifiantes. Nous pensons que le

---

(6) MERCIER Evelyne-Sarah (sous la direction de), *La mort transfigurée. Recherches sur les expériences vécues aux approches de la mort*, l'Age du Verseau, 1992.

(7) PLATON, République, X, *Œuvres complètes*, Trad. Léon Robin, 2 vol. Gallimard, 1950. t. 1, p. 1231.

(8) LE GOFF Jacques, *La naissance du purgatoire*, Gallimard, 1981.

(9) Grégoire Le GRAND (saint), *Dialogues et entretiens*, Florentin et Pierre Delaulne, Paris, 1691.

pape se tenait informé de ces faits merveilleux et rares, mais fournissant ensuite matière à spéculation théologique. En effet nous disposons aujourd'hui de centaines de descriptions de paysages paradisiaques et infernaux, ou de frontière, marquée, entre autres formes, par un fleuve ou une barrière que le défunt ne peut franchir (10), analogues au cas de saint Grégoire le Grand. On trouvera une confirmation de ce point de vue dans la comparaison approfondie de la littérature médiévale et des témoignages modernes présentée par Carol Zaleski, qui conclut dans le même sens (11).

Au XIXᵉ siècle nous découvrirons le type suivant de phénomènes, dont l'ensemble constitue une E.M.I. Il s'agit de la « mémoire panoramique », récapitulation foudroyante. de l'existence, vue objective de ses actes, une sorte de jugement privé sans juge extérieur. C'est en 1858 que l'amiral Beaufort, de la marine anglaise, publie son auto-observation d'une quasi-noyade survenue en 1795 dans la rade de Portsmouth, et c'est en 1892 qu'Albert Heim collationne, dans l'*Annuaire du club alpin suisse,* une série de cas survenus au cours de chutes en montagne (12).

A la fin du XIXᵉ siècle les phénomènes de « sortie hors du corps », les « out of the body experiences » (O.B.E.) des Anglo-Saxons, ont été stigmatisés par l'étiquette de « voyage astral » accrochée par les occultistes et donc négligés par les scientifiques. Nous proposons d'appeler « expériences de décorporation » (E.D.), ces phénomènes subjectifs, parfois certainement objectifs. Le travail contemporain de Twemlow (13) en rapporte trois cent trente neuf cas. Ceux-ci surviennent dans une population normale, sans caractéristiques sociologiques ou pathologiques particulières, avant tout dans des circonstances de calme et de relaxation : repos, sieste, relaxation proprement dite, méditation, sommeil, secondairement dans des situations de stress, et seulement dans 10 % des cas lors

---

(10) Id., p. 420-421. STORY Francis, *Rebirth as doctrine and experience*, Buddhist Publication Society, Kandy, Sri Lanka, 1975, p. 120.

(11) ZALESKI Carol, *Otherworld journeys. Accounts of near-death experiences in medieval and modern times*, Oxford University Press, New York, 1987.

(12) BEAUFORT F. (sir), « Notice of rear-admiral Sir Francis Beaufort », *London Daily News*, 15 th January, 1858. HEIM Albert, « Notizen über den Tod durch Absturz », *Jarbuch des Schweizer Alpenklub*. 27, 1892, p. 327-337.

(13) TWEMLOW M.D. and al, « The out of the body experience, a phenomenological typology based questionary response », *American Journal of Psychiatry*, 1982, 139, 4, p. 450-455.

d'une E.M.I. Celle-ci inclut donc des caractéristiques qui s'observent aussi lorsque le sujet se dissocie paisiblement d'avec son identification corporelle.

Nous voici arrivés à notre époque lorsque Moody publie une première synthèse de récits, qui associent, dans un ordre variable et de façon plus ou moins complète, une expérience de décorporation, des perceptions extra-sensorielles, des phénomènes de mémoire panoramique, un voyage psychique dans l'au-delà et un retour, souvent forcé et pénible, ici-bas.

L'expérience de la mort

Celle-ci peut commencer quelques jours à quelques minutes avant la mort, chez un sujet malade, par des visions de personnes décédées, d'êtres chers ou de figures religieuses, venant accueillir le mourant pour lui faciliter le trépas, en général dans une ambiance de bien-être, voire d'euphorie. Dans l'enquête d'Osis et Haraldson, portant sur huit cent soixante-dix-sept cas aux U.S.A. et aux Indes (14), l'accueil est fait par les figures convenant à la culture en cause, personnages de la religion hindoue en Inde, chrétienne aux U.S.A.

L'expérience peut être déclenchée, soit par la conviction psychique d'une mort inéluctable dans les secondes à venir, lors d'un accident par exemple, soit par le déroulement effectif d'un processus organique inconscient, ainsi lors d'un arrêt cardiaque sous anesthésie. La réalité, biologique ou psychologique, de la confrontation avec la mort, semble mettre en branle un processus particulier. Celui-ci nous semble être caractérisé par un détachement gradué d'avec l'identité corporelle et ses limitations d'abord, d'avec les appartenances et les identifications psychiques ordinaires ensuite et par une prise de contact avec un nouveau mode d'existence enfin, avant de revenir plus ou moins brutalement dans un corps souffrant. Le fait étonnant est que, dans la règle, la rupture avec le mode ordinaire de perception de soi et du monde, l'accep-

---

(14) OSIS Karlis, HARALDSON Erlendur, *Ce qu'ils ont vu... au seuil de la mort*, Rocher, 1982.

tation d'une situation inévitable, s'accompagnent non plus d'angoisse et de désarroi, mais de paix et de sérénité. Le patient entend parfois l'équipe médicale annoncer sa mort et s'étonne de ne plus ressentir de douleur mais bien de l'euphorie.

Dans l'expérience de sortie hors du corps, le sujet perçoit sa conscience comme fonctionnellement séparée du corps physique, auquel il ne s'identifie plus, même si le schéma d'un corps mental est conservé dans 68 % des cas (15). Elle peut s'accompagner de perception extrasensorielle exacte et vérifiable ou demeurer circonscrite à un univers mental privé. Lors d'une E.M.I. (16), les patients décrivent habituellement qu'ils commencent par flotter au dessus de leur corps inconscient et qu'ils assistent aux efforts des secouristes ou de l'équipe chirurgicale pour les ranimer. Ils voient et ils entendent, bien qu'ils ne soient pas censés le faire. Les détails objectifs ainsi perçus et vérifiés (17) témoignent de perceptions extra-sensorielles, bien classiquement décrites en para-psychologie, depuis longtemps (18). Une femme, en coma aréactif lors d'une tentative de suicide médicamenteuse, décrit le comportement de l'équipe de secours, du médecin qui lui gratte le pied et déclare : « M..., elle n'a plus de réflexes ! », son voyage en ambulance flottant au dessus de son corps, puis le lavage gastrique en salle d'urgence et la scène faite par sa mère survenue à l'hôpital, avant de se réveiller dans un lit (19). Une femme médecin (20) est opérée par son mari chirurgien et un ami anesthésiste pour une cause bénigne. Elle présente une syncope en cours d'intervention qui l'entraine au plafond de la salle d'opération, d'où elle suit avec intérêt les échanges vifs et colorés du chirurgien et de l'anesthésiste. C'est en vain qu'au réveil le mari prétendra que tout s'était

---

(15) In Twemlow.

(16) Précisons qu'il peut s'agir d'enfants : MORSE Melvin, CASTILLO Paul, VENECIA David, MILSTEIN Jerrold, TYLER Donald C., « Childhood Near-death experiences », *American journal of diseases of children*, 1986, 140, nov., 1110-1114.

(17) In Sabom, p. 165-174.

(18) WOLMAN Benjamin B., *Handbook of parapsychology*, Mac Farland, Jefferson, U.S.A., 1977. Un volumineux manuel (967 pages) de qualité universitaire, In part III, ch. 1. ROUX Ambroise, KRIPPNER Stanley, SOLFVIN Gerald, *La science et les pouvoirs psychiques de l'homme*, Sand, 1986, qui fournira une bibliographie, Cf ch. 3.

(19) EYSSERIC E., SCHMITT F. Thèse citée, obs. n° 6, p. 78.

(20) Observation personnelle.

bien passé lorsque sa femme lui racontera, avec précision, la conversation et les gestes techniques. La perception est souvent subjectivement aiguë, précise, lumineuse. Certains sujets ont l'impression de ne pas voir à partir d'un point unique, celui du plan de vision, mais comme de partout à la fois. Rappelons que si certaines scènes sont imaginaires, créées par le sujet, d'autres sont parfaitement objectives et ont été vérifiées. Habituellement les patients limitent leur intérêt à leur dépouille et son environnement immédiat, un trait que nous retrouverons chez les défunts se souvenant de l'état intermédiaire entre la mort et la renaissance. Dans quelques rares cas, on a pu vérifier que certains sujets avaient pu prendre connaissance de ce qui se passait dans d'autres salles de l'hôpital.

Dans la majorité des cas, l'expérience se déroule dans une ambiance de calme, de paix et de bonheur, impossible à décrire en langage ordinaire, ineffable comme les expériences mystiques. Voici ce que déclare un homme qui a présenté un arrêt cardiaque, en réanimation, lors d'une perforation duodénale avec péritonite (21) : « un soulagement, quelque chose de fantastique, d'inimaginable. Plus de soucis de respirer, ni d'entendre battre son cœur, ni de penser... la tranquillité idéale enfin... sans vision autre que ce calme idéal... ne plus se sentir soi-même, le vide, le vide complet. On ne peut pas imaginer...le vide de béatitude, la béatitude du vide ».

Les expériences négatives sont très rares : autour de 1 % pour Ring et Gallup (22). Un seul auteur Rawlings, rapportait comme fréquentes des E.M.I. littéralement infernales, où l'on voit se manifester l'imaginaire infernal classique illustré par l'histoire de Thespésios contée par Plutarque, saint Grégoire le Grand, l'histoire de Drythelm ou la vision de Tondale et d'ailleurs identique en Inde (23). On peut se demander pourquoi Rawlings, cardiologue

---

(21) EYSSERIC et SCHMITT, *op. cit.,* p. 129. Enregistré au magnétophone.

(22) RING, *op. cit.* GALLUP G. Jr, *Adventures in Immortality : a look beyond the threshold of death,* Mac Graw Hill, New-York, 1982.

(23) RAWLINGS M., *Au-delà des portes de la mort,* Pygmalion, 1979, ch. VII. PLUTARQUE, *Œuvres morales,* T. VII, 2e partie, traités 37-41, Les Belles Lettres, 1974. De Sera, 563b-567e, p. 162-172. Drythelm : citée in Le GOFF Jacques, *op. cit.,* p. 155-157. FRIEDEL V.H., KUNO Meyer, *La vision de Tondale (tnugdal),* Honoré Champion, 1907.

dans un service de réanimation, a pu interroger ses patients dans les secondes suivant le retour à la conscience et non des jours ou des mois plus tard comme il est fréquent. Dans ces conditions il a observé à peu près autant d'E.M.I. agréables que désagréables, ce qui fait supposer un refoulement électif de ces dernières (24). Un travail récent de Greyson et Bush, portant sur cinquante observations, insiste sur la sous-estimation de la fréquence de ces cas due aux résistances des sujets à rapporter des expériences effrayantes ou, pire, dévalorisantes, et au fait que les cliniciens ne sont pas souvent disponibles pour les écouter (25). Il faut beaucoup plus de temps et d'efforts pour amener les sujets à les confier que pour des E.M.I. paisibles.

La mémoire panoramique peut s'insérer à divers moments de la séquence d'une E.M.I. Elle survient dès le début lors des accidents, noyade comme dans l'observation de l'amiral Beaufort déjà citée et la série de chutes en montagne relatée par Albert Heim, dont nous citons les conclusions : « Dans de nombreux cas il s'ensuivait une révision soudaine du passé de l'individu dans son entier » (26). Le jaillissement automatique et rapide des séquences imagées intenses, accompagnées des implications émotionnelles correspondantes (27), parfois en présence d'une entité spirituelle, aboutit à un jugement de l'existence qui prend alors tout son sens.

L'expérience de l'espace sombre, qui survient après la décorporation, est celle de flotter, tomber ou se déplacer rapidement et heureusement dans un espace vide, noir ou gris, parfois appelé tunnel. Il s'agit souvent d'une expérience de transition mais l'E.M.I. peut aussi s'arrêter à ce stade. L'espace est parfois peuplé de petites lumières lointaines ou d'une lumière qui semble marquer la fin du tunnel, si bien que le sujet finit par déboucher dans un autre monde.

Le voyage dans l'au-delà constitue ce que Ring appelle « l'expérience transcendante », dont la fréquence est variable suivant les

---

(24) Rawlings, *op. cit.*

(25) GREYSON Bruce, BUSH Nancy Evans, « Distressing near-death experiences », *Psychiatry*, 1992, 55, feb, 95-110.

(26) HEIM Albert, *op. cit.*

(27) NOYES R. Jr, KLETTI R., « Panoramic memory : a response to the threat of death », *Omega*, 1977, 8, 3, p. 181-194.

auteurs : 16 % pour Ring, 54 % pour Sabom (28). Parfois le sujet ne fait qu'y jeter un coup d'œil sans y pénétrer, car une barrière s'y oppose, marquée par un sol de couleur différente, une rivière, un pont, une clôture, etc. Il sait que s'il franchit ce seuil il mourra, ce qui le fait revenir en arrière. Cet autre monde, d'une beauté surnaturelle, éclairé d'une lumière éclatante, est décrit, tantôt comme un jardin ou une campagne céleste, paradisiaque, tantôt comme une ville merveilleuse. Une musique céleste s'y fait parfois entendre qui complète le schéma courant du paradis. Ce royaume céleste est habité, tantôt par les chers disparus qui accueillent le nouveau venu, comme lors des visions préliminaires à la mort, tantôt par des formes religieuses conformes aux données habituelles de la culture du mourant, chrétienne aux U.S.A., hindoue en Inde, bouddhiste tantrique en milieu tibétain comme on le constate chez les *'das log* (29). Ces faits sont en accord avec l'enseignement fondamental du Bouddhisme et du *Bardo Thö Dol* en particulier (30), suivant lequel les apparitions survenant au moment de la mort sont les manifestations des propres pensées et des tendances, conscientes et inconscientes du défunt. Ceci rend compte du caractère relatif et subjectif du monde mental qui apparaît mais n'exclut pas la perception de réalités objectives par ailleurs, faisant ainsi de ce monde un mixte complexe.

Le terme du voyage, pour certains, est une perception lumineuse informelle, forte mais non éblouissante, irradiant la paix et l'amour, mais aussi la lucidité et induisant dans quelques cas le phénomène de mémoire panoramique. Les sujets lui donnent un nom convenant à leurs croyances : Christ, Dieu, Soi etc. Les bouddhistes tantriques évoquent bien entendu ce qu'ils appellent la Claire Lumière. La communication se fait le plus souvent de façon intuitive, mais est parfois verbalisée. L'expérience globale est proche de celle des grands contemplatifs, ineffable, transcendant le temps, l'espace et la pensée discursive, béatifique et fondant la certitude.

---

(28) Ring, *op. cit.*, p. 40. Sabom, *op. cit.*, p. 308.

(29) POMMARET Françoise, *Les revenants de l'au-delà dans le monde tibétain*, Editions du C.N.R.S., 1989 et DELOG Dawa Dromla, *Delog. Journey to realms beyond death*, Padma publishing, Junction city, Ca, U.S.A., 1995.

(30) *Bardo Thödol, Le livre tibétain des morts*, trad. Lama Anagarika Govinda, Dervy, 1980, p. 93-94.

A la suite de ce qu'il éprouve comme une décision libre, parce qu'il pense devoir terminer une tâche terrestre, ou à la suite d'un ordre émanant de l'être lumineux, ou sans comprendre pourquoi, le sujet est ramené brusquement en son corps. Cette réintégration, parfois brutale, est souvent assortie de regrets et même de ressentiment à l'égard de l'équipe soignante.

Dans les suites immédiates, ce qui domine, en général, est la nécessité de tenir cachée une expérience difficilement communicable, qui pourrait vous faire passer pour un malade mental. A long terme on constate des transformations, souvent importantes, de la personnalité et de son système de valeurs. Rarement de type traumatique dans les expériences négatives mal intégrées, il s'agit le plus souvent d'une meilleure appréciation de la vie ici et maintenant dans ses aspects positifs et négatifs. Le second résultat est l'affaiblissement ou la disparition de la peur de la mort. Le troisième est l'intérêt croissant pour les thèmes religieux au sens large et l'installation de la croyance (ou de la certitude) en une forme d'après-vie. Cette conviction s'accompagne souvent du besoin de faire partager ce message, thème déjà très présent chez Platon ou au Moyen-Age, nous l'avons vu.

Nous ne traiterons pas ici des interprétations réductrices, biologiques ou psychanalytiques, intéressantes en leurs domaines, mais qui passent à côté de l'essence propre des E.M.I. Celles-ci illustrent un fonctionnement mental en train de se dissocier de l'identification au corps et des limitations qu'il impose. Elles permettent de jeter un coup d'œil sur les processus de la mort et de ce qui la suit, l'état intermédiaire, *bardo* en Tibétain, décrits depuis bien longtemps dans le bouddhisme, auquel nous emprunterons ce qui suit.

II. L'ÉTAT INTERMÉDIAIRE ENTRE UNE MORT ET UNE NAISSANCE

Bardo signifie état intermédiaire et, pour le bouddhisme, qui insiste sur l'impermanence universelle, nous sommes toujours dans un *bardo*, toujours en passage, toujours dans un flux entre une

LES ÉTATS INTERMÉDIAIRES

« Noble fils, écoute attentivement

Il existe six sortes d'états intermédiaires ou *bardos*, à savoir :

- l'état intermédiaire du règne d'existence ;
- l'état intermédiaire du rêve ;
- l'état intermédiaire de la méditation profonde ;
- l'état intermédiaire de la mort ;
- l'état intermédiaire de la Vérité en Soi ;
- l'état intermédiaire du devenir (apparition de tous les facteurs interdépendants).

« Noble fils, maintenant tu vas expérimenter trois états intermédiaires, celui de l'heure de la mort, celui de la Vérité en Soi et celui du devenir. Jusqu'à hier, tu étais dans le *bardo* du moment de la mort et quoique la luminosité de la Vérité en Soi te soit apparue, tu ne l'as par reconnue ; tu dois donc à nouveau errer ici. Mais à présent, tu vas expérimenter l'état intermédiaire de la Vérité en Soi et celui du devenir. Reconnais sans distraction tout ce que je te montre.

Noble fils, ce qu'on appelle la mort est arrivé pour toi. Tu dois t'en aller au-delà de ce monde ; il n'y a pas que toi à qui cela arrive. C'est le sort de tous. Ne t'accroche pas à cette vie. Même si tu t'y attaches, tu n'as pas le pouvoir de demeurer ici. Il ne te reste rien d'autre que d'errer dans le cycle des existences. Ne t'y attache pas. »

Bardo-Thödol, le livre tibétain des morts,
présenté par Lama Anagarika Govinda,
Paris, Albin Michel, 1981, p. 111.

mort à un état et une naissance à un autre. Nous sommes ainsi dans le *bardo* de l'existence corporelle, traverserons le *bardo* de la mort, puis celui de l'existence intermédiaire entre cette mort et une naissance à un autre état corporel grossier, humain ou autre, ou à un état psychique pur, dans un corps dit subtil, non matériel, en attendant de trancher les attachements et identifications, même aux réalités subtiles, pour réaliser le *nirvâna*. Cette position est fondamentalement la même que celle de l'hindouisme, si l'on abandonne les querelles de vocabulaire sur le Soi et le Non-soi. Les connaissances traditionnelles sur le *bardo* de la mort proviennent des expériences de méditants tibétains, qui grâce à leur entraînement, conservent une pleine lucidité durant ce passage et le souvenir de la transition qui précède la renaissance. Cette maîtrise exceptionnelle et de surcroit exotique a confiné ces données, jusqu'à nos jours, dans le domaine des croyances invérifiables. Mais les enquêtes scientifiques menées, depuis plus de trente ans, par le professeur de psychiatrie Ian Stevenson et son équipe, sur les enfants se souvenant spontanément de leur vie antérieure, ont accumulé à ce jour plus de deux mille cinq cents dossiers démonstratifs sur ce phénomène impensable par la civilisation occidentale (31). Or sur les soixante quatre cas publiés dans tous leurs détails par Stevenson, treize avaient conservé des fragments de souvenirs du *bardo*. En y joignant sept cas observés par Francis Story en Asie, on pouvait donc se faire une idée du phénomène chez des êtres ordinaires (32).

Ces souvenirs, peu abondants et fragmentaires, sont d'une fréquence extrêmement variable suivant les communautés. Chez les Druses du Liban, qui croient en une réincarnation immédiate et nient donc la possibilité d'une existence intermédiaire, on n'en rencontre pas. Par contre en pays bouddhiste, qui l'admet, on en trouve cinquante deux cas sur deux cent trente cas de renaissance étudiés, soit 23 %, en Birmanie, et dans 55 % des cas en Thaïlande (33). C'est le premier exemple de l'influence déterminante, dans la genèse du phénomène, des croyances enracinées.

La durée entre la mort et la renaissance est très variable suivant

---

(31) N'ont été traduits en français que : STEVENSON Ian, *Vingt cas suggérant le phénomène de réincarnation*, Edit. Sand, 1985, et *Les enfants qui se souviennent de leurs vies antérieures. De la réincarnation*, Sand, 1994. Pour une étude critique de l'ensemble des problèmes posés, voir : SCHNETZLER J.P., *De la mort à la vie. Dialogue Orient-occident sur la transmigration*, Dervy, 1995.

(32) SCHNETZLER Jean-Pierre, « A propos de 20 cas de souvenirs spontanés du Bardo », *Cahiers du Bouddhisme*, 1986, n° 28, p. 39-57.

(33) STEVENSON Ian, *Cases of the reincarnation type,* vol. IV, *Twelve cases in Thaïland and Burma*, University Press of Virginia, Charlottesville, U.S.A., 1983, p. 207-228.

les cultures et à l'intérieur d'une seule. Ainsi en Birmanie, pour une valeur médiane de vingt et un mois, les chiffres extrêmes varient de neuf mois à plus de huit ans. On voit que les chiffres du *Bardo Thö Dol*, quarante neuf jours, ne doivent pas être pris au pied de la lettre. L'enseignement officiel précise d'ailleurs que la durée réelle est très variable, allant d'un « claquement de doigts » à bien au delà des quarante neuf jours dont la valeur est symbolique (sept fois sept). De plus l'appréciation du temps écoulé, lorsqu'elle est fournie, est largement fautive, quelques heures perçues au lieu de quelques jours (34) dans un cas, ou bien est totalement absente. On note une identique absence de perception du temps dans les états de concentration méditative profonde (*jhâna*, pâli, *dhyâna,* sanskrit). Certains sujets (35) ont pu rester plusieurs années au même endroit sans percevoir le flux temporel et donc la durée écoulée.

Après la désorientation du défunt devant son nouvel état, le caractère commun le plus fréquent, rapporté sept fois, est l'intérêt porté par le mort à sa dépouille et l'assistance à ses propres funérailles, ce qui peut l'amener à remarquer que ses dernières volontés n'ont pas été respectées, ou bien à jouer lui-même le rôle invisible d'accueil des visiteurs (36). Un exemple caractéristique du rôle des croyances du défunt dans la détermination, pour une part, de son comportement, est fourni par une observation de Story (37), où l'on voit la défunte, qui se déplaçait librement en suivant le cortège funéraire, s'arrêter sur le bord de la rivière Salween, que les parents franchissaient en barque, car les « esprits », croit-on en Birmanie, ne peuvent traverser les eaux. Le « corps mental » n'est pas limité par les objets grossiers qui ne lui font pas obstacle, il se déplace à la vitesse de la pensée, perçoit le monde matériel sans être lui-même perçu (sauf dans deux cas) par les vivants. Le mode de communication normal avec ceux-ci se fait à travers le rêve, ce qui se conçoit, puisque c'est, pour les vivants, le moment où ils

---

(34) Id., p. 242-252. Cas du Vénérable U Sobhana.

(35) Id., p. 73-101, cas d'Hair Kam Kanya, p. 102-139, cas de Bongkuch. STEVENSON Ian, *Cases of the reincarnation type,* Volume I. *Ten cases in India.* University Press of Virginia, Charlottesville, 1975, p. 266-280, cas de Puti Patra.

(36) In Stevenson, *Cases of the reincarnation... vol. IV*, p. 12-48, cas de Ratana Wongsombat, et p. 171-190, cas de Chaokhun Rajsuthajarn.

(37) In Story Francis, *op. cit.,* p. 118-121.

sont absorbés dans le seul monde psychique, sans les distractions de l'activité polarisée par le monde matériel. Dans ces conditions les futurs parents sont souvent bénéficiaires d'un rêve annonciateur, où, par exemple chez les Birmans très polis, l'être du *bardo* vient courtoisement solliciter l'autorisation de reprendre naissance chez eux (38).

Après l'intérêt porté à leur dépouille, il est frappant de voir plusieurs sujets rapporter leur attachement à certains lieux. Un ex-pilote militaire birman, décédé sur sa base dans un accident d'avion, prétend avoir fréquenté pendant deux ans le carré des officiers de l'aérodrome, en fait durant un an maximum de notre calendrier, quand on vérifie les dates (39). Bongkuch, assassiné, et Puti Patra, pendue par son mari, sont restés, le premier sept ans dans un bosquet de bambou proche du cadavre, la seconde huit ans près d'un palmier dattier proche de sa maison (40). Ces observations semblent correspondre à ce que le Bouddhisme nomme esprit avide, ou trépassé (*preta*, sanskrit) et pourraient être versées au dossier des hantises bien connues des parapsychologues en Occident. Il ne s'agit évidemment plus du *bardo* fugace mais d'un état relativement stable. Certains sujets font remarquer leur quasi absence d'activité mentale, polarisée sur un seul point, le cadavre et son environnement immédiat par exemple, analogue aux stupeurs confusionnelles après traumatisme émotionnel, bien connues en psychiatrie.

L'univers du *bardo* nous semble constitué par des perceptions de notre monde, associées à la création d'une expérience de type onirique et privé, même si les lois qui en régissent les structures et le contenu sont évidemment, aussi, communes à une culture particulière. Il faut reconnaître « dans chacune de ces apparitions... la manifestation de tes pensées » dit le *Bardo Thö Dol* (41). En ce sens, chacun crée son propre enfer ou son propre paradis. Ceux décrits par les sujets de l'échantillon sont conformes à l'imaginaire de leur culture. Dans quatre cas, survenus en pays de bouddhisme theravâdin, la figure du vieux sage habillé de blanc intervient, dans

---

(38) In Stevenson, *Cases of the... vol. IV*, p. 215.

(39) Id., p. 280-281.

(40) Id., p. 109 et 123 et in Stevenson, *Cases of the... vol.* , p. 273.

(41) *Bardo Thödol*, *op. cit.*, p. 93.

l'intervalle mort-renaissance, pour réconforter le défunt, le guider, l'introduire dans une nouvelle famille et, pour ce faire, il apparaît éventuellement en rêve à la future mère. Cet homme est vêtu de blanc comme les pieux fidèles laïcs, et non de jaune comme les moines, car il n'y a pas de communauté monastique (*sangha*) dans le *bardo,* disent les textes. On doit rapprocher ce rôle de guide et de messager de l'homme en blanc, de celui des anges (grec *aggelos,* messager) dans la théologie chrétienne, anges dont on sait d'ailleurs qu'ils peuvent revêtir diverses formes. Pour en terminer avec les caractéristiques de cet autre monde, nous mentionnerons ce qui en marque habituellement la fin, c'est-à-dire l'oubli de son existence, et rappellerons la croyance grecque dans l'absorption des eaux du fleuve Amélès, dans la plaine du Léthé (42), comme moyen d'éliminer les souvenirs des vies antérieures.

C'est durant le *bardo* que s'opère, en cas de réincarnation, le choix des futurs parents. Bien entendu, dans le cadre formel d'une enquête, les sujets n'ont pas fourni les motifs intimes de leur choix et dans ces cas, réduits au strict minimum, on ne trouve pas de détails explicites concernant l'affirmation du *Bardo Thö Dol* sur la situation « œdipienne » du candidat à la renaissance (43). Néan-moins, la puissance des attachements affectifs y est évidente et leur type est classique. Nous ne pouvons ici traiter en détail de cette question pour laquelle nous renvoyons à notre ouvrage. Dans certains cas, il semble que la pulsion à renaître soit si forte qu'elle se satisfait d'un support rencontré apparemment au hasard ou du premier venu : voisin en promenade ou revenant du marché et suivi jusqu'à sa maison, à pied, à cheval en croupe, ou en bus. On est là très loin du détachement prudent et lucide conseillé par le boud-dhisme et, suivant Platon, mis en œuvre par le sage Ulysse (*République* X 620 c-d), dans le choix de sa future existence !

---

(42) PLATON, De République, X, 621a, *Œuvres complètes*, Gallimard 2 vol., 1950, t. 1, p. 1240.

(43) Bardo Thödol, *op. cit.,* p. 156.

LE SALUT PAR L'ÉCOUTE DU « LIVRE DU *BARDO* »

Il est très important de lire avec zèle la *Grande Libération par l'Ecoute dans l'Etat Intermédiaire* pendant les quarante-neuf jours de l'état intermédiaire. Même si le mort n'a pu être libéré par tel enseignement, il obtiendra la libération par tel autre. C'est la raison pour laquelle il est nécessaire d'utiliser ces différentes instructions à plusieurs reprises.

Si on fait cela, les yogis de haute réalisation pourront au moment de la mort transférer leur conscience et n'auront pas besoin d'entrer dans l'état intermédiaire. Ils atteindront la libération lorsqu'ils pénétreront dans l'infini de la plus haute réalisation. Quelques personnes qui auront la pratique au moment du *bardo* de la mort, reconnaîtront la Claire Lumière et, en l'infini de la suprême réalisation, ils deviendront Bouddha.

Ceux qui viennent ensuite dans l'ordre de la réalisation passent à l'état intermédiaire de la Vérité en Soi où ils verront apparaître pendant deux semaines les visions des déités paisibles et courroucées. A ce moment-là, selon le rayonnement de leurs actes passés et de leurs qualités particulières, certains atteindront ou n'atteindront pas la libération (...).

Celui qui sait reconnaître les apparitions a l'avantage incomparable de parvenir à un lieu favorable pour renaître. Même les plus vils, ceux qui sont semblables aux animaux, peuvent éviter de tomber dans les états inférieurs de la manifestation, s'ils prennent refuge dans les Trois Rares et Sublimes.

Et ayant obtenu le précieux corps humain doué des huit libertés et des dix acquisitions qui les qualifient à la pratique du *Dharma*, ils peuvent rencontrer un maître spirituel dans la vie suivante, obtenir les enseignements, et être alors libérés. (...) Il n'est donc pas possible que celui qui entend cet enseignement ne soit pas libéré, même s'il était un grand malfaiteur.

Bardo Thödol, le livre tibétain des morts, p. 196-204.

III. CONCLUSIONS

Peut-on tirer quelques conclusions prudentes des observations évoquées ?

D'abord une simple méthode d'observation empirique des faits spontanés, à la condition qu'elle surmonte les interdits, négateurs à priori, provenant des dogmatismes scientistes ou monothéistes, vérifie grossièrement l'acquis culturel hindou et bouddhique. Ensuite, que le psychisme est le créateur du spectacle qu'il se donne : « Toutes les apparences viennent de l'esprit. Si vous pensez qu'il existe des esprits ou des démons, vous en verrez. Si vous ne croyez pas en leur existence vous n'en verrez pas », écrit Djamyang Khyentsé Wangpo Rimpotché (44). Il ne se borne pas cependant à des créations imaginaires et peut percevoir des réalités objectives.

Le mental jouit d'une certaine liberté par rapport aux limitations matérielles, de temps et d'espace, bien que les phénomènes s'effectuent en succession dans une nouvelle forme de durée et dans un espace où les formes sont conservées. Le mental continue parfois à s'intéresser et à percevoir temporairement notre monde, de façon extra-sensorielle. Il perçoit également des êtres extérieurs à lui, par exemple d'autres décédés, fait déjà signalé par Vasubandhu (45), au IVe siècle, et par le pape Grégoire le Grand.

Ce monde mental nous apparaît comme volatil et complexe, et les connaissances que nous en avons comme encore rudimentaires, même si les données provenant des E.M.I., des souvenirs spontanés du *bardo* et des textes traditionnels de l'Inde sont cohérentes. Ce mode d'existence ne dépend pas d'un corps matériel, constatation scandaleuse pour l'Occidental moyen, mais dans le droit fil des faits observés. Ceux-ci s'articulent avec l'ensemble des faits de souvenirs de vie antérieure observés par Stevenson et son école, auxquels nous renvoyons, bien conscients qu'ils nécessitent une révision douloureuse de nos modes dominants de pensée. Ce travail prendra du temps et de la peine, mais, espérons-le : *vincit omnia veritas,* la vérité surmonte tous les obstacles.

---

(44) OUANG Tchoug Dorjé, IX° Karmapa, *Le Mahamoudra qui dissipe les ténèbres de l'ignorance*, Ed. Yiga Tcheu Dzin, La Boulaye, 71320 Toulon sur Arroux, 1980, p. 105.

(45) VASUBANDHU, *Abhidharmakosa*, Trad. L. de la Vallée Poussin, Institut belge des hautes études chinoises, Bruxelles, 1980, t. II, p. 46.

Cyrille J.-D. JAVARY

LE YI KING
OU L'ART DE GÉRER LES MUTATIONS

Elie Humbert disait du Yi King que « *c'est la voie la plus directe d'une appréhension de la qualité du temps.* » (1) C'est au travers de cette perspective chinoise de la qualité du temps que je voudrais vous présenter à grands traits ce *Livre des Changements* ou des *Mutations.*

Sur le parvis du Centre Pompidou à Paris, on a inauguré, il y a quelques années, une étrange « sculpture temporelle ». Cest une sorte de portique métallique sur lequel une dizaine de gros chiffres à quartz battent la seconde. On dirait une horloge, mais une horloge qui marcherait à l'envers. Au lieu de compter le temps qui passe, elle égrène à rebours les secondes, les trois cent millions et quelques secondes qui nous séparent de l'an 2000 !

Comment ne pas être exalté à l'idée de vivre ce grand saut de l'époque moderne ? Quelle seconde magique que cet instant où l'on sentira le glissement d'un millénaire sur l'autre ! Une nuit du nouvel an, en mille fois plus poignant, et en deux mille fois plus absurde. Car à quel signe sentira-t-on ce glissement si ce n'est au formidable tintamarre médiatique qui l'accompagnera ? Déjà, à chaque nuit de la Saint Sylvestre, quand simplement l'année bascule d'un cran, il y a cet entre deux stupide qui nous agace ? Quelle différence y a-t-il entre le 31 Décembre à minuit ou le premier Janvier à zéro heure ? Rien. Un passage est tellement imperceptible que la plupart du temps, il nous échappe. Dieu merci, pour le grand franchissement du XXIᵉ siècle, la « sculpture » du

_____

(1) Revue HEXAGRAMMES n° 2, p. 101.

Centre Pompidou nous indiquera la seconde exacte où il faudra être ému ! C'est heureux, car sinon, nous risquerions de vivre cette première seconde, de la première heure, du premier jour, de la première année, du premier siècle du troisième millénaire par inadvertance... Un peu comme le milliard de Chinois pour qui cet instant fatidique tombera selon le calendrier traditionnel pendant la cinquième heure double du vingt-cinquième jour du onzième mois de l'année *Ji Mao,* seizième du cycle de soixante ans....

I. LE TEMPS CHINOIS

Il faut s'y faire, le temps chinois n'est pas tout-à-fait pareil au nôtre. Il ne s'écoule pas mécaniquement, comme un grand tapis roulant, seconde après seconde, millénaire après millénaire. Ce n'est pas non plus un temps abstrait, composé de moments semblables juxtaposés les uns à côté des autres et ne prenant du relief que par la magie des chiffres ronds, ni un temps linéaire, qui s'étirerait depuis un point zéro, historiquement défini, jusqu'à une éternité rêvée comme la « fin des temps ». En Chine, le temps est beaucoup plus vivant, c'est-à-dire beaucoup plus compréhensible et en même temps un peu plus compliqué. Il n'a pas besoin de chiffres ronds pour accentuer tel ou tel de ses moments, parce qu'il est « rond » lui-même. Il ne se déroule pas inexorablement, mais s'enroule rythmiquement autour de lui-même en combinant des tendances qui se renversent. En fait, le temps chinois n'est pas formé par une succession d'instants qui se ressemblent, mais par des conjonctions d'influx qui se rassemblent, s'épanouissent puis se séparent.

Le grand sinologue Marcel Granet explique que « *les Chinois divisent le temps en organisation de périodes, exactement comme ils divisent l'espace en confédérations de secteurs. Chacune de ces divisions est définie par des lots d'emblèmes qui se recouvrent de l'espace au temps.* » (2) C'est une idée moins exotique qu'il n'y paraît. Nous aussi, il nous arrive d'utiliser les mêmes mots pour nommer des portions de temps ou des morceaux de l'espace,

---

(2) *La Pensée Chinoise*, Paris, Albin Michel, 1968, p. 85 et 99.

comme par exemple dans l'expression : « J'habite dans le midi ». Mais la grande originalité des Chinois, c'est d'avoir poussé cette idée jusqu'au bout de ses conséquences et donc de concevoir le temps comme une organisation discontinue, un peu à la manière de nos physiciens modernes, comme formé de «quantum», de moments discontinus se succédant les uns aux autres. Voilà pourquoi ils ont porté un intérêt tout particulier aux moments de transitions qui signalent le passage d'une situation à une autre.

On ne peut concevoir un temps nouveau autrement qu'en procédant d'abord à des cérémonies d'adieu qui raccompagnent et remercient le temps passé et accueillent le temps nouveau. Il en est ainsi de tout ce qui tourne, en particulier des saisons. Chaque saison nouvelle sera solennellement accueillie par des rites de bienvenue, qui ont été précédés par d'autres rites où l'on aura signalé à la terre que la saison passée est terminée, et que maintenant, un nouveau type de temps s'avance. Ces coutumes anciennes seront surtout marquées, encore aujourd'hui, pour les deux grands seuils de l'année chinoise que sont les saisons intermédiaires, le Printemps et l'Automne. C'est sans doute pour cette raison que l'expression *Chun Qiu,* qui veut dire mot à mot « printemps-automne », a fini par prendre le sens de « chronique », « annales », « livre d'histoire ». Entre ces deux moments pivots de l'année, pendant lesquels le Yang commence à faire sentir sa vertu pour la vivification au Printemps, et le Yin sa vertu pour la mise au repos à l'Automne, se rythme, se tisse une histoire. On comprend donc la dérive de sens qui, à partir d'une simple mention calendérique, va conduire au sens de « histoire ». Mais là où nous voyons quelque chose de continu (« *histos* » signifie « tissu » en grec), les Chinois soulignent un rythme de tissage, nécessitant des rites de passage.

Ce qui vaut pour les principautés vaut aussi pour les êtres humains. L'ouverture de n'importe quel chapitre de la vie de quelqu'un doit se clore par la fermeture du chapitre précédent. Si le palanquin est l'un des grands symboles du mariage de la femme, c'est parce que le trajet qu'elle accomplit dans ce palanquin est un moment particulier de transition. En effet, durant ce voyage, la future mariée navigue dans une sorte d'entre deux, entre sa famille d'origine, y compris ses propres ancêtres qu'elle doit abandonner, et la famille de son mari, qui l'attend au grand complet, ancêtres compris, puisque c'est désormais à ces ancêtres-là qu'elle sera tenue de rendre hommage. Mais les cérémonies de mariage ne seront considérées comme totalement accomplies que lorsque trois jours après les noces, la mariée retournera dans sa famille d'origine pour prendre une dernière fois congé de sa lignée. C'est ainsi que le verbe « retourner » (*gui*) en est venu à signifier couramment « se marier » pour une femme.

Plus grands passages encore que le mariage, la naissance et la mort, n'échappent pas à cette nécessité des rites de passage harmonisant entrée du nouveau et sortie de l'ancien. Un défunt ne devient un ancêtre, un nouveau-né ne devient partie intégrante de la famille qu'après que des conduites de congé aient accompagné les gestes d'accueil. Marcel Granet souligne : « *Des conceptions analogues se retrouvent dans les règles ancestrales : seuls les aïeux appartenant aux quatre générations immédiatement antérieures à celles du chef du culte ont droit à une place réservée dans le temple des ancêtres de la maison. Ils y sont représentés par des tablettes que l'on conserve dans des chapelles orientées, disposées en carré. Sur ces tablettes, qui conservent leur mémoire, le nom personnel des ancêtres défunts doit être inscrit. Aucun des noms des membres disparus de la famille ne peut être repris dans la parenté tant que les tablettes qui les portent demeurent dans l'une de ces chapelles. Mais quand meurt le chef du culte, alors, il faut donner une place à sa tablette. Pour ce faire, on élimine la tablette sur laquelle est inscrit le nom de son trisaïeul. Tout aussitôt, ce nom peut être redonné à un enfant de la famille. Avec celui-ci, reparaît l'une des vertus qui préside à l'ordre domestique, vertu qui s'est conservée dans l'asile du temple ancestral, où elle effectuait une sorte de retraite, la préparant à un retour* » (3).

L'origine paysanne de la société chinoise, le culte rendu aux esprits des ancêtres, le retour périodique des vertus des saisons, ainsi que celles inscrites dans les noms, tout cela et bien d'autres choses a enraciné dans la perception chinoise la nécessité d'avoir à accompagner un temps qui avance constamment en faisant des boucles d'arrière en avant. Pour mener à bien cette entreprise, les Chinois ont été amenés à inventer une sorte de « machine à déterminer la qualité des moments », qui est devenue, en raison même de cette exigence de consonance avec la nature du moment, une

---

(3) Idem.

« machine à indiquer l'action juste ». Cette boussole temporelle, ce guide des situations de passage, c'est le Yi King dont le nom (qu'on écrit maintenant : Yi Jing) signifie mot-à-mot : Classique des Changements, une pierre d'angle de la pensée chinoise comme le souligne le père Larre « *Quand on examine les mentions qui sont faites de ce Livre des Changements dans l'histoire officielle chinoise, on note la prééminence qui lui est reconnue. Les autres Classiques n'atteignent pas à la profondeur, ou, si l'on préfère, à la sublimité du Yi King* » (4).

On peut dire en effet que, bien que situé sur un tout autre plan, le Yi King jouit, dans la civilisation du Fleuve Jaune, d'un respect comparable à celui de la Bible en Occident et y tient une importance intellectuelle comparable à celle du *Discours de la Méthode*. Non seulement il a nourri dès leur origine les deux courants majeurs de la pensée chinoise, le confucianisme et le taoïsme, mais il a servi tout au long de l'histoire chinoise de référence et de vocabulaire à la majeure partie des théories politiques, scientifiques et philosophiques sur l'organisation de l'univers et surtout les moyens pour l'être humain de s'insérer harmonieusement dans cette organisation. Et le plus étonnant est que son champ d'action a largement dépassé le domaine chinois antique. Le père Larre ajoute en effet : « *De lui, on peut dire ce que l'on a dit volontiers du Tao Te King, le Livre de la Voie et de la Vertu de l'école de Lao Tseu : livre sans âge et sans auteur, c'est un livre qui, tout en étant né du génie propre d'un peuple, est devenu propriété de l'humanité entière* » (5).

II. LA DANSE DU YIN ET DU YANG

Peut-être est-ce dû au fait que le Yi King ne se présente pas comme un livre spéculatif. Son texte raconte les vallées, les montagnes, les arbres, les rivières. On y trouve la ronde des saisons,

---

(4) Les Chinois, *esprit et comportement des Chinois comme ils se révèlent par leurs livres et dans leur vie, des origines à la fin de la dynastie Ming*, page 165. Ed. Ph. Auzou.

(5) Idem.

LE MOI ET LE SOI SELON LE YI-KING

« Il y a encore autre chose qui fait la richesse de cette philosophie et qui s'approcherait peut-être de la valeur propre de l'hexagramme que l'on construit lors d'un tirage, c'est que leur *sujet*, le *sujet*, n'est pas du tout posé de la même façon. Cela m'avait frappé lors de certains tirages, le Yi King a une intériorité extravertie. Il a une intériorité certaine, mais qui n'est pas du tout la subjectivité. Il pose le sujet dans une espèce de situation où il n'y a pas le jeu de ses intérêts personnels, de ses passions, de ses affects. Le *sujet* est mis à une certaine distance de lui-même. C'est pourquoi certains ont dit qu'ils consultaient le Yi King simplement pour se mettre en place, ce qui est tout à fait juste. Vous tirez un hexagramme, déjà ce qu'il vous dit vous met ailleurs. Il vous dégage d'une subjectivité et il vous place dans une position qui est, pourrait-on dire, comme la position du ministre dans la société chinoise. Dans un tirage, le sujet d'une part, doit en attendre ce qu'est le sens d'une chose – et sous cet aspect, il est serviteur – et de l'autre, c'est lui qui est responsable, et de ce côté-là, il est bien le patron. Dans le Yi King, le *moi* a cette position et c'est une des raisons pour lesquelles il est particulièrement intéressant pour un analyste jungien.

Cette position-là, nous dirions que c'est la position du *moi* par rapport au *soi*. Le *moi* n'est pas du tout absorbé, purement et simplement soumis au *soi*, il est comme un enfant devant quelqu'un qui lui parle et d'un autre côté il est aussi le patron, car c'est lui qui a la responsabilité de la décision. C'est une différence de notre *moi* occidental par rapport au *moi* taoïste, par exemple, dans lequel le *moi* a moins de responsabilités, moins de force.

C'est l'apport confucéen et quel que soit l'hexagramme que vous tirez, vous êtes placé là.

J'ai connu des gens qui, dans des périodes de crise, consultaient le Yi King chaque jour, mais pas du tout pour savoir quoi faire, plutôt comme une espèce de dialogue avec eux-mêmes et une manière de se remettre en place. »

Interview d'Elie HUMBERT
Hexagrammes n° 12, 1985, p. 106-107

la vie à la maison, les petits conflits hiérarchiques, les grandes réalités politiques, les guerres, les révolutions, la floraison et le déclin des individus et des civilisations.

Mais en réalité, ce texte n'est qu'une étape. Prenant la nature comme modèle et l'être humain comme module, ce que le Yi King se propose de nous donner à voir c'est la danse cosmique du Yin et du Yang, la dialectique de leurs changements, la rythmique de leurs mutations. Le coup de génie des anciens Chinois a été de concevoir dans ce but un système de représentation alliant la rigueur de l'abstrait à la simplicité du trait. Partant d'antiques considérations sur le pair et l'impair, ils ont décidé d'associer à Yin une ligne brisée, c'est-à-dire séparée en deux parties, et à Yang un trait unique, continu. A partir de cette trouvaille, tout le reste ne sera plus qu'une question de combinatoire.

Trouvaille remarquable qui à la fois marque la particularité du Yi King, car aucune autre civilisation n'a imaginé un tel système linéaire de représentation d'*idées* philosophiques et son universalité, puisqu'avec cette sorte d'alphabet binaire avant la lettre que le Yi King écrit et décrit tout ce qui vit « sous le ciel ». Mais c'est aussi cette originalité chinoise qui l'a rendu universel. En effet, au moyen de ce codage élémentaire aussi simple qu'efficace, il n'est plus nécessaire d'apprendre le chinois pour comprendre le mouvement du Yin Yang. Grâce à ces schémas qui nous sont directement accessibles, nous plongeons d'un coup au cœur de la pensée chinoise, en sautant au-dessus de la barrière culturelle. Il suffit de les regarder pour voir Yin et Yang naître, croître, culminer et se transformer.

III. LE « GRAND RETOURNEMENT »

Se transformer ? Il faudrait presque mieux dire se métamorphoser, puisqu'il s'agit de la brusque conversion de chacun en son contraire au terme d'une transformation continue. La première chose que nous apprend le Yi King est en effet qu'aucune situation n'est figée, et que, parvenue à son apogée, elle s'inverse et se transforme en son contraire. La nature récite constamment cette loi qui nous paraît un peu étrange au premier abord : quand une lune est arrivée à son plein, elle se met à décroître ; quand le soleil arrive au solstice d'été, il redescend dans le ciel ; quand la marée haute vient battre les remparts de Saint Malo, elle redescend ensuite vers la plage. L'expérience individuelle, elle aussi, fait vivre constamment ce changement : dans la respiration, dans l'alimentation, dans la vie affective – relisez Racine, vous verrez comment l'amour le plus extrême peut se transformer en une haine implacable.

Le Yi King exprime de façon très simple cette loi qui anime toutes les choses vivantes. Il l'explique en disant : « *La fermeture d'une porte, c'est le Yin. L'ouverture d'une porte c'est le Yang. Une fermeture, une ouverture, c'est la Mutation* » (6). Pour se la représenter, il suffit d'imaginer les traits Yin et Yang, non pas comme des représentations figées, mais comme des dessins animés. Ouverture d'une porte, Yang exprime une force d'extériorisation, d'extension. La ligne continue qui le représente, Yang, animée par ce mouvement d'expansion s'étire, s'étire. On peut bien imaginer qu'à un moment, cette extension atteigne sa limite, et provoque une rupture en son milieu. Faites l'expérience, avec un élastique : étirez-le, étirez, étirez... et alors, vous comprendrez – en fait, vous ressentirez physiquement – le phénomène de la mutation du Yang. Parvenu à son maximum d'élongation, le trait Yang se brise en deux, se transformant par là en Yin, son contraire. Fermeture d'une porte, Yin, force d'intériorisation, va tendre alors à faire se rapprocher les deux extrémités du trait brisé qui le représente, de plus en plus, jusqu'à ce que, finalement, elles se touchent. A l'extrême

---

(6) *Yi Jing, Grand Commentaire,* 1ʳᵉ partie, chap. 11, § 4, traduction de l'auteur.

de leur rapprochement, elles se sont transformées en leur contraire, reformant un trait continu, Yang, qui aussitôt est animé d'une force d'expansion qui finira par le déchirer en son milieu, et ainsi de suite.

Les deux lignes Yin et Yang, on le voit bien, sont particulièrement prises en compte par le Yi King non par leur nature – il ne s'agit pas de classer les choses en deux catégories, comme Charlemagne les bons et les mauvais élèves – mais parce qu'elles représentent l'éternelle danse du changement et permettent d'en repérer les instants privilégiés : juste avant le retournement, juste avant la mutation d'un moment en son contraire. Ce sont des moments privilégiés pour agir, pour franchir au mieux le passage qui se prépare, et aller au mieux d'un temps périmé à un temps qui s'ouvre. Ce mouvement binaire de perpétuel renversement est particulièrement bien exprimé par un dessin que vous connaissez certainement.

Le nom chinois de ce dessin, *Taiji Tu,* signifie « représentation *(tu)* du grand *(tai)* retournement *(ji)* ». C'est une généralisation de ce qu'exprime les lignes du Yi King. Ce diagramme exprime parfaitement la dialectique cyclique (il est rond) de Yin et Yang (noir = Yin ; blanc = Yang). On y voit Yang naître en bas (Nord, Minuit) se développer en montant (extension) vers la gauche (Est, Printemps) pour finalement culminer en haut (Sud, Midi). Cette culmination provoque alors la mutation. Yin apparaît, se développe en descendant (contraction) vers la gauche (Ouest, Automne) pour culminer en bas, et provoquer ainsi la mutation en Yang qui réamorce le cycle. Les deux points, blanc et noir, à l'intérieur des deux régions noire et blanche ont un sens bien plus profond que leur habituelle interprétation : « rien n'est jamais tout à fait blanc ou tout à fait noir ». Ils signifient que tout est toujours constitué d'un mélange *changeant de Yin et de Yang. Si le Taiji Tu* s'appelle ainsi, c'est parce qu'il nous donne à voir le « grand retournement », mais en fait pour se représenter l'évolution qui le précède, il suffit de faire enfler le germe contenu dans chaque culmination.

La dialectique du Yin et du Yang telle que l'exprime le Yi King, cette rythmique de renversement qui permet d'accompagner le mouvement des mutations a donné son nom au *Taiji Quan,* cette technique corporelle dans laquelle le pratiquant cherche à accompagner le plus totalement possible les mouvements de flux et de reflux qui le traversent et se renversent en lui. On cherche par cette « boxe (*quan*) du grand retournement (*taiji*) » à atteindre une sorte de plénitude durable, en améliorant sa façon de se poser dans l'instant, c'est-à-dire dans la succession des moments. C'est aussi le but du *Livre des mutations.*

IV. RYTHMES ET CYCLES : LES HEXAGRAMMES

Pour y parvenir, le Yi King n'en restera pas à cette dialectique binaire du Yin et du Yang. Il va la distribuer sur six niveaux de manière à mieux rendre compte de la complexité des situations vivantes, imitant en cela l'acupuncture, qui elle aussi répartit sur six niveaux la circulation de l'énergie à la surface du corps humain. Ce système aboutit alors à un ensemble de soixante-quatre figures, appelées « hexagrammes » (hexa = six ; gramme = signe), formées d'une combinaison de six traits pleins ou brisés, régis par une logique positionnelle et organisés sur six niveaux superposés. Ces figures vont permettre de ponctuer, et donc de repérer tous les états de transition, de passage entre la culmination du Yang, représenté par l'hexagramme numéro un, formé de six lignes Yang, et la culmination du Yin, l'hexagramme numéro deux, formé de six lignes Yin.

Chacun de ces agencements particuliers de Yin et de Yang fut alors mis en rapport avec des situations tirées de la vie quotidienne et des grands événements de l'histoire ancienne. Mais ces situations furent affinées, stylisées, rabotées jusqu'à leur squelette énergétique jusqu'à devenir des situations-type.

Chacune des soixante-quatre situations-type du Yi King ainsi figurées reçut un nom qui est la plus part du temps un verbe d'action (7), car le Classique des Changement a depuis sa plus lointaine origine divinatoire été considéré comme une sorte de manuel de stratégie pratique. Parmi les textes complémentaires qui ont été annexés à ces figures on distingue d'abord deux paragraphes généraux qui se divisent eux-mêmes en deux courts chapitres généraux. Le premier, qui porte le nom technique de « Jugement », signifie ce que le Yi King pense de la situation ; le second, appelé « (Grande) Image », représente ce que le Yi King pense qu'il faut faire dans une situation ainsi agencée. Ensuite, six petits paragraphes complémentaires vont donner des conseils particuliers selon qu'on se situe à tel ou tel stade du moment représenté par la figure considérée. Car ces figures, bien qu'elles puissent chacune être considérée comme une sorte d'« arrêt sur image » dans le développement d'un processus, n'en sont pas pour autant considérées comme inertes. Images des mutations, elles sont elles-mêmes soumises aux mutations, images des choses vivantes elles sont elles-mêmes soumises au mouvement de toutes les choses vivantes. Et le mouvement des choses vivantes est de pousser à partir du sol pour se dresser vers le ciel. C'est ainsi que tous les hexagrammes du Yi King sont animés d'un mouvement temporel qui se déroule temporellement du bas vers le haut.

Mais à ce déploiement se superpose une dialectique qui rend le

_____

(7) Cette particularité n'apparaît pas nettement dans la traduction la plus connue du Yi King, celle de Richard Wilhelm, et c'est bien dommage.

déchiffrement du mouvement un peu plus subtil. Prenons l'exemple d'une plante : elle ne va pas commencer par pousser vers le ciel, mais par s'enraciner, puis, sur cette base, croître, et finalement, alourdie par le fruit de sa vie – que ce fruit soit une céréale, celui d'un arbre fruitier, ou, simplement, le fruit de l'âge pour un être humain, – retomber vers la terre pour amorcer le cycle suivant. A l'intérieur de ce mouvement global qui va de la terre vers le ciel, il y a ce mouvement dialectique : entrer dans la situation par un mouvement contraire à celle-ci, et en sortir par un mouvement également contraire.

Ce sont les différents traits qui, dans les figures du Yi King, indiquent un par un les moments de la situation. Si on examine dans l'hexagramme n°1, le premier stade, celui du bas, le texte qui est adjoint à ce trait dit : « *Dragon tapi dans l'onde. Ne pas agir* » (8) ! Le dragon, symbole du Yang, de l'empereur, symbole d'une force créatrice très bénéfique pour l'être humain, à ce niveau de la situation, est donc encore potentiel. Le Yang n'est pas encore en action, il est latent, il est caché, « tapi dans l'onde » (9), il est Yin. Ainsi à la première ligne de cet hexagramme, se trouve l'indication que même le Yang commence par un stade Yin. C'est une observation assez subtile. Prenons un exemple : la vie intellectuelle d'un petit enfant – et d'un être humain en général – qui a l'air d'être un apprentissage depuis le début jusqu'à âge adulte, commence non pas par un apprentissage, mais par un désapprentissage. Le petit enfant, à quelques mois, lorsqu'il gazouille, parle potentiellement toutes les langues du monde. Puis il va cesser de gazouiller pour désapprendre progressivement les langues dont il n'a pas besoin, les sons spéciaux qui lui sont inutiles, pour intérioriser et se concentrer sur ce qui deviendra sa langue maternelle : même quelque chose qui semble excessivement Yang, apprendre à parler, commence bien par un stade Yin, désapprendre à prononcer tous les sons de toutes les autres langues.

---

(8) Traduction originale du Centre Djohi, extrait de la revue *Question de* n°98 bis. Ed. Albin Michel.

(9) Le terme employé, *qian,* sert aujourd'hui aussi bien à qualifier un sous-marin, que l'inconscient !

On peut suivre la progression du « dragon », tout au long de l'hexagramme n°1, son apparition (matérialisation) à la ligne 2, puis sa disparition à la ligne 3, son hésitation à la ligne 4 et sa puissance à la ligne 5, jusqu'à la dernière ligne, qui va clore ce développement de la puissance du Yang. Située dans la partie la plus haute de la figure, cette ligne devrait représenter une culmination, elle devrait être un sommet ! Ce n'est pas le cas : la voir ainsi serait la considérer d'une façon ponctuelle, et oublier que toutes situations ne sont que transitions. Le texte associé à cette ligne le déclare sans ambages : « *Dragon outrepassé ! Il y a des regrets* » (10). Puisque tout bouge et se transforme, en haut de l'hexagramme, on en est au dernier stade de la situation de créativité qu'il décrit. Finie, la puissance créatrice du Yang, maintenant c'est le temps du Yin qui se prépare, et le dragon, Yang, ne doit plus faire le faraud. Son temps est terminé, s'il outrepasse ses limites, tout dragon qu'il soit, il aura à le regretter. Voici venu maintenant le temps du Yin, représenté par l'hexagramme n°2. Comment entre-t-on dans une situation complètement Yin ? Par un mouvement Yang bien entendu. Le texte attribué à cette première ligne du bas, indique : « *Marche sur du givre, la glace solide n'est pas loin* » (11). Marcher ? C'est une action Yang. On pénètre dans le Yin par un mouvement Yang, on arrive au repos par une décision (mon père disait toujours : « Allez, pas de mollesse ! allons nous coucher ! »). Puis, en suivant le développement du Yin tout au long de l'hexagramme n°2, passant par les stades de repos, d'arrêt, de protection, de stabilité féconde, on en arrive finalement tout en haut avec cette phrase associée au dernier trait : « *Dragons corps à corps aux confins. Sang jaune sombre en abondance* » (12). Les dragons, symbole du Yang, réapparaissent tout en haut de l'hexagramme consacré à la culmination du Yin ! Rien d'étonnant à cela,

---

(10) Traduction originale du Centre Djohi, extrait de la revue *Question de* n° 98 bis. Ed. Albin Michel.
(11) Idem.
(12) Idem.

dans une conception circulaire du temps. Chaque moment n'est que passage, et quand le temps du Yin arrive à son terme, c'est le moment du Yang qui se prépare. Voilà pourquoi le dragon, emblème du Yang réapparaît à la fin du temps du Yin ! Il réapparaît avec son exigence Yang, l'action créative (même quand on a envie de faire la grasse matinée, le jour nous réveille et nous dit : « la nuit est terminée, il faut passer à autre chose ! »).

Si les hexagrammes 1 et 2 emblèmes du grand Yin et du grand Yang résument à eux tout seuls toute la dialectique chinoise du changement et le rythme cyclique qui l'anime, les 62 autres figures du Yi King vont en être l'approfondissement dans le détail. La leçon que nous apporte le Yi King est alors de prendre de la hauteur et de considérer qu'à l'intérieur d'un cycle donné, régi par la dialectique Yin/Yang, on peut toujours différencier un autre cycle, lui aussi régi par le rythme Yin/Yang. Cet aspect fractal de la pensée chinoise – le fait qu'en chaque point du système, la structure globale du système est présente – mériterait des développements qui nous entraîneraient trop loin. Contentons-nous de le voir à l'œuvre dans l'agencement des soixante quatre hexagrammes. Ce qui a été exposé par le couple 1 et 2 va être développé dans le détail par les soixante deux autres hexagrammes. L'ordre d'exposition des hexagrammes en fait foi qui commence avec la figure n°3, qui traite des *Difficultés Initiales*. Puis, après ces difficultés du démarrage (on se souvient du « dragon tapi dans l'onde »), il y a l'apprentissage, les premières difficultés de la matérialisation de ses potentialités, représenté par l'hexagramme n°4 le *Jeune Fou,* puis après vient *Attendre* (n°5) et *Résoudre le Conflit* (n°6), et ainsi de suite. Toutes les figures du Yi King s'égrènent les unes après les autres, toujours dans la même dynamique Yin/Yang, telle que les hexagrammes n°1 et n°2 l'ont définie.

| 3 | 4 | 5 | 6 |

On n'en finirait pas d'énumérer les finesses d'analyse auxquelles nous convie le Yi King quand il est regardé sous cet angle énergétique. Regardons simplement deux détails. Le premier nous rappellera ces mouvements d'aller et de retour que nous avons soulignés dans la conception chinoise du passage du temps. il y a un hexagramme qui traite tout particulièrement de cette question, c'est le n°53 dont le nom est *Progresser pas à pas.*

53

A chacun de ses six stades, il sera question d'une « oie des moissons » – un oiseau migrateur, symbole de fidélité, parce que toujours fidèle au moment – qu'on verra se déplacer pas à pas depuis une rive boueuse tout en bas de l'hexagramme jusqu'à la plus haute ligne de la figure.

L'oie	ligne 6	**le coteau de pleine terre**
des moissons	ligne 5	la colline ancestrale
progresse	ligne 4	un arbre à branches lisses
pas	ligne 3	**le coteau de pleine terre**
à pas	ligne 2	les roches plates
vers	ligne 1	la rive boueuse

On voit que cette progression graduelle qui décrit un rythme général commun à toutes les choses vivantes (par exemple c'est le rythme d'acquisition de connaissances) n'est pas du tout linéaire, puisqu'au sixième stade, on se retrouve au même niveau que celui décrit par le troisième stade (13). Il ne s'agit pas d'une méprise, mais d'une finesse d'observation : le rythme dont il s'agit est celui de la danse enfantine : « trois pas en avant, un pas en arrière », tous ceux qui ont progressé dans quelque domaine que ce soit peuvent témoigner du bien fondé de cette observation dans laquelle nous retrouvons les mouvements d'aller et de retour, d'accueil et d'au revoir que nous avions rencontrés à propos des saisons ou bien du trajet de la jeune mariée.

Dernier exemple qui exploite une qualité interne du système du Yi King, le fait qu'à l'intérieur de chaque hexagramme, il existe

---

(13) Cette particularité du texte canonique n'apparaît pas du tout dans la traduction de R. Wilhelm.

un autre hexagramme que l'on puisse définir comme étant le noyau, la force interne qui anime la figure considérée (14).

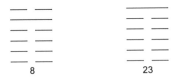

8   23

L'hexagramme n°8 s'appelle *l'union, la mutualité*. Belle figure, beau programme. En examinant l'hexagramme qui constitue son noyau, on voit que la force profonde qui anime l'union n'est ni l'amour, ni rien de ce à quoi on s'attendrait mais l'hexagramme n°23, qui s'appelle *Usure* et traite tout particulièrement de la lutte contre l'usure (15). Autrement dit, ce qui est au cœur de l'union, c'est la lutte contre l'usure. Après tout, les couples qui fêtent leurs Noces d'Or ne sont-ils pas des couples qui ont su résister à l'usure de l'amour ? Des couples qui ont su gérer les mutations de leur relation, à chaque fois de manière féconde ?

V. HASARD OU COUPLAGE ?

Entraînés par ce survol de certains rouages internes du Classique des Changements, nous en sommes passés d'une simple description de mécanismes généraux à des conseils plus précis, directement applicables à la vie quotidienne. Comment le Yi King dispense-t-il ce genre d'indication ? Par une méthode qui peut paraître étrange au premier abord, et qui est connue sous le nom de « tirage ». « Tirer le Yi King » n'est rien d'autre que d'interroger un vieux livre de sagesse pour agir au mieux dans la situation dans laquelle on se trouve. Si on parle à ce sujet de divination, c'est parce que rien dans notre culture indo-européenne ne ressemble à cela et que

---

(14) Pour plus de précisions à ce sujet, voir : « Les garde-fous de l'intuition », résumé de la méthode traditionnelle chinoise d'interprétation des hexagrammes, revue *Question de* n° 98 « Les Mutations du Yi King », p. 175. Ed. Albin Michel.

(15) Ce sens de l'hexagramme 23 n'apparaît pas dans la traduction de R. Wilhelm qui nomme cette figure « l'éclatement ».

> Quand chacun tient le beau pour beau vient la laideur
> Quand chacun tient le bon pour bon viennent les maux
> Etant et n'étant pas s'engendrent
> Aisé malaisé se parfont
> Long et court renvoient l'un à l'autre
> Haut et bas se penchent l'un vers l'autre
> Voix et son consonnent ensemble
> Devant et derrière se suivent
> Le sage gouverne par le non-faire
> Il enseigne par le non-dire
> Il ne refuse rien à la foule des êtres
> Mais il nourrit chacun sans se l'approprier
> Il accomplit sa tâche sans s'en prévaloir
> Il achève son œuvre sans s'y attacher
> Et comme il ne s'y attache pas
> Il se maintient.
>
> *Tao të king* 2,
> trad. Points Sagesse, éd. du Seuil

surtout, le hasard est sollicité pour déterminer en la circonstance laquelle des soixante quatre situations-type correspond énergétiquement à celle dans laquelle nous sommes impliqués.

Concrètement, cela consiste, après avoir ramassé son problème dans une question écrite (ce qui n'est pas le plus facile) à prendre trois pièces de monnaie, à les agiter dans ses mains réunies en conque, et à les laisser choir pour finalement regarder de quel côté elles se sont immobilisées, tout cela six fois de suite. A partir de là, par des comptages simples, on détermine la nature Yin ou Yang, naissante ou mutante des six traits de l'hexagramme qui correspond à la manière dont les forces Yin et Yang sont agencées en nous dans la question qui nous préoccupe. C'est la méthode la plus simple : il en existe une autre, plus vénérable, plus traditionnelle, qui utilise des bâtonnets qu'on partage à l'aveuglette. De toute façon, l'une comme l'autre de ces méthodes procède de la même façon, intolérable pour nos esprits nourris de cartésianisme : elles utilisent le hasard.

Or s'en remettre au hasard, c'est répudier sa raison raisonnante. D'autant plus que l'utilisation de pièces de monnaie nous évoque inconsciemment l'expression « prendre ses décisions à pile ou face », phrase qui n'est pas investie chez nous de la meilleure réputation. Pourquoi les Chinois viennent-ils tout gâcher avec cette introduction du hasard ? Jusque là, le Yi King paraissait quelque chose de sensé, une belle création de l'esprit humain, qui méritait qu'on se penche dessus avec bienveillance. Et puis voilà que cette utilisation du hasard vient tout fiche par terre. Pourtant c'est sur ce livre et son usage que s'est construit l'ensemble de la civilisation chinoise. Et quelqu'un comme Confucius – à qui sont attribués la totalité des commentaires officiels du Yi King – n'a pas la réputation de courir les tireuses de cartes ou les diseurs de bonne aventure. Alors d'où vient le hiatus ? De l'idée que nous nous faisons du hasard ! Une idée étrange, et surtout étrangère. « Hasard » est un mot dont l'origine n'est ni latine, ni grecque. Il nous vient de l'arabe. C'est le nom d'un château près d'Alep en Syrie, dans lequel fut découvert un jeu de dés à l'époque des Croisades (16).

Le hasard, pour nous, n'est rien d'autre qu'un dé jeté en l'air. Il n'est relié à rien parce que relié à aucune causalité. En Chine, on pense juste le contraire : le hasard est ce qui permet de relier une situation énergétique donnée et les signes permettant de la lire. On le voit bien dans les caractères chinois utilisés pour exprimer cette idée.

Ou   Peng

Les plus courants, *Ou* et *Peng*, ont chacun le sens de « paire », « couple », « couplage », « appariement », « mise en relation », etc. – le premier ayant carrément la signification de « nombre pair ». Autrement dit, là où le hasard est pour nous quelque chose qui dépasse irréductiblement notre manière de raisonner, les Chinois y voient un couplage, une mise en relation entre une situation donnée

---

(16) Pour plus d'informations sur cette étymologie, et sur l'idée de hasard, voir *Le Yi Jing, grand livre du Yin et du Yang*, Ed. du Cerf, coll. Bref n° 20, p. 99 à 119 ou « Le hasard est-il chinois » revue *Nouvelles Clés,* n° 33.

et un signe qui permet d'en lire l'organisation énergétique. S'il fallait le comparer à quelque chose, ce serait à la prise de pouls en acupuncture : une manipulation permettant de rendre lisible, compréhensible, un instant donné d'un agencement énergétique invisible, pour agir en consonance avec lui et éviter ainsi qu'une maladie naissante ne se développe.

Cette conception du hasard qui nous choque tant dans l'utilisation du Yi King est au contraire ce qui la fonde en raison, en ce qu'elle le démarque complètement de la divination ou de la prophétie, auxquelles il est quelquefois abusivement comparé. Le Yi King ne prédit pas l'avenir, il analyse le présent. Il met en relief l'agencement énergétique d'un moment pour nous permettre de nous adapter à son évolution, et d'avoir ainsi l'attitude la plus adaptée. Ainsi nous pouvons accorder notre attitude avec l'instant, remercier le moment échu et accueillir la saison à venir. Celui qui interroge le Yi King obtient en réponse une proposition qui lui donne la possibilité de se réorganiser énergétiquement de la façon la plus productive, à la manière dont Yin et Yang sont agencés dans l'hexagramme qui est obtenu par tirage. Si la procédure de tirage utilise le hasard pour faire apparaître ce signe rendant compte de l'agencement énergétique de la situation à laquelle on est confronté, c'est parce que le hasard est aux yeux des Chinois non l'abandon de la raison, mais l'expression la plus parfaite du flux vital quand il lui est laissé libre cours. En cela il se pose de façon tout à fait différente de ce que nous entendons par divination. La divination projette l'homme dans un futur dont il est totalement exclu. C'est encore plus évident pour la prophétie. A partir du moment où un événement a été prédit, il faut qu'ainsi il se produise. Sinon c'est que le devin n'avait pas grand talent, ou que le dieu au nom duquel parlait le prophète n'était pas très puissant. Le Yi King, lui, ne prédit rien. il présente un plan d'insertion optimale dans une situation-type en expliquant comment les énergies y sont organisées. A chacun d'accompagner ou non à sa guise le mouvement des flux qui lui sont présentés, à chacun de choisir la route qui a du cœur pour traverser le moment et négocier les changements de toute façon à l'œuvre.

VI. L'INTELLIGENCE DU PASSAGE

Il y a un hexagramme du Yi King qui résume à la fois cette conception chinoise du temps et de la sagesse de l'action, c'est la figure n°32, dont le nom signifie à la fois « *Endurer* » et « *Constance* ».

L'idéogramme qui nomme cet hexagramme, *heng,* ne traite pas de la durée en temps que notion abstraite, mais de l'« intelligence du passage ». Le caractère *heng* est composé de deux parties : à gauche le signe du cœur, siège traditionnel des sentiments et de l'intelligence ; la partie droite représente quelque chose qui navigue entre deux rives lointaines évoquées par les deux traits horizontaux. On lit dans un des textes associés à cet hexagramme (dont la place *au beau milieu* des 64 figures du Changement est significative de son importance) cette phrase bien moins paradoxale qu'il n'y paraît : « *La seule chose constante est le changement* ». La navigation dont il est question ici est évidemment de nature morale. Elle concerne la constance dans le but, bien plus que la maîtrise de la durée. Un objectif qui implique souplesse dans l'action et adaptation constante aux circonstances, comme le bateau qui traverse un fleuve aux courants impétueux, heureux et malheureux.

Le Yi King nous apprend comment nous insérer à l'intérieur d'un système qui dépasse l'individu tout en l'incluant puisqu'il régit toutes les choses vivantes. Mais à la différence des autres êtres, l'être humain possède une capacité de réflexion qui lui permet de réfléchir sur les circonstances et d'infléchir son action en conséquence. Il développe notre intelligence du passage dans cette périlleuse navigation dans laquelle nous nous embarquons à la rive de notre naissance.

Il est un beau proverbe chinois qui dit : « *On ne peut empêcher les oiseaux du malheur de voler au-dessus de nos têtes, mais on peut veiller à ce qu'ils ne construisent pas leurs nids dans nos cheveux* ». En nous apprenant à coller à l'instant, en développant notre connaissance de la qualité du moment, en nous permettant de mieux sentir sa teneur, tout en incorporant la permanence du changement, le Yi King nous grandit. En augmentant notre conscience du moment, il agrandit notre liberté et nous entraîne à devenir, à chaque instant, co-auteur de notre destin.

Descente du Christ aux Enfers
Le Christ, avant de ressusciter, tire Adam et Ève de leurs tombeaux
pour les élever, et avec eux toute l'humanité, à la vie éternelle.
(Icône russe du XVIe siècle)

Annick de SOUZENELLE

PÂQUE JUIVE ET PÂQUES CHRETIENNES

La Pâque juive marque la sortie d'Egypte des Hébreux qui étaient esclaves en ce pays depuis quatre cent trente ans.

La Pâque chrétienne célèbre la Résurrection du Christ.

Le mot « Pâque » est la traduction de l'hébreu *Pessah* (1) qui signifie « passage au dessus », voire « épargner ». C'est celui qui est employé par le texte biblique pour parler, au moment de la dixième plaie d'Egypte, de l'œuvre de l'ange exterminateur qui « passe au-dessus » des maisons des Hébreux, maisons marquées du sang de l'agneau, et qui « épargne » leurs fils, alors qu'il n'en est pas de même pour les malheureux Egyptiens ! La mémoire populaire a assimilé *Pessah* au « passage » de la Mer Rouge dont le mot qui le signifie est en réalité le verbe *Abor*, le nom même des Hébreux, peuple du « passage » ! Tout en restant conscients de la reconduction impropre de ce mot aux deux événements centraux de notre Histoire, gardons-en le sens couramment admis et parlons de ces deux « Pâques ».

Toutes les traditions ont connu, et certaines connaissent encore, des rites de « passage » permettant à l'adolescent d'atteindre à une nouvelle dimension de lui-même jusqu'à cet ultime « passage » qu'est la mort. On peut alors en inférer que la naissance elle aussi est un passage, non moins mystérieux que la mort. Et les rites de naissance et de mort abondent dans ces mêmes traditions. Cela a été oublié, perdu, en Occident. Si je me reporte à l'étude que j'ai tenté de faire à partir de la tradition hébraïque au sujet du corps

---

(1) Le h pointé est une gutturale hébraïque et se prononce approximativement comme le R. Le ulb souligné d'un tiret se prononce V.

humain, en interrogeant celui-ci dans sa dimension subtile, j'ai mis en lumière les trois grandes matrices qui le constituent et que connaissent aussi toutes les traditions, depuis la Chine jusque chez les Amérindiens : matrice d'eau au niveau du ventre ; matrice de feu au cœur du plexus solaire ; matrice des moelles – symbole du mariage de l'eau et du feu, reconduisant aux « eaux-d'en-haut » (2) au niveau du crâne. Aucune des grandes traditions du monde ne parle d'autre chose, à propos de ces matrices, que de celles en lesquelles mûrit l'être intérieur en vue d'un « passage », d'une naissance. L'Homme, qu'il soit homme ou femme, un groupe humain, un peuple ou l'humanité tout entière est saisi dans un programme qui concerne en premier chef son intériorité et dont la réalisation ou le refus de celle-ci construira ou détruira sa vie jusque dans son corps. Nos mythes fondateurs nous invitent à ouvrir notre intelligence à cette réalité primordiale. Mais c'est une grande erreur à nous, judéo-chrétiens, que de les avoir interrogés avec les yeux de l'Homme exilé de lui-même et donc de les avoir traduits dans le registre de notre historicité, celui de l'Homme extérieur.

C'est ainsi que lorsque le Seigneur YHWH s'adresse à Abram – le futur Abraham – qui vit encore chez ses parents à Ur en Chaldée, en lui donnant cet ordre : « *Va, quitte ton pays... et va vers celui que je te montrerai* », notre tradition n'obéit pas au texte hébreu qui, lui, n'a aucune redondance et ordonne expressément : « *Va vers toi, depuis ton pays, celui de tes pères... jusqu'à celui que je te montrerai* » (3), ce dernier étant la « terre promise » que certainement Jérusalem symbolise dans la géographie extérieure, mais qui, plus certainement encore est à l'intérieur de tout être humain, à « l'Orient » de lui-même : il s'agit de la terre du NOM, l'espace le plus « antique » à l'intérieur de l'Adam (l'humanité) et de tout Adam (tout être humain) en lequel est la semence divine – « image de Dieu » – le NOM qui fonde chaque Adam et vers lequel chacun est appelé à aller en le devenant totalement. Là est toute la dynamique « de l'Image à la Ressemblance » que nous révèle le sixième jour de la Genèse et qui nous donne vie ; elle

_____

(2) Ces « eaux-d'en-haut » désignent le monde divin du deuxième jour de la Genèse.

(3) *Gen.* 12,1.

peut être appelée dynamique d'une gestation depuis le Germe divin fondateur jusqu'au « Fils » intérieur.

Le premier mot de la Genèse dont les Hébreux nous disent qu'il contient la totalité du message de la Torah, ne nous révèle pas autre chose que cela dans son essentiel : constitué du développement des deux premières lettres *Beit* et *Resh*, ce premier mot, *Bereshit*, se réduit au mot *Bar* qui est le « Fils ». La tradition juive va plus loin encore et nous dit (ici se confirme la loi de l'holistique) que ce premier mot *Bereshit* est tout entier contenu dans la première lettre *Beit*. Elle-même constituée de trois lettres Be-Y-T, cette lettre est un mot qui veut dire la « maison » – son idéogramme primitif est le dessin d'une maison – : la maison en elle-même est le mot *BaT* et celui qui l'habite est la lettre *Yod*. *BaT* la « fille », est tout être humain (féminin par rapport à son Créateur qui se donne une fonction mâle par rapport à sa création, mais qui dans son essence est UN au-delà de toute dialectique mâle-femelle). BaT, « la fille », est la création tout entière que récapitule en elle l'humanité, et chaque être humain en particulier. Que nous soyons homme ou femme, nous sommes devant Dieu cette « fille », vierge enceinte de LUI, lourde du Saint NOM que symbolise la lettre Yod, un YHWH en devenir.

« *J'ai dit : vous êtes des dieux* » chante le psalmiste (4) et le Christ le confirme : « *Vous êtes tous des dieux, des fils du Très-Haut* » (5). Mais le Christ dit aussi : « *Si le grain ne meurt, il ne peut porter de fruit* » (6). Le « grain de blé » partage avec le « Fils » le même mot hébreu *Bar*. La réalité fondamentale qu'a ainsi exposée le Christ peut être entendue : « *Si le fils ne meurt, il ne peut porter de fruits* ».

« *Que celui qui a des oreilles entende* » ajoute-t-Il souvent lorsqu'Il parle à son entourage (7). Et nous avons à entendre Sa Parole, la Parole du Verbe qui fonde le créé, la « Loi » du « Logos » qui structure le créé, loi ontologique, principielle, dont nul ne peut se détourner sans devenir gravement malade et mourir d'une mort qui, sans la grâce divine, ne fait pas partie des « morts-

---

(4) *Ps.* 82,6.
(5) *Jean* 10,34.
(6) *Jean* 12,24.
(7) *Luc* 14,35 ; *Matt.* 11,15 etc.

résurrections » du « grain de blé-Fils » et n'ouvre sur aucun « passage » !

Notre livre sacré, la Bible, pose dès le « principe » (8) l'absolue nécessité de ces morts-résurrections que j'appellerai mutations et qui impliquent les maternités successives programmées en notre corps énergétique. Le nom même d'Adam porte cette vocation ; pour toute l'antiquité un nom contient la puissance de sa vocation. Celui d'Adam fait de trois lettres hébraïques ADM est essentiellement celui de AeM, « la mère » qui scelle en son cœur le secret des « portes » (lettre D, Dalet en hébreu) que tout être humain doit passer. Malheureusement nous avons totalement perdu conscience de cela et oublié qu'Adam est chacun de nous autant que l'humanité tout entière. Héritiers de sa faute originelle, pensons-nous, nous devons là aussi rectifier notre regard et considérer ce drame de la chute comme nous atteignant tous dans le collectif, c'est certain – et quelle que soit son origine si difficile à cerner – mais surtout comme étant reconduit à chaque instant par nous, à moins que dans notre personne, nous fassions par rapport à lui un retournement radical. Et cela est possible car la chute et la Rédemption coexistent : Dieu, en archétype, mourant et ressuscitant en Son Fils pour libérer la dynamique de nos morts-résurrections en nos fils intérieurs, libérer les *Bar-Abbas* – « Fils du Père » – enchaînés dans les geôles du Satan, cette œuvre de salut est de toute éternité. Le Livre de la chute le dit sans doute possible : « *Une inimitié je place entre toi et Ishah, entre sa semence et ta semence ; toi tu l'écrases au talon ; elle, (la semence) t'écrase à la tête* » (9), dit Dieu au serpent dont la semence est le Satan, en parlant de Ishah (féminin intérieur de l'Adam) dont la semence est Dieu incarné en elle dans l'Image, YHWH. Ce mystère de salut s'accomplit en Christ à un moment très précis de l'Histoire qui obéit au temps de chute (temps du monde extérieur), mais il appartient aussi à l'éternité, temps divin présent en chaque instant de l'Histoire, en YHWH « JE SUIS » qui fonde le créé.

C'est pourquoi le Livre de la chute poursuit en révélant le dire divin adressé à Ishah : « *Dans la douleur tu enfanteras des*

---

(8) Le mot *Bereshit* n'est pas le « commencement » mais le « principe » de toute chose créée, actuel en chaque « instant » de son histoire.

(9) *Gen.* 3,15.

fils » (10). Dans la douleur hélas, mais Ishah peut retrouver ses enfantements. Dieu montre aussi à Adam les conséquences de son acte : « *Tu mangeras ton pain à la sueur de tes narines jusqu'à ce que tu te retournes vers la Adamah (qui est Ishah, en tant qu'épouse) car d'elle tu es tiré (elle est appelée Adamah en tant que mère) car tu es poussière et vers la poussière retourne-toi !* ».

Le nom de la poussière – 'Aphar – est lourd d'un potentiel de fécondité. Le retournement d'Adam sera sa délivrance ; il sera le retour aux normes ontologiques, celles qui président aux lois de l'Orient, avant la chute !

Cela signifie qu'à tout instant et depuis toujours chacun dans sa personne a à choisir entre la confusion dans un collectif exilé de son intériorité et donc exilé de Dieu, et le retournement vers ses normes premières dans le souffle divin qui, lui, donne vie. Cette grande aventure de vie qui extrait l'Homme de l'état de confusion du collectif pou l'amener dans sa personne à « aller jusqu'au bout de lui-même », fait l'objet de toute l'histoire biblique. Notre livre sacré est celui qui conte les « passages » de l'Homme depuis l'Image qu'il est de Dieu jusqu'à sa Ressemblance à Dieu, et ceci en trois volets dont le premier est d'ordre mythique, et les deux autres d'ordre historique.

Le premier, dans le Livre des principes, le Bereshit, donne en un fulgurant raccourci toute l'histoire de l'humanité – qui peut être appliquée à chacun de nous – depuis Adam jusqu'à Noé. Il constitue le schéma fondateur de la vie du créé. Le second volet est l'application de ce même schéma à l'histoire du peuple hébreu, depuis Abraham jusqu'au Christ ; il remplit l'ensemble de ce que nous appelons l'Ancien Testament. Le troisième volet est l'application de ce même schéma à la totalité des nations – ce que nous sommes en train de vivre.

Mais je parlerai essentiellement de ce que nous pourrions considérer comme un quatrième volet ; il est celui des Evangiles ; il est quatrième et premier, car sans lui le créé ne serait pas ; il est à part et fait partie intégrante de notre sujet ; il est fait de la vie du Christ, Fils de l'Homme et Fils de Dieu. C'est en ce dernier récit

---

(10) *Gen.* 3,16.

que nous contemplerons la Pâque chrétienne, mais ce récit est aussi premier en tant qu'aucun « passage » n'aurait pu avoir lieu avant comme après la Résurrection du Christ si le Christ n'était pas ressuscité, à un moment précis de l'histoire de l'humanité, mais aussi de toute éternité, comme je l'ai dit plus haut.

Le premier volet conte l'histoire de la création d'Adam ; il expose les lois du créé. Après avoir été différencié de sa Adamah-Ishah, son intériorité lourde du noyau divin fondateur, Adam est amené à l'épouser pour faire croître l'enfant divin à travers des naissances successives de lui-même ; il doit faire face aux énergies potentielles qui lui sont données pour cette croissance, afin de les intégrer à son NOM, au Germe du Fils, YHWH JE SUIS en devenir d'être.

Chaque intégration sera un « passage ». Ces énergies potentielles se présentent sous le symbole des animaux intérieurs – ceux que nous voyons parfois en songe ou dans des circonstances particulières de notre vie diurne. Basile de Césarée, Père de l'Eglise chrétienne vivant au VIe siècle nous rappelle combien ça hurle et ça mord en nous ! Ceci bien sûr tant que ces énergies animales ne sont pas intégrées ; si elles le sont, leur « peau » devient de la « lumière » (11), leur puissance, une force de croissance qui constitue en nous un champ de conscience nouveau ; l'Arbre de la Connaissance grandit et le Fils accompli sera le fruit de l'Arbre, JE SUIS.

Dans ce jeu de vie, YHWH travaille en Adam avec l'Adversaire, le Satan (12). Mais de son rôle d'adversaire ontologique le Satan se fait Ennemi de l'Homme et cherche à le détruire ; à travers le face à face avec le serpent il le détruit. Dans le collectif l'Adam se donne à l'Ennemi ; il redevient confondu avec ses animaux intérieurs. Et comme nous l'avons entendu plus haut, chaque personne humaine peut alors se retourner vers YHWH ; mais la douleur est grande que de s'arracher au collectif et aux énergies animales qui nous collent désormais à la peau ! Et pourtant c'est une question de vie ou de mort que de nous retourner vers l'orient de notre être avec la puissance de YHWH, celle du Christ, ou de

---

(11) Un jeu de mots lie ces deux substantifs hébreux 'Or et 'Or.
(12) *Le livre de Job* le montre clairement.

rester esclave de Satan mangeur de poussière, notre potentiel de fécondité ! Adam reste esclave du Satan pendant tout le début de son Histoire : il est projeté à l'extérieur de lui-même ignorant son Ishah intérieure qu'il n'épouse pas – et qui est veuve ! – le Fils de la veuve va vers la mort !... Si l'« autre » à l'intérieur de lui est ignoré, l'« autre » à l'extérieur est méprisé : Qaïn tue Habel.

Sept générations successives qui symbolisent sept étapes d'involution de cette humanité meurtrière, expriment la souffrance de cet Adam détourné de lui-même et de son Dieu ; à la sixième génération il demande la mort – metoushoël – plutôt que de vivre en de telles conditions. Dieu l'entend, car celui qui ne trouve pas Dieu dans l'obéissance aux lois ontologiques, le rencontre au cœur de la souffrance qu'il s'inflige en son détournement d'elles. Dieu l'entend et le fait aller vers son retournement en lui-même, vers son Adamah-Ishah, vers la poussière qu'il est ; Lemek, septième génération, prend deux femmes. Le monde féminin de l'intériorité réapparaît ; il leur confesse son crime. Pardonné de Dieu, il voit, tel le prophète, « les cieux ouverts » et contemple la Rédemption : « J'ai tué un homme pour ma blessure, l'Engendré pour ma guérison » (13). Ce retournement de Lemek est la sortie d'une tragique situation de servitude. Il est la Pâque dans son principe.

« Alors Shet est redonné à Adam à la place d'Habel que Qaïn a tué » (14). Shet signifie « le fondement ». Adam entre à nouveau dans le souffle du Bereshit dont il s'était coupé. Et de Shet à Noé nous est contée l'histoire d'une humanité consciente. Les âges des patriarches disent que cette humanité a retrouvé le temps de l'intériorité et construit ses espaces au-dedans d'elle. Elle devient féconde de l'essentielle fécondité incluse en son nom « Adam ». Biologiquement féconde mais ontologiquement stérile en état d'exil d'elle-même, l'humanité ne connaît l'essentielle fécondité qu'après ce retournement, après l'ouverture faite aux « passages » auxquels elle est appelée. En ce volet des principes, Noé est préfigure du Christ. Lemek est préfigure de Moïse.

Le deuxième volet conte l'histoire du peuple hébreu depuis Abraham jusqu'au Christ. Le peuple hébreu est celui que j'appel-

---

(13) *Gen.* 4,23.
(14) *Gen.* 4,25.

lerai avec le Père Teilhard de Chardin, le « phylum » privilégié qui, au sein de l'humanité, est chargé de la croissance messianique, en même temps que d'une ébauche de montée de conscience dans le grand collectif adamique. En lui, le Messie prépare la mangeoire – la crèche – de ce monde animal en lequel il sera reçu. En lui se joue le schéma de vie décrit dans le livre de la Genèse, dans son principe.

Dès le départ, il grandit au milieu d'une humanité Qaïnique qui « se multiplie » sans croître, contrairement à l'ordre qui lui avait été donné ; « *elle ne met au monde que des filles* », c'est-à-dire un peuple femelle qui ne fait pas œuvre mâle en lui-même (15). Dieu saisit alors le peuple d'Israël en la personne des douze fils de Jacob, qu'Il fait entrer en Egypte pour y connaître la servitude. L'humanité tout entière est dans la servitude du Satan (esclave de ses besoins, de ses pulsions, de ses peurs etc...) mais elle ne le sait pas tant elle normalise son état d'inconscience. Israël devra nommer sa servitude.

En Egypte, en la personne de Moïse tout d'abord, hébreu né de la tribu de Lévi quelque quatre cents ans après cet état d'exil, une percée de conscience se fait. Témoin d'une sauvage agression d'un égyptien contre un hébreu, Moïse dans sa colère est amené à tuer l'égyptien : il nomme son esclavage intérieur ! Moïse se retourne alors en lui-même, et sous le symbole de son mariage avec une femme étrangère dont il a un fils, nous comprenons que Moïse commence le chemin de ses épousailles intérieures et que le Fils commence de croître en lui. Il en a la confirmation par la visite qu'il reçoit de YHWH son Dieu qui lui révèle son NOM et celui du peuple hébreu dont il va être appelé à prendre la direction. « JE SUIS QUI JE SUIS » a-t-on l'habitude de traduire le texte biblique ; mais YHWH en l'Homme qui commence le chemin ne se révèle être que « JE SUIS en devenir d'être ». Le peuple hébreu commence en Moïse la lente croissance de « JE SUIS en devenir d'être » qui atteindra à JE SUIS dans la personne du Christ. Jésus dira de lui-même : « *Avant qu'Abraham fut, JE SUIS* » (16).

En lui révélant son NOM, YHWH demande à Moïse de retourner

---

(15) *Gen.* 6,1.
(16) *Jean* 8,58.

en Egypte et d'en faire sortir tout son peuple. Moïse aura à se mesurer à Pharaon, l'adversaire, auquel le peuple hébreu a donné puissance d'ennemi et que Moïse a peur de rencontrer. Avec la grâce de Dieu Moïse le rencontre.

L'EXODE ET L'INSTITUTION DE LA PÂQUE

Les enfants d'Israël partirent de Ramsès vers Sukkot, au nombre de près de six cent mille hommes de pied – tous des hommes – sans compter leurs familles. Une foule nombreuse et composite se joignit à eux, ainsi que du bétail, petit et gros, formant d'immenses troupeaux. Ils firent cuire, sous forme de galettes azymes, la pâte qu'ils avaient emportée d'Egypte, car elle n'avait pas levé. Chassés d'Egypte sans le moindre délai, ils n'avaient pu se préparer de provisions de route. Le séjour des enfants d'Israël en Egypte avait duré quatre cent trente ans. Puis, le jour même où prenaient fin ces quatre cent trente ans, toutes les armées de Yahvé sortirent du pays d'Egypte. Cette nuit, durant laquelle Yahvé avait veillé pour les faire sortir du pays d'Egypte, doit être une veille en l'honneur de Yahvé pour tous les enfants d'Israël, pour l'ensemble de leurs générations.

Moïse dit au peuple : « Gardez le souvenir de ce jour où vous êtes sortis d'Egypte, de la maison de servitude, car c'est par la force que Yahvé vous en a fait sortir ; ce jour-là on ne mangera pas de pain levé. Aujourd'hui vous sortez d'Egypte, dans le mois d'Abib. Lors donc que Yahvé t'aura fait entrer dans le pays des Cananéens, des Hittites, des Amorites, des Hivvites, des Jébuséens, pays qu'il a fait serment à tes pères de te livrer, pays où ruissellent lait et miel, tu pratiqueras ce rite en ce même mois. Pendant sept jours tu mangeras des azymes et, le septième jour, aura lieu une fête en l'honneur de Yahvé. (...) Ce jour-là tu donneras à ton fils l'explication que voici : "c'est à cause de ce que Yahvé a fait pour moi lors de ma sortie d'Egypte." Ce rite te tiendra lieu de signe sur la main et de mémorial sur le front, afin que la loi de Yahvé soit toujours sur tes lèvres, car c'est Yahvé qui, par sa force, t'a fait sortir d'Egypte. Tu observeras ce décret au temps prescrit chaque année. »

Livre de l'Exode, 12,37-42 et 13,3-10

J'ai montré dans mon ouvrage « *L'Egypte intérieure ou les dix plaies de l'âme* » (17) que chaque « plaie d'Egypte » est aussi une « merveille de Dieu » en tant qu'elle est l'objectivation devant Israël d'un aspect de son inconscient qu'il ne saurait lire à l'intérieur de lui ; elle détruit les Egyptiens qui subissent l'épreuve et se laissent manger par elle ; elle construit les Hébreux. Les neuf premières plaies sont ainsi comme les contractions d'un accouchement. A la dixième plaie, la naissance a lieu ; l'enfant Israël fait son retournement avant de naître ; Israël quitte ce ventre qu'a été l'Egypte, pour naître à la vie que va le conduire jusqu'à la terre promise. Mais la dixième plaie d'Egypte est plus sévère que toutes ; elle est l'application d'une loi ontologique fondamentale qui, présidant à la vie du créé, joue aujourd'hui même pour nous sans que nous le sachions ; nous l'appelons alors « hasard ». Elle veut que le fils extérieur meurre lorsque le Fils intérieur ignoré reste stérile au cœur de l'Homme, car tous deux sont les deux pôles d'une même réalité. Lors de la dixième plaie d'Egypte, l'ange vient exterminer les fils aînés des Egyptiens ainsi que les premiers nés de tous les animaux qui leur sont assimilés !... L'ange « passe au-dessus » de la maison des Hébreux dont la porte a été signée du sang de l'Agneau. La Pâque juive s'enracine en cet événement qui lui-même porte ses fondements dans le futur et dans l'éternité, la Pâque chrétienne que le sang de l'Agneau signifie.

Lorsque cinq cents ans plus tôt Abraham et Sarah, qui étaient jusque-là stériles et maintenant vieux, avaient mis au monde Isaac, Dieu leur demanda de lui offrir ce fils en holocauste ; Abraham connut alors la mort en son être intérieur. Ce fils unique qu'il chérit et dont Dieu lui a promis qu'il serait père d'une grande nation, le lui sacrifier maintenant ? Abraham obéit alors à l'ordre le plus fou, Dieu lui ayant renouvelé son invitation : « *Va vers toi* » ! « *Va plus loin encore en toi-même et donne-moi ce fils que tu aimes !...* ». L'humanité de cette époque ne comprenait pas encore la nécessité de la mort-résurrection du Fils intérieur, aussi les sacrifices d'enfants étaient-ils ritualisés car l'inconscient profond connaissait cette loi de la mort nécessaire du fils-grain de blé...

Lorsque le feu fut préparé et le couteau prêt à égorger la victime, Isaac demanda à son père : « *Père où est l'agneau ?* » C'est pres-

---

(17) Ed. Albin-Michel 1992.

que deux mille ans plus tard que Jean-Baptiste répondra à cette interrogation en désignant Jésus aux bords du Jourdain : « *Celui-ci est l'Agneau de Dieu* ». Si Abraham a pu monter à la montagne de Moriah pour offrir son fils en holocauste, c'est parce que le Christ, Fils de Dieu et Fils de l'Adam est monté à la montagne du Golgotha. Parce qu'Abraham, en son Fils intérieur, est mort pour ressusciter, Isaac a été « épargné ». L'ange est « passé au-dessus » de lui. En cet instant inouï sont les prémices des deux Pâques.

Libérés de la servitude de l'Egypte, les Hébreux sont eux aussi les prémices de la libération de l'humanité tout entière hors de son conditionnement d'esclave du Satan, hors de sa situation d'exil d'elle-même et du Seigneur YHWH qui fonde son être. Les nations aujourd'hui encore s'avancent dans la voie meurtrière des descendants de Qaïn : Elles ont « construit des villes et des civilisations », – '*Irad* ; elles ont « oublié Dieu » – *mehouyaël* ; elles sont de ce fait dans une angoisse tragique, dans une souffrance telle que beaucoup d'hommes préfèrent la « mort » et se suicident ; d'autres exigent de leur gouvernement un « changement » – *metoushoël*. Nous approchons-nous de Lemek qui « prend deux femmes », aujourd'hui où nous commençons de prendre en compte le langage de l'inconscient – la Adamah-Ishah – et de vivre l'émergence encore réactionnelle mais réelle du monde féminin ? La Pâque de l'humanité serait-elle proche ? Beaucoup d'autres paramètres me permettent de le penser.

Mais cette Pâque juive comme celle qui s'annonce pour l'humanité, toutes deux n'ont de source qu'en la Pâque chrétienne ; elles relèvent du temps historique, mais aussi du temps de l'intériorité ; celui-là scande les nuits et les jours des morts et résurrections du « Fils de l'Homme » et transcende l'historique.

« Le Fils de l'Homme » est le nom que se donne le Christ et qu'il oppose au « fils de la femme », biologique celui-là lorsqu'Il dit par exemple que « *Jean-Baptiste est le plus grand parmi les fils de la femme* » (18). « Le Fils de l'Homme » est celui que chacun de nous porte en lui-même en son NOM secret et dont il a charge d'assurer la gestation jusqu'à sa naissance ; YHWH, « JE SUIS en devenir d'être ».

---

(18) *Luc* 7,28.

On peut alors comprendre que le Christ en tant que Fils de l'Homme est ce même Germe parvenant à l'accomplissement total au niveau de l'Adam collectif, l'humanité tout entière. Parce qu'Il est aussi fils de Dieu, il n'y a plus en Lui de dualité : intérieur et extérieur sont UN, fils et grain de blé (le pain à la sainte Cène) sont UN, le sang et la vigne, ce même jour, sont UN. C'est pourquoi le Fils de l'Homme est aussi le fils biologique de Marie. En elle Il se manifeste et s'accomplit dans l'Histoire, mais dans son essence Il est d'une autre dimension que celle que nous enfermons dans les catégories historiques. Il n'appellera jamais sa mère Ima (mère) bien qu'elle le soit, mais Ishah femme, épouse du grand Adam qu'Il accomplit car elle est essentielle celle-là. Lorsque ses disciples lui font remarquer que sa mère et ses frères le cherchent : « *Qui sont ma mère et qui sont mes frères ? Quiconque fait la volonté de mon Père est ma mère et mes frères* », assure-t-il (19). « *C'est vous qui me mettez au monde dans l'Histoire, leur signifie-t-il, vous à travers vos accomplissements personnels rendus possibles par le mien ; vous à travers toutes les émergences de sainteté de l'Histoire.* »

Et ceci est tellement vrai que l'évangéliste Luc annonce la naissance de Jésus comme étant celle du « premier né » de Marie ; il ne s'agit naturellement pas du fils de la femme Marie, mais du Fils de l'Homme engendré en Marie. Sur la croix Jésus présente à sa mère son deuxième Fils, deuxième Fils de l'Homme, en Jean l'évangéliste qui l'était alors devenu dans le silence de l'amour auprès de son maître : « *Femme, voici ton fils, Fils, voici ta mère* », dit Jésus. C'est à chacun de nous, tel Jean, de devenir Fils de l'Homme en devenant Fils de Marie en notre Ishah intérieure. Cette responsabilité personnelle assumée hâtera la Pâque de l'humanité. Mais, historiquement située entre celle-là et la Pâque juive, la Résurrection du Christ domine de sa grandeur et de sa puissance la totalité de l'Histoire humaine qu'elle féconde en chaque « instant » lourd de JE SUIS.

C'est pourquoi toutes les traditions connaissent avec certitude la Résurrection. Alors que j'en doutais devant elle, une amérindienne me répondit avec force : « Mais nous sommes déjà tous des Ressuscités ! » Je l'embrassai avec amour. Tant de gens qui se disent chrétiens en doutent aujourd'hui ! Le Golgotha, « lieu du crâne »,

---

(19) *Matthieu,* 12,46-50.

est sur le plan cosmique cette « matrice du crâne » dont je parlais tout à l'heure, matrice dont les Chinois disent que le Tao naît d'elle par en haut, et dont les Grecs font naître Pallas Athéna, toute casquée d'or, sortant du crâne de Zeus... Oui, toutes les traditions habitées de JE SUIS, qu'elles connaissent ou non leur Germe fondateur, le savent.

Jésus de Nazareth, Fils de Dieu et Fils de l'Homme, « JE SUIS », porte le « JE SUIS en devenir d'être » de l'humanité totale jusqu'à son accomplissement. Toute la finalité du créé se joue en Lui dans le mystère divin de « Dieu qui se fait Homme pour que l'Homme devienne Dieu ». Au Jardin des Oliviers, l'ultime Shabbat du Père qui se retire pour que croisse le Fils de l'Homme prépare le Christ à la prochaine descente aux abîmes. Parce qu'Il est Fils de Dieu et qu'Il affirme l'être [20]. Il est seul à être le maître de ce qui sépare l'Incréé du Créé, Seul à les unir ; Seul à pouvoir y faire descendre le Fils de l'Homme qu'il est aussi, à y faire pénétrer l'humanité devenant avec Lui « JE SUIS » ; Seul à pouvoir s'unir à l'Adversaire pour conduire l'Homme à l'unité de son Dieu ; Seul à l'emmener dans la Gloire de la Résurrection.

La Résurrection du Christ se situe au seuil de cette ineffable Gloire. Elle n'aurait pu avoir lieu sans cette première montée du Fils de l'Homme au cœur d'Israël et donc sans la puissance messianique de la Pâque juive. Mais la Pâque juive n'aurait pu être sans la Résurrection du Christ. Absolu paradoxe ! Absolue Réalité de Celui qui obéit à l'Histoire et qui la transcende radicalement pour nous faire partager Sa Gloire. Amour infini !

---

(20) *Jean* 10,36.

LA PÂQUE DE JÉSUS ET L'INSTITUTION DE L'EUCHARISTIE

« Allez, dit-il, nous préparer la Pâque, que nous la mangions. » Ils lui demandèrent : « Où veux-tu que nous fassions les préparatifs ? » – « Voici, leur répondit-il. A votre entrée dans la ville, vous rencontrerez un homme portant une cruche d'eau. Suivez-le dans la maison où il pénétrera, et vous direz au propriétaire de la maison : "Le Maître te fait dire : Où est la salle où je pourrai manger la Pâque avec mes disciples ?" Et celui-ci vous montrera, à l'étage, une grande pièce garnie de coussins ; faites-y les préparatifs. » Ils s'en allèrent donc, trouvèrent tout comme il leur avait dit et préparèrent la Pâque.

L'heure venue, il se mit à table avec ses apôtres et leur dit : « J'ai désiré avec ardeur manger cette Pâque avec vous avant de souffrir ; car je vous le dis, je ne la mangerai jamais plus jusqu'à ce qu'elle s'accomplisse dans le Royaume de Dieu ».

Prenant alors une coupe, il rendit grâces et dit : « Prenez ceci et partagez entre vous ; car je vous le dis, je ne boirai plus désormais du produit de la vigne jusqu'à ce que le Royaume de Dieu soit venu ».

Puis, prenant du pain et rendant grâces, il le rompit et le leur donna, en disant : « Ceci est mon corps, qui va être donné pour vous ; faites ceci en mémoire de moi. » Il fit de même pour la coupe après le repas, disant : « Cette coupe est la nouvelle Alliance en mon sang, qui va être versé pour vous ».

Evangile selon Saint-Luc, 22,8-20.

Anne FRAISSE

LE CHAMANISME :
UN SAUT VERS L'INCONNU

> « *Nous ne sommes pas des êtres humains*
> *qui vivons une expérience spirituelle*
> *mais des êtres spirituels qui vivons*
> *une expérience humaine.* »
> *Un jeune Améridien.* (1)

Entrer dans une nouvelle symbolique, dans une autre vision du monde, dans un ordre différent des choses est difficile, parfois le prix est cher à payer pour le voyageur aventureux. Cela implique qu'il accepte de perdre ses références culturelles, ses points de repères habituels et ses croyances pour regarder avec d'autres yeux, écouter avec d'autres oreilles, sentir d'autres parfums et vibrer avec un cœur nouveau. Ethnologues, anthropologues, sociologues, historiens des religions, ethno-psychiatres, psychothérapeutes et bien d'autres chercheurs ont tenté l'aventure qui souvent s'est transformée en un engagement personnel, en une expérience initiatique. Ainsi le chercheur devient un acteur, le curieux un passionné, l'hésitant un engagé et le vieil homme un homme nouveau. Au début cela fait peur car nous préférons le connu, même si celui-ci s'appelle le confort, la routine, la répétition, l'ennui, la dépression voire la souffrance face à l'inconnu de l'existence qui implique un risque, une mutation, une transformation et l'abandon de l'attachement, par exemple à « nos chères névroses » ou à nos croyances immuables. Se mettre en question, se laisser interroger par d'autres

---

(1) Un jeune Attikamek de Manouane, *Pleine terre*, vol. 1, n°1, Montréal, 1992.

cultures, d'autres coutumes, d'autres religions, certains l'ont fait : on pense à Eric de Rosny qui changea ses « yeux de blanc » pour regarder avec les « yeux de la négritude » dans *Les yeux de ma chèvre* (2) ; Jeanne Favret Saada (3) tout proche de chez nous, puisque cela se passe dans le bocage français, qui s'intéresse aux envoûtements et aux désenvoûtements quitte à en subir les conséquences pour elle et les siens ; Maurice Cocagnac qui, au Mexique, rencontre la guérisseuse Pachita (4) ; surtout Carlos Castaneda, anthropologue latino-américain, qui devint l'apprenti de Don Juan Matus, Indien mexicain, vieux sorcier yaqui, entrant peu à peu dans le monde de la connaissance amérindienne héritée des Toltèques.

Personnellement, je me suis intéressée au chamanisme à partir des années 1975-80 à travers la lecture de l'œuvre de Carlos Castaneda (5). Après avoir lu *Voir : Les enseignements d'un sorcier yaqui*, je fis pendant un an et demi des rêves de coloration amérindienne dans lesquels il me fut donné des roues de médecine, alors que Castaneda ne les mentionnait pas et que j'ignorais leur existence. En 1983, j'allais vérifier dans le réel, par l'expérience concrète, ce que le rêve, c'est-à-dire la réalité pour les chamans, m'avait dévoilé ; je suivis les enseignements d'Harley Regan PH.D., alias Swift-Deer, métis mi-cherokee mi-irlandais, petit-fils du Don Genaro des livres de Castaneda. Le réel et la réalité se mirent à danser ; j'appris à vivre mes rêves et à rêver ma vie. J'entrais peu à peu dans le monde du chamanisme amérindien ; la seule véritable voie d'accès à ce nouveau monde spirituel est celle de la participation subjective, et cela prend beaucoup de temps.

(2) Eric de ROSNY, *Les yeux de ma chèvre*, Terre humaine, Plon, Paris, 1981.

(3) Jeanne FAVRET-SAADA. *Les mots, la mort, les sorts, la sorcellerie dans le bocage*, Gallimard, Paris 1977.

(4) Maurice COCAGNAC, *Rencontres avec Carlos Castaneda et Pachita la guérisseuse*, Albin Michel, Paris, 1991.

(5) Voir bibliographie.

I. PRÉSENTATION DU CHAMANISME

Définition du chamanisme

Le chamanisme est né avec la nuit des temps. Certains auteurs estiment qu'il apparaît avec les premières sépultures, soit vers cent cinquante mille ans avant notre ère. C'est une tentative qu'a faite l'homme des temps préhistoriques ainsi que certains groupes de chasseurs-cueilleurs, et que font aujourd'hui les hommes des sociétés dites « primitives » vivant d'économie de subsistance avec un rapport direct à la nature, pour se soigner, soigner leur prochain et maintenir la cohésion sociale face à l'absence de science et de médecine. Toutefois le chamanisme se définit par rapport à la crise, aux désordres qu'il faut éviter ou réparer et non par rapport à un ordre cosmique qu'il faudrait maintenir. Pragmatique, utilitaire, il assure la protection d'une communauté, – car son espace est le groupe et non l'ethnie. Face à des conditions de vie fort précaires, à une nature souvent hostile, l'homme-médecin a développé des ressources et des connaissances exceptionnelles en dialoguant avec les esprits et en voyageant dans l'invisible, aussi bien dans le monde d'en-bas que dans le monde d'en-haut. Ainsi le chaman se rend maître des esprits mais il est au service de son groupe et non à celui des dieux : le chaman contrôle les esprits, mais c'est le groupe qui contrôle le chaman. Ce système de croyances qui nous vient des sociétés primitives en prise directe avec l'écologie locale, – ce qui explique sa diversité – offre en même temps une vision qui appréhende le monde comme un tout reliant les humains au reste de l'univers, – ce qui lui donne une dimension universelle.

Le chamanisme est-il une religion ? Les chercheurs sont partagés. Pour Mircea Eliade, « *le chamanisme dans son sens le plus strict est un phénomène religieux de Sibérie et d'Asie centrale, des techniques archaïques de l'extase* » (6). En revanche, pour Hulkrantz il n'est pas une religion mais « *une configuration religieuse avec un système de croyance, c'est-à-dire une idéologie et un*

---

(6) Cité par Danièle VAZEILLES, *Les chamanes*, Editions du Cerf, Paris 1991, p. 109.

ensemble d'attentes, (espérances, expectatives) en ce qui concerne les chamans » (7). Il est incontestable que le chamanisme a été la religion traditionnelle de l'Asie centrale, de la Corée, de l'Amérique amérindienne. Très adaptable, il coexiste avec d'autres religions, comme le christianisme dans l'Amérique du Nord et du Sud, où il n'est pas rare d'entendre lors d'une cérémonie de guérison des chamans invoquer Jésus-Christ. Au Tibet, le chamanisme Bon a eu la même attitude avec le bouddhisme. Cependant certains auteurs le considèrent davantage comme une mystique, une voie d'accès au sacré, que comme une religion à proprement parler. Le berceau de ces « techniques archaïques de l'extase » se situe en Sibérie, en Asie centrale chez les peuples altaïques, (Bouriates, Samoyèdes, Yakoutes, Tongouses). Mais on le trouve aussi chez les Esquimaux, les Lapons, en Australie, en Indonésie, au Japon, en Océanie et surtout en Amérique du Nord, centrale et du Sud chez les populations amérindiennes. On retrouve donc cette tradition de la transe extatique, ce processus de sacralisation de la réalité, sur tous les continents, races, ethnies, en-deçà de toute religion, ce qui donne à penser que le chamanisme est transculturel.

Au fond de l'âme humaine y aurait-il un chaman ? Mircea Eliade l'affirme : « *Le chamanisme originaire, nous voulons dire qu'il appartient à l'homme en tant que tel, dans son intégrité, et non en tant qu'être historique ; témoin les rêves d'ascension, les hallucinations, les images ascensionnelles, qui se rencontrent partout dans le monde, en-dehors de tout conditionnement historique ou autre* » (8). Le chaman peut alors être considéré comme un archétype.

Qui a étudié le chamanisme ?

Mircea Eliade fut le premier à embrasser le chamanisme dans sa totalité en le replaçant dans le cadre général des religions. Grâce à lui, nous pénétrons dans un monde spirituel qu'il présente à la fois comme une mystique, une magie et une « religion » au sens

---

(7) Ibidem.

(8) Mircea ELIADE, *Le chamanisme et les techniques archaïques de l'extase*, Payot, Paris, 1951, 5e éd, 1983.

L'INITIATION COMME NAISSANCE
A L'ÉTAT D'HOMME

L'initiation constitue un des phénomènes spirituels les plus significatifs de l'histoire de l'humanité. C'est un acte qui n'engage pas seulement la vie religieuse de l'individu, dans le sens moderne du terme « religion » – il engage sa vie totale. C'est par l'initiation que, dans les sociétés primitives et archaïques, l'homme devient ce qu'il est et ce qu'il doit être : un être ouvert à la vie de l'esprit, qui participe donc à la culture. Car l'initiation de puberté comporte, avant tout, la révélation du sacré et ceci, pour le monde primitif, veut dire aussi bien tout ce que nous entendons aujourd'hui par religion, que l'ensemble des traditions mythologiques et culturelles de la tribu. Dans de très nombreux cas, les rites de puberté impliquent, d'une façon ou de l'autre, la révélation de la sexualité, mais celle-ci aussi, pour tout le monde pré-moderne, participe à la sphère du sacré. Bref, par l'initiation on dépasse le mode naturel, celui de l'enfant, et on accède au mode culturel, c'est-à-dire qu'on est introduit aux valeurs spirituelles. On pourrait presque dire que, pour le monde primitif, c'est l'initiation qui confère aux hommes leur statut humain ; avant l'initiation on ne participe pas encore pleinement à la condition humaine, justement parce qu'on n'a pas encore accès à la vie religieuse. Aussi l'initiation constitue-t-elle une expérience décisive dans la vie de tout individu appartenant aux sociétés pré-modernes : c'est une expérience existentielle fondamentale puisque grâce à elle, l'homme devient capable d'assumer pleinement son mode d'être.

Mircea ELIADE
Initiation, rites, sociétés secrètes,
Paris, Gallimard, p. 26-27.

large du terme, en analysant son symbolisme et ses mythes fondateurs.

On dispose aujourd'hui d'une masse impressionnante de documents concernant les divers chamanismes, et cela grâce aux nouvelles connaissances apportées par la linguistique, le structuralisme, la psychanalyse, l'ethno-psychiatrie. Pourtant il reste extrêmement difficile d'avoir accès aux différents chamanismes que les anciens protègent et qu'ils ne veulent pas divulguer. L'anthropologue mexicain, Juan Negrin, l'un des meilleurs connaisseurs des indiens Huichols de la Sierra Madre du Mexique, qui vit et lutte à leurs côtés depuis vingt ans, en est une preuve vivante : « *Pendant les deux ou trois premières années, les Huichols ne m'ont raconté que des contes pour enfants et même des mensonges. C'est normal : l'hermétisme a toujours été un moyen de défense. L'ennui, c'est que les bâtisseurs de thèses se fondent généralement sur ces histoires. Ils font parler le maître d'école ou le cacique sans percevoir que celui qui sait est celui qui reste le plus muet de tous. Tel ce sage que j'ai connu et que l'on nommait "celui qui ne sait rien du tout". Il m'a donc fallu beaucoup de patience ; cinq années durant, je me suis abstenu de prendre la moindre photo, de faire le moindre enregistrement. Aujourd'hui je peux le faire, car je suis reconnu comme un allié ; cela parce que j'ai souffert à leurs côtés, suivant la vieille idée pré-hispanique : il faut se sacrifier pour arriver à quelque chose. Une notion importante pour les Huichols est celle de Iyari, le cœur. C'est à force de sacrifices, de privations, qu'un homme peut se doter lui-même de cet organe immatériel, fort et sain, lui-même constitué par la mémoire impersonnelle accumulée de nos grands ancêtres, depuis le début de l'humanité* » (9).

Cette méfiance est compréhensible de la part de peuples qui ont été massacrés, déplacés, méprisés, subissant les pires barbaries lors de l'arrivée des Conquistadores. En Amazonie, à Manaus, je fis la connaissance d'une jeune femme indienne de vingt-cinq ans environ qui, pour gagner sa vie, était guide touristique, ce qui est un exploît, car pour avoir le droit d'emmener des étrangers en forêt ou sur le fleuve, il faut avoir réussi « l'épreuve de survie ». Il s'agit de vivre pendant trois mois en forêt avec, pour seule arme, un couteau, ce que font les jeunes de la capitale amazonienne en guise de service militaire. Rares sont les femmes qui osent affronter cette épreuve ! Or, un jour cette femme fut appelée par le chef de

---

(9) Juan NEGRIN, *Le dernier cri des Dieux*, propos recueillis par « L'autre journal » lors de l'exposition d'art contemporain Huichol à Paris.

sa tribu, située à huit jours de pirogue de Manaus. Des élections nationales devant avoir lieu prochainement, il voulait lui demander pour quel candidat la tribu devait voter. Mais la méfiance était là ! Ne s'était-elle pas laissée « blanchir » au contact de la ville ? Elle dut passer deux épreuves : la première, celle de chasser et de ramener du gibier pour nourrir la tribu, et cela à main nue ; la deuxième de boire des breuvages hallucinogènes préparés par chaque famille et placés dans une hutte au centre du village, puis de traverser la place sans tomber. Elle le fit en courant ; arrivée en forêt, sans être vue, elle restitua le maximum de breuvage et malgré cela, resta deux jours inconsciente, sans aucun souvenir. Ayant réussi les deux épreuves, elle fut reconnue comme des leurs. Ils pouvaient désormais avoir confiance en elle et commencèrent à discuter politique. Méfiance ou sagesse ? Aujourd'hui ce sont des métis, ou des personnes qui ont accès à diverses cultures et modes de vie, qui écrivent pour révéler les connaissances cachées, et cela parfois contre les partisans de la protection de la tradition.

Comment devient-on chaman ?

Le mot *chaman* vient du toungouse *saman*, que l'on peut rapprocher du sanscrit *sramana* et du pali *samana* ; il a un sens analogue au mélanésien *mana* qui signifie « l'homme inspiré par les esprits ». Le chaman est donc un homme, la chamane ou la chamanesse une femme, intermédiaires entre le monde visible et le monde invisible, qui assument une fonction de prêtre, de médecin, ou d'artiste. Le chaman peut aussi se définir comme un maître de l'extase, un spécialiste de la transe, un rêveur hors du commun, un voyant-guérisseur, un voyageur solitaire qui « chamanise », un guerrier engagé sur la voie du détachement, de la connaissance et de la libération, un homme ou une femme de cœur au service des siens. Généralement il est très individualiste, de forte personnalité charismatique, il est craint des siens et respecté. Mais c'est un marginal qui avance seul sur le chemin de « la folie contrôlée » et de la connaissance. La vocation chamanique exige donc une grande liberté individuelle et nécessite un certain libre-arbitre face aux puissances surnaturelles. Les chamanesses sont nombreuses ; toutefois elles entrent en profession plus tardivement, après avoir assumé la maternité et l'éducation des enfants. Les chamanesses araucans du Chili sont réputées plus fortes que les chamans.

On peut différencier trois voies d'accès : celle de la transmission héréditaire, celle de la vocation spontanée ou celle de la quête volontaire. Chez les Vogouls, le don de chamaniser se transmet de la grand-mère à la petite fille. En revanche chez les Samoyèdes, la transmission se fait du grand-père au petit-fils, mais bien souvent ce mode de transmission héréditaire après la mort du chaman de la parenté se conjugue avec l'élection par l'esprit ; c'est le cas chez les Lapons où l'enfant, l'adolescent, le futur chaman va être visité par l'esprit qui lui annonce sa mission. Un des meilleurs exemples de vocation spontanée est raconté par Elan noir ; à cinq ans, il eut sa première grande vision et connut sa mission sur cette terre en entendant parler ses six grands-pères : « Dépêche-toi ! Viens ! Tes grands-pères t'appellent ! »…. « Regarde-les ! Il faut que tu connaisses leur histoire »… « Tes grands-pères sont réunis en concile. Ils vont t'emporter. Prends donc courage »… « Tes grands-pères sur toute la terre tiennent un concile, et ils t'ont appelé pour t'instruire » (10). Alors l'enseignement commença. Quant à la quête volontaire, longue et dangereuse, elle est fréquente chez les Altaïques, chez les Indiens des Etats-Unis et du Canada.

Mais quel que soit le mode de sélection, y compris l'élection ou la pression par le clan, comme ce fut le cas pour Archie Fire Lame Deer (11), l'apprentissage sera long ; il faut compter environ une douzaine d'années pour former un chaman. Cet apprentissage se fait auprès d'un ou plusieurs chamans mais surtout par sa propre quête, en dialoguant avec les esprits : ce sont eux qui enseignent. Ainsi le nouveau chaman développe-t-il sa propre médecine. Cette initiation longue, périlleuse, est faite de privations, d'ascèse, de jeûnes, de souffrances physiques et psychiques. C'est le prix à payer pour l'accès à la connaissance et l'obtention des pouvoirs chamaniques.

On distingue plusieurs modes d'initiation. Les esprits peuvent

---

(10) John NEIHARDT, *Elan noir, mémoire d'un sioux*, Stock, Paris, 1977, pp. 33 à 57.

(11) Archie FIRE LAME DEER, *INIPI le chant de la terre. Enseignement oral des indiens du Lakota*, éditions L'or du temps, Paris, 1989.

en être les acteurs et, dans ce cas, les tortures infligées par les démons, les esprits hostiles des ancêtres sont parfois indispensables à la transformation du candidat. Ne pourrait-on pas parler ici de confrontation avec l'ombre ? Une initiation obligatoire est le passage par la mort symbolique, par le morcellement et le dépeçage du corps de l'apprenti. Sera-t-il assez fort pour une renaissance, pour la reconstitution du squelette os par os et l'enchairement d'une chair nouvelle ? Il y a ici une sorte de descente aux enfers suivie de la résurrection par l'esprit. Le chaman doit d'abord se confronter aux forces d'en-bas, il assume sa fonction psychopompe (12), puis il montera à la corde ou à l'échelle, effectuera des voyages ascensionnels et connaîtra le monde d'en-haut. Il ne faudrait pas oublier une technique très fréquente de l'initiation, celle de l'intoxication par les drogues, – des plantes telles le peyotl ou la datura, – ou par des champignons hallucinogènes. On pense ici à la célèbre chamanesse Maria Sabina, indienne mazatèque du village de Huautla de Jimenez qu'on venait consulter de toutes les provinces mexicaines, ses capacités de voyance et de guérison étant reconnues par tous. Décédée en novembre 1985, à plus de quatre vingt quinze ans, Maria Sabina a été surnommée « la prêtresse des champignons ». Lors des veillées elle chantait :

« *Je suis une femme exigeante*
Je suis une femme qui pleure
Je suis une femme qui parle
Je suis une femme créatrice
Je suis une femme docteur
Je suis une femme sage à la manière des plantes (...)
C'est ainsi que je monte aux cieux
On dit que là-haut tout est douceur
On dit que cela ressemble à la terre
On dit que cela ressemble au jour
On dit que cela ressemble à la rosée. » (13)

L'initiation se fait auprès d'un maître qui enseigne à son apprenti les techniques, les outils, les langues secrètes, les droits et les

---

(12) Psychopompe : celui qui conduit l'âme du mort dans son lieu de résidence définitive*en général souterraine*afin qu'elle ne vienne plus hanter et troubler le monde des vivants.

(13) Gary DOORE, *La voie des chamans*, J'ai lu, Paris 1988, p. 128.

devoirs du chaman. Tous ces différents modes d'initiation et d'obtention des pouvoirs chamaniques sont consacrés par des rituels : feu, eau, froid, jeûne, isolement, danse, chant, cérémonies de reconnaissance par les anciens chamans et par la communauté qui consacre ou destitue l'apprenti.

L'apprenti est devenu chaman ; il a acquis ses pouvoirs grâce à un esprit protecteur, un esprit allié dont il ne révélera pas forcément le nom. Les esprits alliés peuvent être des dieux, des démons, des anciens chamans, des animaux, des forces de la nature. Si l'homme est puissant, il pourra acquérir d'autres esprits auxiliaires, d'autres animaux de pouvoirs. Peu à peu il se constitue « sa trousse de médecine » : tambour, gourde, bâton, hochet, canne chevaline, pipe sacrée, pierres, cristaux, plantes médicinales, tissu rouge... Il parle la langue sacrée et souvent secrète, il a acquis son chant et sa danse de pouvoir, il connaît les prières et les incantations.

Les fonctions du chaman

Levi-Strauss a mis en évidence les liens du guérisseur et de son groupe, qui se manifestent sous trois aspects : la croyance du chaman dans l'efficacité de ses techniques, la croyance du malade en l'efficacité du chaman, la confiance et les attentes de l'opinion collective envers la puissance du chaman. Une des fonctions du *medecine-man* est d'intégrer le malade dans la collectivité en donnant à sa maladie un sens et une fonction mystique dont le malade tire un profit symbolique et réel. Le malade, le chaman et le groupe appartenant au même système symbolique de l'univers, si le malade comprend sa maladie, l'intègre dans un ensemble cohérent qui est de l'ordre de sa culture, il est alors guéri. Le chaman est un créateur de sens. Il remplit à la fois la fonction de médecin, puisqu'il formule le diagnostic, par exemple la perte d'âme, et celle de guérisseur, puisqu'il va rechercher l'âme fugitive, la capturer et lui permettre de réintégrer le corps qu'elle avait quitté ; de plus, étant psychopompe, il peut aller dialoguer avec les morts et aider au passage. Il lui est également demandé d'intervenir sur les éléments pour sa communauté, notamment de faire pleuvoir en cas de sécheresse afin de sauver les récoltes, car il sait lire dans le livre de la nature.

II. TECHNIQUES ET RITUELS DE GUÉRISONS CHAMANIQUES

Elles sont extrêmement nombreuses, reflétant non seulement la diversité des chamanismes, mais aussi cette multiplicité qui provient du fait que chaque chaman a sa propre médecine, ses propres outils qui lui ont été donnés par les esprits. Chamaniser est un art, une création, un dynamisme et un mode de vie. Un jour un chaman indien rouge d'Amérique m'avait donné un cristal en me disant d'en faire don, en temps voulu, à quelqu'un qui en serait digne. J'ai gardé ce « cristal de rêve » pendant quatre ans et m'y suis attachée. Puis un jour, lors d'un voyage en Afrique, je l'offris à Daouda Seck, guérisseur sénégalais qui fut l'un des maîtres du N'doep, rituel thérapeutique par la danse (14). Cela se passait à Baringy en pays lébou :

« A quoi cela sert-il ? demanda Daouda Seck qui découvrait le cristal à l'intérieur d'un tissu rouge.

- C'est un cristal, les Indiens s'en servent pour les guérisons. Cette pierre est particulièrement utilisée pour le rêve : vous la regardez, pénétrez dedans et alors vous « rêvez debout » ; cela fait partie de leurs tables de médecine ; mais vous, vous n'en avez pas besoin, vous détenez vos propres outils de pouvoir. Elle vous est offerte comme un signe d'alliance. C'est ainsi que les Indiens disent construire la médecine de l'arc-en-ciel.

Daouda Seck resta pensif puis, souriant :

- Oui, dans mon pays nous disons tisser ensemble ; c'est comme fabriquer avec les fils la trame d'un pagne aux magnifiques couleurs.

Il avait compris et j'appréciais l'image du métier à tisser » (15).

---

(14) Michel MEIGNANT a réalisé un film sur le « N'Doep » en 1967, ce film eut le grand prix des entretiens de Bichat. Daouda Seck collabora avec le professeur Colomb à l'hôpital Fan de Dakar.

(15) Anne FRAISSE, *La Fontaine de feu, enseignement et initiation avec Elie G. Humbert*, Albin Michel, Paris 1994, p. 169.

Une séance individuelle de guérison chamanique

Lorsqu'un enfant ou un adulte tombe gravement malade, ou est victime de la persécution par les esprits, un membre de sa famille va demander à l'homme-médecin son intervention ; il est rare que ce soit le malade lui-même qui fasse la démarche. Souvent le chaman connaît par avance la demande et peut faire le diagnostic à distance sans avoir besoin de voir le patient. Cependant il attend, pour donner sa réponse, un rêve, un signe, des conseils de son esprit protecteur et, s'ils sont positifs, il s'engage à soigner la personne jusqu'à sa guérison finale. En revanche, s'il n'obtient pas de signe, ou des réponses négatives, ou encore si c'est une maladie qu'il n'a pas le pouvoir de guérir, il orientera le demandeur vers d'autres chamans ou vers la médecine occidentale. En effet, le voyant-guérisseur se doit de guérir son patient, autrement il doit restituer les honoraires et, peu à peu, aura une mauvaise réputation. La pression du groupe est très forte ; si le chaman perd ses pouvoirs, s'il ne guérit plus, s'il agit contre les siens, il va être banni et la plupart du temps deviendra alcoolique, fou, ou se suicidera. Les honoraires du chaman sont payés en nature : nourriture, tabac, couverture, tissus, objets divers... et aujourd'hui en argent. Même si certains rituels peuvent coûter fort cher, le chaman est rarement un homme riche, car il redistribue ce qu'il reçoit en hébergeant, en nourrissant le patient et sa famille pendant le temps de la cure. Il se déplace et va aussi travailler à domicile (16).

Lorsque l'homme-médecin a accepté de guérir un malade, il commence par se préparer par des jeûnes, des purifications personnelles ; il en sera de même pour le malade et ses proches qui devront, par exemple, suivre un régime alimentaire. Pour purifier les lieux, on brûle des plantes odoriférantes, elles attirent les esprits protecteurs. Alors la séance proprement dite commence : le chaman entre en transe, en « extase », c'est-à-dire dans un espace de conscience altérée (17). Son corps est complètement immobile lorsqu'il chamanise, parfois étendu sous une couverture, voire atta-

(16) La cérémonie du INIPI est décrite par Archie Fire Lame Deer chez les Indiens du Lakota dans *INIPI le chant de la terre, op. cit.,* 1989.

(17) Tahca Ushte, in Richard ERDOES, *De mémoire indienne,* Terre humaine Plon, Paris 1977. .

ché par des cordes ; en effet, on croit qu'il a le pouvoir de quitter volontairement son corps pour aller retrouver l'âme perdue de son patient. Le plus grand danger pour lui serait de ne pas arriver à réintégrer son propre corps. Des chants, des incantations, des prières, le son répétitif et sourd du tambour l'aideront à partir. Les sons aigus des hochets, des grelots ou du sifflet d'aigle l'aideront à revenir sur terre. Lorsqu'il sort de son impressionnante immobilité qui parfois peut durer plusieurs heures, il lui arrive de mettre en scène son voyage en mimant le combat, sorte de psychodrame, de jeu de rôle, avec gestes et dialogues. Il insufflera l'âme retrouvée dans le corps de son patient.

Le rituel de guérison est donc l'inverse d'un rituel de possession où l'esprit entre et parle à travers le guérisseur, qui, après le retrait de l'esprit visiteur, ne se souvient de rien. Là, et c'est toute la difficulté, le chaman sait qu'il a à ramener dans l'ici et maintenant son expérience ; souvent l'identification précise de l'esprit cause de la maladie suffit à guérir le patient. On pourrait dire que l'âme du chaman, cette entité extra-corporelle qui est à la fois une « âme de rêve » et une âme libre va à la rencontre de l'âme libre du patient. Le diagnostic se fera à l'aide des mains sur le corps énergétique perturbé du malade, comme le font les magnétiseurs, mais le chaman, lui, trouvera un objet perturbateur, cause de la maladie. Il collera alors ses lèvres sur la peau de son patient et, par succion, aspirera puis recrachera un objet visible, tels une pierre, une plume, un tissu, afin de matérialiser le mal et la guérison.

Une séance de groupe : le rituel de la *sweat lodge* ou hutte de sudation

Ce rituel collectif de purification et de guérison se pratique chez les Indiens du Canada, des Etats-Unis, du Mexique, et dans certaines ethnies d'Amérique du Sud. D'anciens textes de missionnaires décrivaient les Hurons comme des fous, des possédés, car en sortant d'une cabane ils se roulaient nus dans la neige par des températures glaciales : les observateurs en avaient déduit que les Indiens étaient sous l'influence de drogues, ce qui était inexact. Cette cérémonie, appelée *inipi* en Lakota, est un rituel de mort-renaissance. Il s'agit pour chacun des participants d'accepter d'en-

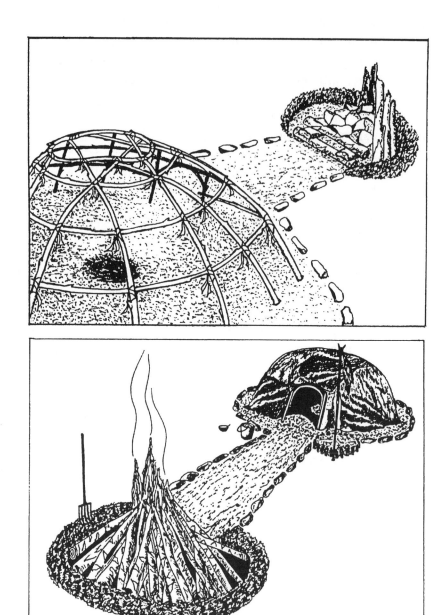

La Sweat Lodge

trer dans le ventre de la terre-mère pour y mourir et y renaître en harmonie avec l'univers. Cet office se déroule la nuit, dure au minimum une heure, voire plusieurs heures quand il s'agit de la guérison de malades. Le chaman choisit une terre sacrée pour construire la hutte, part en forêt couper des saules blancs afin de construire des arceaux correspondant aux points cardinaux et aux points intermédiaires. Chaque fois qu'il coupe une branche, il prie les ancêtres, remercie, parle à l'arbre et dépose à son pied une pincée de tabac. La cabane sera complètement recouverte, avec des végétaux, des peaux d'animaux ou des tissages en fonction de l'écologie locale, afin que l'espace intérieur soit complètement clos. La *sweat lodge* est consacrée par le *medecine-man* qui, avec son calumet, fumera dans les quatre directions pour appeler les ancêtres, ainsi que vers le nadir et le zénith. A l'extérieur de la hutte, à cinquante mètres environ, un immense trou est creusé, dans lequel brûle un feu où l'on chauffera des pierres. L'homme de feu sera chargé de veiller toute la nuit, et d'apporter à l'intérieur de la hutte les pierres brûlantes à l'aide d'une fourche lorsque le chef de cérémonie le lui demandera. Le gardien du feu a un rôle important, car il constitue le seul lien entre le monde intérieur et le monde extérieur. La *sweat lodge* peut contenir, selon sa taille, de cinq à trente personnes ; les séances auxquelles j'ai participé réunissaient environ une vingtaine de personnes. La porte de la *sweat lodge* est située à l'ouest et le trou creusé à l'intérieur, au centre. La cérémonie se déroule la nuit, les participants, nus, pénètrent à quatre pattes par la minuscule entrée les uns après les autres, prononçant la parole : « *pour ma famille, pour mes ancêtres* ». Ils s'assoient à même la terre, les uns à côté des autres, l'installation se faisant dans le sens des aiguilles d'une montre, et la porte fermée après l'entrée du dernier participant. A l'intérieur il fait totalement noir, on ne voit pas qui est son voisin et sa voisine, la température est douce. Mais déjà la situation peut être angoissante pour ceux qui font de la claustrophobie et leur fournir l'occasion de lâcher prise et de dépasser la peur de l'étouffement.

Le rituel se déroule en quatre temps, quatre quarts, au cours desquels la température va augmenter pour atteindre plus de quatre-vingts degrés. Le chef de cérémonie verse régulièrement de l'eau sur les pierres rougies, ce qui dégage une vapeur d'eau brûlante. Le seul moyen de « tenir le coup » est de prier, le feu intérieur de la prière repoussant la chaleur extrême de l'atmosphère. Qu'il est doux d'entendre crépiter, chanter les pierres et sentir l'odeur de la sauge, du cèdre, de la menthe et de l'herbe grasse !... Cette cérémonie mobilise le corps par la posture, l'assise en tailleur, pendant une, deux, ou plusieurs heures, par la sudation due à la vapeur d'eau qui permet l'élimination des toxines. Elle mobilise l'âme et le cœur car elle est fondée sur la générosité de la parole et des prières. Elle relie aux ancêtres et à l'Esprit. La *sweat lodge* a été donnée aux hommes pour qu'ils se purifient spirituellement, physiquement, mentalement et émotionnellement.

Dans le premier quart, le chef de cérémonie, chaman ou chamanesse, invite l'assemblée à prier pour elle-même à haute voix ; ainsi dans le noir chacun dit une intention uniquement pour soi-même, ponctuée par un « *j'ai parlé* », signe pour le participant suivant qu'il peut à son tour parler. Mais la belle phrase qui avait été préparée : « *je prie pour que ma capacité d'aimer s'agrandisse* » ou « *je prie pour retrouver des bonnes relations avec telle personne* » se transforme, lorsque c'est votre tour de passage, en : « *je prie pour mon mal au dos* » ou « *pour mes poumons qui brûlent* » ou « *pour ma peur d'étouffer dans cet espace* », paroles plus modestes, mais qui reflètent la réalité du moment vécu par ceux qui ne sont pas habitués à de telles températures. Le corps souffre et le corps parle humblement ! Le deuxième quart est consacré aux prières pour les autres, pour un membre de notre famille, un chef d'état mais aussi pour nos frères les animaux et les végétaux. Le troisième quart est consacré au don, au « *give away* », la croyance des Indiens étant que l'univers peut tout recycler. Alors les participants sont invités à faire un cadeau, à donner ce dont ils n'ont plus besoin, ce qui les embarrasse, ce dont ils abondent. On peut entendre : « *je donne ma générosité* » comme « *je donne ma colère* », « *je laisse ma haine* » ou « *j'abandonne mes kilos en trop* »... Peu importe si les dons sont positifs ou négatifs. Parfois le chef de cérémonie peut instituer une pause entre les différents quarts ce qui permet de sortir en silence, de se reposer sur l'herbe et de boire de l'eau fraîche. Le participant qui veut quitter, en cours de déroulement, la cérémonie peut le faire entre chaque partie, en disant « *pour mes ancêtres* », sauf dans les cérémonies de guérison, où l'on s'engage à rester le temps nécessaire. Pendant la quatrième partie, les participants restent en silence et

Rôle des anneaux de la Sweat Lodge

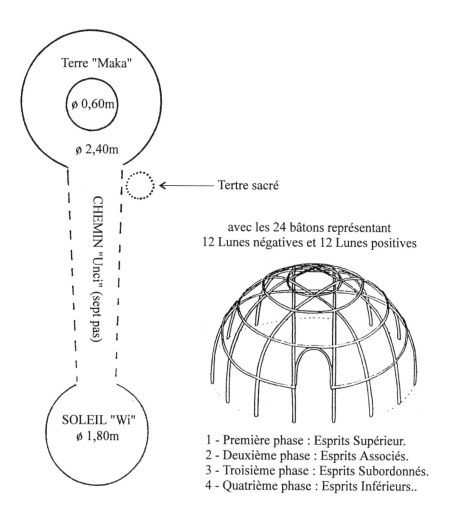

Terre "Maka"

ø 0,60m

ø 2,40m

CHEMIN "Unci" (sept pas)

Tertre sacré

avec les 24 bâtons représentant
12 Lunes négatives et 12 Lunes positives

SOLEIL "Wi"
ø 1,80m

1 - Première phase : Esprits Supérieur.
2 - Deuxième phase : Esprits Associés.
3 - Troisième phase : Esprits Subordonnés.
4 - Quatrième phase : Esprits Inférieurs..

Disposition des lieux du rite

c'est le chef de cérémonie qui officie en récitant la prière des vingt chiffres sacrés jusqu'au grand Tout *Wankan Tanka*. Il arrive souvent, pendant ce quatrième quart, que l'on ait des visions, petites visions personnelles et parfois visions collectives. La cérémonie terminée, chacun sort dans un recueillement profond, se repose et s'habille. Purifié de corps, de cœur et d'esprit, le participant sort davantage vivant et conscient. L'homme a laissé tomber sa vieille peau et l'homme nouveau est né, en harmonie avec le monde, en lien avec les forces de la nature et cosmiques.

L'INITIATION : SON SENS MODERNE

Pour revenir aux éléments initiatiques, on les reconnaît encore, à côté d'autres structures de l'expérience religieuse, dans la vie imaginaire et onirique de l'homme moderne. Mais on les reconnaît aussi dans certains types d'épreuves réelles qu'il affronte, dans les crises spirituelles, la solitude et le désespoir que tout être humain doit traverser pour accéder à une existence responsable, authentique et créatrice. Même si le caractère initiatique des épreuves n'est plus compris comme tel, il n'en est pas moins vrai que l'homme ne devient lui-même qu'après avoir résolu une série de situations désespérément difficiles, voire dangereuses ; c'est-à-dire après avoir subi les « tortures » et la « mort », suivies du réveil à une autre vie, qualitativement différente parce que « régénérée ». A bien y regarder, toute vie humaine est constituée par une série d'épreuves, de « morts » et de « résurrections ». Il est vrai que, dans le cas de l'homme moderne, l'« initiation » n'exerce plus de fonction ontologique, puisqu'il ne s'agit plus d'une expérience religieuse pleinement et consciemment assumée ; elle n'engage plus le changement radical du mode d'être du candidat, ni son salut. Les scénarios initiatiques ne fonctionnent plus que sur les plans vital et psychologique. Ils ne continuent pas moins à fonctionner, et c'est pourquoi nous avons dit que le processus de l'initiation semble coexistant à toute condition humaine.

Mircea ELIADE,
Initiation, rites, sociétés secrètes,
Paris, Gallimard, p. 270-271

III. QUE PEUVENT NOUS APPORTER AUJOURD'HUI LES CONNAISSANCES ET L'ESPRIT CHAMANIQUE ?

D'une part le chamanisme connaît une évolution car il n'y a presque plus de société de chasseurs-cueilleurs ou de société archaïque fondée sur une économie de subsistance sans contact avec le monde moderne. D'autre part on assiste à l'exportation du chamanisme en milieu urbain et dans les pays occidentaux ; on peut alors parler de néo-chamanisme.

Évolution du chamanisme dans les pays à chamans

Les chamans d'Union soviétique ont été persécutés, mais certains ont continué sous le régime communiste à remplir leur fonction de guérisseurs dans des contrées fort reculées où on manquait de médecins. Aujourd'hui les études sur le chamanisme sibérien ont repris ; elles semblent indiquer que, si le rôle thérapeutique des chamans demeure, leur dimension religieuse aurait tendance à disparaître.

En revanche en Amérique du Nord, on assiste à un renouveau des rituels, des fêtes religieuses, à une revivification des pratiques et des croyances. C'est une façon pour les Indiens de répondre aux désordres psychiques et à l'intégration forcée pratiquée par les gouvernements des Etats-Unis et du Canada. En août 1995, je participai au XIIᵉ congrès mondial de psychothérapie de groupe qui rassemblait mille cinq cents psychalanystes et psychodramaticiens à Buenos Aires ; la cérémonie d'ouverture se clôtura par un rituel amérindien célébré par des Indiens argentins du nord-ouest andin, venus des régions de Tucuman, de Jujuy et Salta, en hommage à Pacha Mama, la terre-mère et avec des prières pour la paix dans le monde. Chaque année, au Québec, sur les pentes du Mont Tremblant dans les Laurentides, un rassemblement d'Indiens a lieu fin juillet pour l'*anish-na-bé*, et d'autres fêtes annuelles se déroulent aux Etats-Unis. Ces rituels collectifs avec *sweat lodge*, danse du soleil, danse de la pipe sacrée, permettent de maintenir ouvertes les portes de l'inconscient collectif.

Avec l'exode rural, on assiste aujourd'hui à l'apparition d'un chamanisme urbain dans les grandes capitales d'Amérique et d'Asie. Je voudrais mentionner Hector Cruz, artiste et chaman récemment rencontré qui, imprégné de l'esprit de ses ancêtres, les Incas, a réalisé une œuvre de toute beauté sur le site archéologique des ruines pré-incaïques et incaïques de Quilmes en Argentine. Cet Indien a construit une hostellerie-musée dans laquelle il expose ses œuvres. Architecte, tapissier, peintre, sculpteur, décorateur, il rend hommage à son peuple. On peut admirer une tapisserie emplie de symboles nommés « le chaman », un hommage à Pacha Mama sous la forme d'un émouvant visage en terre cuite de la terre-mère qui pleure, des animaux de pouvoirs, une sculpture primitive d'une femme enceinte évoquant les déesses-mères. L'artiste fait partie de ces hommes fiers de leur race et de leur passé. Héritier d'une grande culture, initié, inspiré par les dieux et sa terre, artiste et chaman, Hector Cruz sait communiquer le sens du sacré et participe au renouveau du chamanisme par l'art.

L'exportation du chamanisme en Europe et l'apparition de chamans « blancs »

C'est à partir de 1982 que certains chamans vinrent donner leurs connaissances en Europe. En 1983, je suivis les enseignements du chaman cherokee Swift Deer, qui fit à plusieurs reprises des voyages en France, en Belgique et en Allemagne pour enseigner les roues de la sagesse amérindienne. D'autres chamans sillonnèrent ou sillonnent encore aujourd'hui l'Europe ; on peut citer l'amérindien américain Rolling Thunder qui travailla au Tyrol, l'Afro-indien Black horse Chavers, Archie Fire Lame Deer le fils de Tahca Ushie, l'Américain Nomade, le chaman péruvien Juan Camargo Huaman qui vient chaque année fêter le solstice d'été et enseigner la voie du guerrier, la Canadienne Oh shinnah qui enseigne l'art de rêver et la médecine des cristaux. Leur but est de faire connaître aux Européens les valeurs primordiales conservées dans la tradition amérindienne. Mais ils furent critiqués par les Indiens traditionnalistes, par le cercle des anciens qui leur reprochent de s'expatrier pour chamaniser en Europe et gagner ainsi de l'argent. Ce sont des initiatives individuelles, sans qu'ils aient été missionnés par le mouvement indien-amérindien. Rappelons pourtant que le chaman jouit avant tout d'une profonde liberté et s'il est un Heyhoka, il fera l'inverse de ce qu'on lui a dit de faire et éclatera de rire (18).

Aujourd'hui apparaissent des chamans « blancs » dont le plus connu est Michael Harner. Après avoir séjourné chez les Jivaros en Amazonie péruvienne et avoir été initié par eux, il créa un centre d'études chamaniques en Californie, une revue, et organisa des séminaires. Les autres blancs qui se disent chamans sont la plupart du temps des psychothérapeutes qui ont reçu des enseignements auprès d'un chaman et qui les introduisent sous forme de travail de groupe, comme l'Autrichienne Margit Bodalhek, la Française Maud Séjournant, l'Allemand Hugo-Bert Eichmüller, le Français Mario Mercier et bien d'autres. Mais il faut souligner une différence majeure de pratiques avec le chamanisme traditionnel ; en effet, dans les groupes euro-américains contemporains, ce sont les participants qui font le voyage sur les conseils du groupe leader. La fonction du chaman traditionnel se transforme ; il ne fait plus le travail pour l'autre, mais l'invite à trouver le chaman en lui-même.

Valeurs et dangers du chamanisme

Si je pars de ma propre expérience pour me demander ce qu'une psychothérapeute occidentale est allée chercher dans le chamanisme, la réponse est évidente : une expérience transculturelle, une communication avec l'inconscient collectif. Le chamanisme développe le respect de la nature, du monde des minéraux, végétaux, animaux, ce que les différents mouvements écologiques rappellent aussi. Dans un monde où 70 % de la population vit dans des villes, l'homme perd ses liens avec la nature, avec les éléments, avec les forces énergétiques cosmiques. La voie chamanique peut être le chemin des retrouvailles ou de la découverte : respecter et remercier notre mère la terre, notre grand-père le soleil...

_____

(18) Le Heyoka est un clown sacré. Voir Hyemeyohsts STORM, *Sung of Heyoehkah*, Ballantine, USA, 1983.

L'arbre de vie

Les roues de médecine des Amérindiens développent la pensée circulaire, pensée intuitive, synthétique, que l'on retrouve dans la tradition tibétaine avec le mandala, et chez Jung, dont la perception de la psyché est circulaire, telle une spirale. La symbolique du cercle de la sagesse se fonde sur l'orientation avec les quatre points cardinaux, les points intermédiaires, le zénith et le nadir. Ne dit-on pas d'une personne qui a perdu la tête qu'elle est déboussolée ! Chaque direction est porteuse de valeurs, de chiffres et de symboles.

Rêves, images, symboles, archétypes sont au centre de l'expérience chamanique. Ecouter ses rêves, les prendre en considération, reconnaître ses rêves personnels et les rêves collectifs qui auront une valeur pour le groupe, font partie de l'art du chaman, considéré comme un voyant-guérisseur ; les Amérindiens sont de puissants rêveurs et leur place dans la roue des religions est au Sud-Ouest, lieu du rêve ; ils mettent des *kachinas*, « poupées de rêve » dans le berceau de leurs enfants afin de maintenir ouverte la porte du rêve et de protéger le sommeil.

Une autre valeur qu'induit le chamanisme est le respect des ancêtres ; nombreux sont les rituels commençant par une parole, une invocation, une prière pour les ancêtres, soit de la famille, soit du monde. Il m'est arrivé de proposer à des patients atteints de cancer, qui travaillaient avec la visualisation et la représentation par le dessin de l'évolution de leur cancer, de trouver leur animal de pouvoir et de s'en faire un allié dans la lutte contre la maladie. C'est une façon de les mettre en contact avec leur instinct, pour retrouver l'agressivité animale, le désir de combattre et de participer au renforcement du système immunitaire (19).

Le succès du chamanisme répond à mon avis à une sensibilité écologique de l'homme contemporain, à un besoin de voyager et de se sentir en communion avec la nature et le cosmos. Porteur d'une vérité mystique primordiale, il possède le potentiel nécessaire aux expériences transcendantales recherchées par un si grand nombre de personnes dans notre monde occidental.

Cependant, il est bon de rappeler que le chamanisme est une démarche subversive, car elle vise à s'approprier les esprits, donc à transcender les limites catégorielles où sont ordinairement enfermés les êtres humains. Dans les sociétés primitives, le chaman, bien que considéré comme un marginal, ni homme-ni femme, d'un troisième sexe, est en permanence contrôlé par le groupe et tire son pouvoir, (*mana* ou *orendi*) de la communauté. Aujourd'hui certains chamans émigrent dans les villes, ou exportent leur connaissance en Europe ; par qui sont-ils contrôlés ? Et comment, pour eux, ne pas tomber dans l'inflation et la toute-puissance ? Hélas, j'ai vu par ailleurs dans des groupes auxquels je participais, des personnes qui, après des expériences chamaniques, ont décompensé et n'avaient pas de lieu pour se récupérer et pour intégrer leur vécu.

---

(19) Au sein de l'Ecole Française d'Analyse Psycho-Organique, qui forme des psychothérapeutes, est enseigné en troisième année « le cercle psycho-énergétique » issu de la tradition amérindienne, permettant aux étudiants de comprendre ce qu'est un ordre symbolique et les ouvrant au transculturel. Voir Anne FRAISSE, *Le cercle psycho-énergétique, Manuel de l'Ecole Française d'Analyse Psycho-Organique*, tome 3, p.p. 149 à 172.

CONCLUSION

Les nombreuses recherches sur le chamanisme confirment sa déconcertante diversité et en même temps l'impression d'une profonde unité de ce phénomène plusieurs fois millénaire. Si Saint-Nicolas a été reconnu comme patron des chamans Tongouzes, notre Père Noël leur doit beaucoup avec son traîneau tiré par des rennes volants. Mais où va-t-il ?

Comme l'oiseau, il va :

« Au-dessus du ciel blanc
Au-delà des nuages blancs
Au-dessus du ciel bleu
Au-dela des nuages bleus
monte au ciel, Ô l'oiseau. » (20)

Table des illustrations

« INIPI le chant de la terre ». Enseignement oral des Indiens Lakota. Archie Fire Lame Deer. Editions L'or du temps. Paris 1989.

---

(20) Cité par Mircea ELIADE, *op. cit.*, p. 161.

II

LE SEUIL :
L'EXPÉRIENCE DU PRESENT

François ROUX

PASSAGE DU PRESENT

« Passage du Présent » : titre étrange qui pourrait faire penser à ces films d'avant et d'après-guerre, ceux de Carné, de René Clair, de Renoir qui s'appelaient *Entrée des Artistes, Hôtel du Nord, Quai des Brumes, Porte des Lilas. Passage du Présent* serait un bon titre de film ! Il y a donc un côté anecdotique dans ce titre, qui séduit, mais sous l'anecdote, se profile la question : Qu'est-ce que cela veut dire, « passage du présent » ? Les mots se sont imposés à moi, m'interrogeant longuement.

Trois lignes de force se sont dessinées peu à peu : d'abord, le Présent est un passant ; il est quelqu'un qui passe. Ensuite, le Présent est un passage ; il est une voie. Enfin, le Présent est un passeur, un nocher, quelqu'un qui nous fait traverser.

I. LE PRÉSENT PASSANT

Avant d'aller plus loin, je voudrais raconter une parabole sur le sens du mot « présent » : lorsqu'Il eut fini de créer la Terre et tous les êtres qui la peuplent – le minéral, le végétal, l'animal et l'humain - l'Eternel, nous dit la Bible, vit que cela « était bon », et décida de se reposer. Mais en regardant d'un peu plus près, le Créateur vit que sa Création était un peu statique. Elle ne fonctionnait pas vraiment bien ; peut-être était-ce tout simplement à cause de la timidité des débutants. Imaginez que vous soyez les premiers hommes et femmes, la première paire de chimpanzés, de chats ou de souris, de musaraignes, le premier chêne, le premier

119

caillou. C'est vraiment très intimidant, surtout quand on vient du néant. Toujours est-il que l'Eternel se rendit compte qu'il manquait quelque chose, qu'on pourrait appeler un liant dans la nature, une sorte de lubrifiant. Il faudrait que les choses se mettent à vivre, à fonctionner, que les relations se développent entre ces êtres créés pour quelques millénaires. Alors, l'Eternel réfléchit – très rapidement – et il inventa le Présent. Puis il alla vers les hommes, considérés comme les aînés de la Création. Et s'adressant à eux, il leur dit ceci : « J'ai créé pour vous un temps où tout "est". Le seul en vérité où tout est. Avant, il n'y avait rien, après, il n'y a encore rien. J'ai créé le présent afin que tous les êtres puissent coexister, c'est-à-dire, vivre ensemble, dans l'harmonie de l'instant ». Et ayant dit cela, l'Eternel tendit le présent aux hommes en ajoutant : « Voici le présent que je vous offre et qui, à tout jamais, vous donne la vie ». On peut imaginer que la cérémonie a eu lieu quelque part en Afrique ou ailleurs, dans un paysage magnifique, avec une autorité, une noblesse tout à fait remarquable, bien que, en ces temps anciens, l'homme, créé par l'Eternel, était avec Lui en relation peut-être plus familière qu'il ne l'est aujourd'hui. Les hommes et toute la nature furent éblouis par le présent. Ils furent tellement éblouis que leur côté humain leur fît ressentir en même temps la crainte de le perdre. « Cachons-le, dirent-ils, cachons-le afin que le présent ne s'abîme pas, ni ne s'use, ni ne se perde ». On voit le côté possessif. Et ils décidèrent, d'un commun accord, de l'enfouir quelque part, pour que plus personne ne puisse le retrouver et surtout en faire usage. Ils choisirent un lieu secret, tant et si bien qu'ils finirent par oublier ce présent ; et ils ne gardèrent finalement dans leur langue de tous les jours que ce souvenir, cette mémoire du cadeau qui leur a été fait par l'Eternel. C'est pourquoi, en français, quand on dit un présent, c'est aussi un cadeau.

Nous avons enfoui le présent. Ce présent passant est presque trop bon pour nous. Il est trop fort. Il est un alcool, comme aurait dit Apollinaire, quelque chose qui nous enivre, tant et si bien que l'on n'ose pas s'en servir. Nous avons perdu le présent. Nous avons perdu la clef de ce divin trésor. Mais il arrive qu'il ressurgisse parmi nous ; bien que caché, il sort de temps en temps. Et quand d'aventure il sort, les hommes les plus éveillés le voient. Mais la plupart ne le reconnaissent plus, le laissent passer. Et il repart. Si bien qu'on peut dire, sans forcer le sens, que pour la plupart d'entre nous, le présent n'est qu'un passant, désespérant, que nous avons à peine le temps de voir passer, que déjà, il n'est plus là.

Montaigne écrit : « *Nous ne sommes jamais chez nous. Nous sommes toujours au delà. La crainte, le désir, l'espérance nous élancent vers l'avenir et nous dérobent le sentiment et la connaissance de ce qui est, pour nous amuser à ce qui sera, voire quand nous ne serons plus* ». Dans l'écriture souple et soyeuse de Montaigne, beaucoup d'éléments que nous cherchons dans la tradition de l'Inde sont cachés. Il se trouve qu'un siècle plus tard, Montaigne a eu deux lecteurs, Descartes et Pascal. La filiation existe chez Pascal en particulier, qui écrit exactement sur le même sujet :« *Nous ne pensons presque pas au présent et si nous y pensons, ce n'est que pour en prendre la lumière pour disposer de l'avenir. Le présent n'est jamais notre fin. Le passé et le présent sont nos moyens ; le seul avenir est notre fin. Ainsi, nous ne vivons jamais, mais nous espérons toujours de vivre. Et nous disposant à être heureux, il est inévitable que nous ne le soyons jamais* ». On notera au passage, dans le texte de Pascal, l'hommage rendu à la lumière du présent : l'homme se sert du présent, comme d'un phare tourné vers ses expectations, ses espoirs et ses craintes du futur.

Mais, sous la plume de Pascal, il y a cette idée plus étonnante encore, que le présent est bonheur. Les enfants le savent quand ils vivent le présent. C'est nous qui cassons ce bonheur à chaque fois, en venant les chercher pour aller à table, pour se laver les mains, pour se coucher, travailler... Et puis les adultes que nous sommes, de temps en temps vivent la plénitude du présent, comme un moment d'harmonie avec la nature, avec quelqu'un d'autre, avec une tâche. Dans un très beau livre, *Les Ages de la Vie*, Christiane Singer dit : « *l'âge de la perception immédiate* » en parlant de la petite enfance. Il arrive qu'on passe une vie entière ensuite à retrouver cette immédiateté.

Donc le présent a le goût du bonheur. D'ailleurs ne dit-on pas que le bonheur est un présent ? Si on cherche à imaginer des moments de bonheur, on dira presque toujours : c'était, le soleil était là, tu étais là, nous faisions cela... même si après, cela peut entrer dans la mémoire. Si bien qu'être, c'est « bien-être » dans beaucoup de cas. Mais ce présent, nous le reperdrons très vite, presque aussi vite qu'il est venu. Nous allons le reperdre et le reperdre sans cesse. C'est une espèce de fuite en avant, de course poursuite entre nous et le bonheur, entre nous et le présent. Le présent passe, c'est notre faute. Il nous laisse seul, c'est notre faute. Livré au passé qui tombe dans le mental, la mémoire. Le futur, lui, c'est la projection, la crainte, l'espoir.

Comment ne plus laisser fuir cet instant, ce passant qui aurait tout à nous dire si nous consentions à l'écouter ? « Saveur » est peut-être un des mots clés, l'un des plus riches de la langue française. Savoureux, savourer sont construits sur la racine sav- qui a donné sève, savoir et goûter. L'instant a une saveur, il faut essayer de la retrouver. Le Bouddha met en garde ses disciples à ce sujet : « *Ne laissez pas passer l'instant* », et il ajoute que « *ceux qui le laisseront passer, le regretteront* ». On retrouve étrangement cette phrase vingt quatre siècles plus tard, sous la plume du grand poète anglais William Blake : « *Si une fois, tu laisses fuir l'instant mûr, tu ne pourras jamais sécher les larmes de la peine.* » Cet instant mûr insiste pour être cueilli, recueilli et nous le laissons partir ou pourrir (1).

II. LE PRÉSENT PASSAGE

Il est donc clair que le passé, comme le futur, sont des impasses. Où est le passage ? comment trouve-t-on le lieu et le goût du présent ? Pour peu qu'on soit attentif, nous allons découvrir que de passant qu'il était, le présent va pouvoir devenir passage, voie d'accès.

La plupart de nos maux ont leur origine dans la non-présence au présent. Nous habitons le présent, mais mal. C'est tellement

---

(1) Il faut rappeler que l'Inde dit que le mental est mensonge. C'est la même racine ambiguë, *man*, indo-européenne, qui veut dire pensée et qui a donné homme, pensée et mensonge. Avec cela l'Inde a tout dit du combat et de la grandeur de l'espèce humaine qui a inventé la pensée et qui l'a développée. Et elle s'en sert par moment sous une forme mensongère.

vrai, que dans ses carnets, le peintre Braque note : « *On ne se débarrasse jamais du présent, car le présent est éternel* ». L'éternel présent est là, d'instant en instant, présent en nous. Il va donc falloir retrouver la saveur du présent, le sens de l'instant. Parce que finalement, notre présent, c'est notre chance. Tout le futur est enclos dans notre présent, ce que montre très bien la théorie indienne du *karma*. Le futur n'est que l'ajoût progressif de nos présents successifs et chaque fois qu'on refuse un présent, on ampute le futur d'autant. L'Inde affirme qu'une vie, c'est une occasion d'évolution, une chance donnée à l'homme pour comprendre, acquérir et dépasser. C'est un cadeau, ce présent, une enclume sur laquelle forger nos trans-formations.

Il faut donc regarder le présent comme une voie d'accès, et le prendre au pied de la lettre. Que veut dire présent en français ? C'est un mot bâti sur deux mots qui signifient : « je suis » et « devant » (*praesum*). Le présent, c'est ce que j'ai devant moi ; pourquoi aller chercher si loin ? Quant au mot instant, il vient aussi d'un terme latin qui exprime ce qui se tient « debout sur », « debout dans » (*in-stare*). L'instant, c'est quelqu'un qui se tient debout, quelqu'un qui a une présence, une stature. Il va donc falloir d'abord revenir au concret, à ce qui se voit, se touche, se vit, sans fuite en avant. Ainsi, dans les nombreuses anecdotes des maîtres du zen, la chose dont ils ont le plus horreur chez leurs disciples, ce sont les faux-fuyants. Ils ramènent tout dans le présent par les moyens les plus ordinaires, les plus prosaïques.

III. LE YOGA, ÉCOLE DE PRÉSENCE

Le yoga lui aussi est une école de présence, une école qui réapprend à être présent. Ce qui fait la clef de voûte de l'enseignement de Patanjali, c'est la notion d'*ekâgratâ*, terme sanscrit bâti sur deux mots, *eka*, « un » et *agratâ* qui signifie « pointu », resserré (2).

---

(2) C'est la même racine que *acros* en grec qui a donné acropole et acrobate. Acropole, c'est une ville bâtie sur une pointe, et acrobate, c'est quelqu'un qui marche sur les pointes.

ICI ET MAINTENANT

Alors que l'on demandait à un maître s'il faisait un effort pour rester dans la vérité et comment il s'y appliquait, celui-ci répondit : « Quand j'ai faim, je mange ; quand je suis fatigué, je dors. » On lui rétorqua que c'est ce que font tous les individus. « Non, reprit alors le maître, quand ils mangent, ils ne mangent pas, mais pensent à quantité de choses et ainsi se laissent troubler ; quand ils dorment, ils ne dorment pas, mais rêvent de mille et une choses. Voilà pourquoi ils ne sont pas comme moi » (3).

Vivre dans l'*ici et maintenant* ne signifie donc pas vivre au jour le jour au sens courant de cette expression. La profondeur de l'attitude ne se mesure pas en effet au degré d'insouciance qui caractérise celui qui veut accaparer tout ce qui se présente à lui afin d'en tirer une jouissance immédiate. Ce dont il est question ne se résume pas à un tel opportunisme réducteur, même si celui-ci est intégré dans une certaine « philosophie de la vie ». Vivre dans l'*ici et maintenant*, cela revient à dire que l'esprit a pu retrouver sa pureté originelle ; le vécu de l'homme intérieur est alors une présence totale à lui-même et aux choses qui lui permet de voir au-delà de la surface.

La vie quotidienne peut ainsi être non pas un obstacle sur la Voie mais au contraire une alliée dans la mesure où elle n'est constituée que d'un *ici et maintenant* qu'il nous appartient de reconnaître. La Voie n'est donc pas quelque chose de périmé, elle n'est pas le privilège de quelques traditions ancestrales qui seraient en train de s'éteindre. Elle n'est pas non plus quelque chose qu'il faut construire de toutes pièces et élaborer comme une théorie ou une vision du monde qui se voudrait nouvelle. Echappant à toute systématisation, elle n'en offre pas moins à l'homme la possibilité de rejoindre sa propre intériorité, elle lui laisse essentiellement la perspective d'une pratique qui, quel que soit le cadre dans lequel elle s'inscrit, lui permettra d'accéder à la Réalité fondamentale, c'est-à-dire tout simplement à ce qui est.

Eric EDELMANN
Métaphysique pour un passant,
éd. de la Table Ronde, p. 107-108.

---

(3) Cité par William Haas, *La Concentration en Orient*, Revue *Hermès 2*, Minard, Paris, 1964, pp. 82-83.

Donc, faire *ekâgratâ*, c'est resserrer sur un point : toutes les techniques d'attention, de concentration, ou mieux de recentrement du yoga, sont ici désignées. Sur quoi se produit ce recentrement ? Sur le présent qu'il est donné de vivre à ce moment-là. Dans le hatha-yoga, il y aura deux champs d'exploration très riches : le corps et le souffle ; le corps, et plus finement l'intérieur du corps, et le souffle qui est l'échange avec l'extérieur, et qui est plus difficile encore à saisir que les mécanismes du corps lui-même. Il s'agira de se rendre présent au corps, à ses « oui » et à ses « non ». Une séance de yoga, c'est un dialogue entre les questions que nous posons au corps et les réponses qu'il fait. La posture commence à céder, à s'ouvrir : il y a des moments où le corps dit « oui ». C'est un grand moment. On peut dialoguer aussi avec ses douleurs et avec ses antagonismes.

Lorsqu'on étudie de ce point de vue le Râja-Yoga, on s'aperçoit que les huit étapes codifiées par Patanjali constituent vraiment une ascension de la présence. Cette ascension, et c'est là la grandeur du yoga, commence par l'attention à l'autre : *yama*. Ensuite, le raja-yoga parle de présence à soi : *niyama*, des conseils de propreté, de contentement, qui ont l'air parfois très simples, mais qui débouchent très vite sur trois aspects remarquables : *tapas*, c'est-à-dire tout l'entraînement du corps ; *svâdhyâya,* la connaissance, et *îshvara pranidhâna*, c'est-à-dire le fait de renvoyer au divin tout ce qu'il nous a envoyé. Ensuite, on entre dans un autre registre qui se niche au creux des étapes du yoga : la présence au corps par *âsana*, l'assise. Dans le bouddhisme, la posture assise est une posture de l'éveil, une posture de la présence à soi, justement. Aussitôt après, apparaît la présence au souffle : *prânâyâma*, c'est-à-dire la maîtrise de la force vitale. Puis *pratyâhâra*, la présence aux sens, qui nous ont été donnés, d'abord, pour nous informer sur le réel, et comme gardiens du temple intérieur. Or l'homme a fait d'eux des chevaux sauvages qui gambadent dans la nature, des chiens enragés qui courent partout ; d'informateurs qu'ils étaient au départ, ils sont devenus des déformateurs. Alors le travail de recentrement doit s'exercer intensément sur eux, afin qu'ils retrouvent leur fonction première.

Dans son troisième chapitre, Patanjali distingue encore trois modalités supérieures de la présence : *dhâranâ*, qui consiste tout simplement à resserrer encore plus l'attention sur quelque chose qu'on ne nomme pas et qui peut être n'importe quoi, une bougie, un feu de cheminée, une rose, un enfant qui joue, la mer... tout ce qui aide l'attention à se recentrer ; *dhyâna* où cette présence à quelque chose devient continue, unitive, par rapport à la précédente qui coule de façon discontinue. Enfin l'ascension se clôt sur une présence dont on ne peut rien dire, sinon qu'elle est présence pure, c'est le *samâdhi*, fusion de l'être avec la totalité.

Cet itinéraire est un chemin initiatique, lent, très prudent, très homéopathique. Il ne fait pas violence, même si le mot *hatha* veut dire « effort intense » en sanscrit. Le temps y a une place importante, la notion de douceur, de progressivité qui est la seule garante du progrès, y paraît évidente. Voie de transmission, le yoga nous fait simplement être ce que nous sommes. Il y a des réserves d'évolution extraordinaires en nous. C'est cela que le yoga, prudemment, à notre vitesse, pas à celle de l'autre, permet de découvrir.

Cette mutation ne peut intervenir sans que soit comprise la fonction de l'arrêt, du temps d'arrêt. Car à l'intérieur de l'arrêt, il y a l'intériorisation, ou le retournement, la conversion. Il faut nous retourner, puisque nous sommes extravertis. Le yoga permet ce temps de l'intériorité, à partir duquel toute la connaissance de soi s'approfondit. Et qui dit connaissance de soi, dit connaissance de l'autre, connaissance des dieux. Rappelez-vous la phrase de la Pythie que Socrate nous rapporte : « *Connais-toi toi-même, et tu connaîtras l'univers et les dieux* ». Donc, de la connaissance de soi, vient la connaissance globale.

Le bouddhisme, une autre école de présence

Un autre grand courant, aussi riche, héritier d'ailleurs des techniques du Yoga, est l'enseignement du Bouddha. Parmi les discours du sage, un traite exactement des mêmes sujets : « *L'enseignement sur l'établissement de l'attention* », *satipatthâsana sutta*. Le Bouddha l'enseigna très tôt à ses disciples parce que son propre éveil a été précédé d'un intense travail de « présentation » à lui-même. Et dans la tradition bouddhique, ce très célèbre sûtra est récité abondamment ; on le lit même, parfois, au chevet des mourants.

Le Bouddha y parle des supports de l'attention : le corps, les sensations et l'esprit, au sens de mental (*citta*). Patanjali aborde le problème de *citta* dès le troisième aphorisme : c'est cette espèce de tourbillon permanent qui nous agite et qui nous empêche d'être présents. Les deux points que retient le Bouddha et qu'il lègue à ses disciples pour l'établissement de l'attention, sont : regarder attentivement et prendre conscience. L'une des techniques proposées dans cet enseignement consiste à être attentif à l'entrée et à la sortie du souffle, support de méditation très ancien, simplement basé sur une assise confortable et l'observation du souffle tel qu'il est. On se contente de regarder le souffle. Il est court, il est long, il est agité, il se calme ; on n'intervient pas, c'est cela le plus difficile. Mais cela a des effets tout à fait extraordinaires sur le plan de la présence à soi.

Aussi bien dans l'enseignement de Patanjali que dans celui du Bouddha, l'entrée dans le silence intérieur est découverte du lieu où vont se réconcilier les opposés, du lieu où la présence va émerger. Jean Klein disait : *« Le silence intérieur fait accepter, aimer et comprendre ce qui se présente et que nous considérons à ce moment-là comme un cadeau »*. « Aimer ce qui se présente », cela pourrait être la devise de cet enseignement, où l'on retrouve ces mots de présent, cadeau, présence. Le yoga et le bouddhisme ont en commun cette idée que le présent peut être une voie ou un « véhicule », pour employer un terme bouddhiste.

IV. LE PRÉSENT PASSEUR

Le présent, devenu passage, chemin initiatique, nous emmène dans une autre dimension de l'être dont nous appréhendons mal la réalité. Initiation, cela veut dire le commencement de quelque chose d'autre (4). Dans le livre de Christiane Singer, *Les Ages de la Vie*, j'ai rencontré cette phrase : *« Dès l'instant où la conscience humaine cesse de considérer la Création comme allant de soi, mais engage sa force, sa foi et sa responsabilité à en perpétuer le miracle, elle émerge des limbes de l'ignorance et devient conscience divine. C'est le franchissement de cette invisible et essentielle démarcation que met en scène le rituel d'initiation. »* Ainsi on se trouve sur un seuil et quelque chose s'est passé (on voit à quel point le terme « passer », « passage » est riche en français). Quelque chose s'est passé en nous. Aux moments où

---

(4) *Initiare* : commencer quelque chose de neuf.

nous débouchons du présent, comme d'un passage, il y a des retours en arrière parce qu'on débouche plusieurs fois. On doit probablement hésiter assez longtemps sur ce seuil. C'est un peu paniquant, comme tous les seuils. Et pourtant le moment où on l'a passé est soudain. Dans le présent comme passage, on faisait une partie du travail soi-même, du moins, a-t-on ce sentiment. Mais il arrive un moment où le présent vous prend en charge. Et dans cette espèce d'ouverture qui s'est créée à la fin du passage, à ce seuil, s'engouffre une présence qui nous habite soudain, une force qui, à son tour, va se mettre à transformer notre présent. Il y a une espèce de jeu de miroirs entre la présence et le présent.

Certes, tous les passages sont difficiles. Cela a été magnifiquement dit dans l'Evangile de Saint Mathieu : « *Etroite est la porte et resserrée la voie qui conduit à la vie* ». Quelquefois, les portes sont comme le trou d'une aiguille, dit aussi l'Evangile. C'est parfois à travers un étrange mélange de joie et de souffrance, de bonheur et d'angoisse que l'on passe la porte. Le vieil homme résiste, il n'arrive pas à mourir et pourtant il le faut. Il proteste, gémit, se défend. Et puis on entre dans un présent qui va devenir indivisible. Aristote parle de « *l'indivisible maintenant* » (*atomos nun*). Le présent se montre comme un bloc d'énergie dans lequel on entre. A partir de ce moment-là, il devient en quelque sorte présent dans toutes les manifestations. Tous les présents vont exprimer la présence. Tous les présents vont nous porter, nous prendre en charge, nous emporter très loin, beaucoup plus loin que nous ne le pensions ; beaucoup plus loin que nous n'aurions pu le faire par notre propre travail. Cette expérience a été décrite par de nombreux textes traditionnels. On peut en citer, qui sont d'inspiration bouddhiste. Ainsi Marie Susini qui découvre dans le musée de Sarnath la statue du Bouddha, une des plus pures, une des plus belles, écrit un texte qui raconte son émerveillement devant ce Bouddha qui est en train d'indiquer qu'il va enseigner ; elle y parle du « *monde rendu présent comme un miracle* ». Or ce miracle a été chanté par tout un courant de la littérature indienne et qui s'est développé à l'orée du Moyen Age, au VIIéme et VIIIéme siècles après J.C., principalement au Bengale. Les fameux « fous de Dieu » de l'hindouisme sont les héritiers lointains de ce courant ; on trouve parmi eux des bouddhistes et des hindous. Ce courant est désigné en sanscrit par un terme qui veut dire « spontané » (*sahaja*). On les appellerait en français, avec notre manie des étiquettes, des « spontanéistes ». Pour eux la réalité « est », d'instants en instants ; il n'y a rien d'autre à faire que de l'accueillir, et tout ce que l'homme surajoute ne fait que compliquer les choses et l'empêcher de saisir la totalité de la réalité.

Il y a dans des textes magnifiques, une expression qui revient sans cesse : la merveilleuse saveur de la réalité. On retrouve ici le mot « saveur ». Ils aiment le réel, ils le goûtent ; même s'il est rude, âpre, âcre éventuellement, ils continuent de goûter, ce qui est un acte de courage. Effectivement, cette saveur du présent, de la réalité, peut se révéler dans un nombre croissant de situations, même les plus difficiles et les moins prévues. On sait très bien que souvent ce sont les épreuves qui nous font avancer. Or tout seuil est une épreuve ; il est une mort, comme dit Platon. Il faut le reconnaître : on laisse quelque chose à quoi on était habitué, peut-être même rivé. René Char a une expression phénoménale quand il parle de l'instant, du présent ; il dit : « *aujourd'hui est un fauve* ». Attention au fauve ! il dévore, griffe, éventre, il vous saute dessus ! Manifestement, un fauve, cela demande à être apprivoisé. Il ne faut pas se laisser dévorer par ce fameux présent ; on croit l'avoir apprivoisé, alors qu'il vous dévore. Il faut aborder ce passage, avec une double attitude de vigilance et de détente, deux qualités par quoi Patanjali définit la posture, qui est « ferme » et « aisée ». Il faut être complètement détendu, ouvert à ce qui arrive, et en même temps désarmé dans le sens le plus large du terme.

C'est seulement alors qu'intervient le *« sésame ouvre-toi »* qu'est le lâcher-prise. Les traditions héritées du bouddhisme, zen et arts martiaux, le donnent comme le secret, la clef qui ouvre tout. Qui a compris le lâcher-prise, on le voit dans l'enseignement du tao, a tout compris. Mais il ne faut pas qu'il croie qu'il a compris le lâcher-prise : car au moment où il croit le saisir, il n'est plus dedans. Arnaud Desjardins dit dans son ouvrage *Pour une vie réussie* que « tout yoga est inévitablement un chemin d'ouverture, de laisser faire, de laisser agir en nous des forces qui dépassent l'ego. Il y a un moment où nous devons renoncer à ce que ce soit nous qui arrivions à conquérir notre libération, fût-ce au prix des plus grands efforts. Nous ne pouvons avoir d'autre attitude que de nous ouvrir, nous rendre disponibles. Entrez. Ouvrez toujours, car c'est toujours Dieu qui frappe, telle est la découverte des mystiques ». L'ouverture est le seul chemin où l'on peut progresser. C'est le moment où l'éternel présent devient l'Eternel présent avec une majuscule à Eternel : le divin réintègre la Création, dont d'ailleurs, il n'était jamais sorti. Car c'est seulement nous qui pensons qu'il déserte. En réalité, Dieu crée à chaque instant, dans une genèse permanente. Cette idée de l'Eternel présent rejoint complètement l'enseignement du yoga classique de Patanjali et le cinquième *niyama*, *îshvara-pranidhâna* : *îshvara*, c'est un des noms du divin et *pranidhâna* comporte l'idée de redonner, rendre, rapporter, déposer.

L'idée est de rendre ce que l'on a reçu, de toujours sentir que quelque chose est venu de beaucoup plus loin que nous et va beaucoup plus loin que nous. Loin d'être la propriété unique de l'Inde, nous retrouvons cette notion en toutes lettres dans le *Notre Père,* sous la forme du *fiat voluntas tua,* commun à tous les chrétiens. « Que ta volonté soit faite », c'est exactement l'équivalent de *ishvara-pranidhâna*, « l'ici et maintenant », cher aux bouddhistes, hic et nunc. Un texte bouddhiste singhalais dit :« *Celui qui vit dans le présent se trouve dans la vie réelle et il est le plus heureux des hommes* » (5).

Cet abandon est bonheur aussi dans la littérature mystique d'Occident. Ainsi Maître Eckhart, merveilleux mystique rhénan du XIIIe siècle, parle de cette « *liberté d'être à la disposition de Dieu dans le moment présent, libre et nouveau* ». Un autre mystique, flamand celui-là, Ruysbroek, a cette phrase :« *La venue de l'Epoux (de l'Evangile) consiste, hors du temps, en un éternel maintenant toujours accueilli par de nouveaux désirs et une joie éternelle* ». « Eternel maintenant », « joie éternelle » : on voit que les mystiques cheminent sur des sommets qui se ressemblent, de l'Inde à l'Occident, et qui se rejoignent dans cette intuition du présent passeur.

Tous ces courants ont été très sensibles à une vaste équation : instant/libération/béatitude/divin, ce que traduit le terme indien *saccidânanda*. Il s'agit d'une saisie immédiate de l'instant passeur.

---

(5) Walpola RAHULA, *L'enseignement du Bouddha.*

V. MAINTENANT EST LE JOUR DU SALUT

Saint Augustin, qui osait dire « *Aime et fais ce que tu veux* ». disait aussi : « *Examine les mutations des choses et partout tu trouveras : a été et sera. Pense à Dieu et tu trouveras : est* ». Ne dirait-on pas un pur enseignement bouddhiste, ou encore soufi ?

De passant, notre présent est devenu passage, voie d'accès jusqu'à devenir passeur, c'est-à-dire nocher. Seulement, au lieu de faire passer de la vie à la mort, comme le Charon de l'Antiquité grecque, il fait passer de la vie à la vie, on pourrait presque dire, de la mort à la vie. L'instant est bien la clef des mutations. C'est si vrai que dans la première épître aux Corinthiens, Saint Paul affirme : « *Maintenant est le jour du salut* ». Il précise aussi : « *c'est en un instant, en un clin d'œil que nous serons changés.* » (I Cor, XV, 51). Tout l'enseignement « subitiste » est inclus dans cette phrase.

Pour terminer sur une résonance avec la tradition des soufis, on peut citer le poète Farid Al Din Attar : « *Un millier d'années passées multiplié par un millier d'années à venir sont présentes à toi, en cet instant dans lequel tu es* ». Comme toujours dans la langue arabe, il y a un jeu de mots : ici entre « présent à toi » (*najd* en arabe) et « instant » (*wajt*). Dans ce texte, le passé est en quelque sorte pris en héritage, et le futur aussi, paradoxalement. L'instant constitue l'état réconciliateur de ce double héritage du passé et du futur, car bizarrement, nous sommes aussi les héritiers du futur. Entre eux, les soufis se donnent ce nom superbe, ils s'appellent : *fils de l'instant*. Que peut-on se souhaiter de mieux que le bonheur de devenir « filles et fils de l'instant » ?

Yvonne MILLERAND

PASSAGE ?
POUR ALLER OU ? ET COMMENT ?

Le mot « passage » ne peut être dissocié du verbe « passer » dont il dérive. La flexibilité de ce verbe permet d'utiliser l'auxiliaire « avoir » ou « être » selon que l'on veut exprimer l'action ou l'état : « j'ai passé mes pouvoirs » ou « je suis passé par une épreuve ». De plus, agrémenté de préfixes, le sens en devient totalement différent : se surpasser, dépasser la mesure, repasser une leçon, un vêtement, ou repasser plus tard chez soi, outrepasser ses droits, trépasser, autant de suggestions très éloignées les unes des autres.

La notion de « passage » offre également une pluralité de significations puisqu'elle évoque le temps ou le lieu d'un événement, que ce soit le passage d'une comète à intervalle fixe ou celui de la Mer Rouge par les Hébreux. Un autre sens intéressant mentionne l'intervalle du temps qu'a duré ce passage en l'isolant d'un « avant » et d'un « après » : « j'ai passé une excellente journée ou un bon moment ». A l'inverse on peut « passer un mauvais hiver » – avec succès.

Le dictionnaire est prolixe quant à la multiplicité des définitions possibles. Aussi convient-il de situer le développement de notre thème en le limitant à un champ précis. Le passage dont nous allons parler est la transition qui amène un changement dans l'état de conscience d'un sujet.

I. UN PREMIER PASSAGE

Le premier passage est celui qui s'opère à partir d'une sensation reçue et du sentiment qui en résulte, les deux mots « sensation » et « sentiment » ayant pour unique racine le verbe « sentir ». Nous envisageons le cas d'une sensation venant de l'extérieur, c'est un stimulus enregistré par un organe des sens et transmis au cerveau par des centres spécialisés. Lorsqu'il y a une réponse, même virtuelle, du sujet, on parle de perception. Le langage courant utilise le terme de sensation de préférence à celui de perception ; la perception étant une réponse, est teintée par la mémoire, la sensibilité particulière du sujet et suscite son appréciation ou jugement : « j'aime, je n'aime pas, c'est bien fait, j'adore ou je déteste ». Il a connaissance et compréhension de ce qui a été vu, entendu, humé, goûté ou touché. Un mouvement d'influx nerveux en aller et retour s'est effectué de façon si rapide qu'il n'a pas pu être perçu. La réponse a surgi spontanément, elle s'est imposée à l'esprit avec une sincérité totale ; on subit cette réponse.

Le processus en cause est simple ; on peut le figurer par une ligne horizontale le long de laquelle se déplace un rhéostat d'intensité. Au centre le point zéro, celui de l'indifférence ; il n'y a pas de réaction subjective.

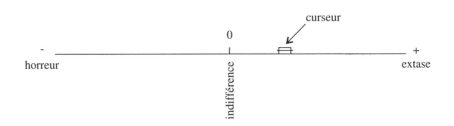

Les valeurs négatives de refus, de répulsion, de colère, de dégoût, d'horreur vont en croissant vers la gauche. Le déplacement du rhéostat vers la droite correspond à l'attirance, au plaisir, au contentement. Chacun de nos sens, lorsqu'il est sollicité, provoque une réaction dans l'une ou l'autre direction. Une odeur fétide, comme un toucher visqueux, fait reculer, un son discordant irrite ; la vue est sensible à tout spectacle estimé intolérable : voir couler le sang, torturer un animal, frapper un enfant. Quant au goût, il est très sélectif et certaines personnes sont rebutées par un goût trop sucré ou trop acide. Qu'il s'agisse de l'inné ou d'un conditionnement acquis, nous répondons souvent vivement aux stimuli venus de l'extérieur. Les réponses favorables semblent naturelles ; si nous aimons, nous nous sentons heureux, détendus, en harmonie avec l'environnement. Mais on découvre ce que l'on aime ou ce que l'on n'aime pas, on ne le choisit pas.

Si les réponses des cinq sens convergent dans la même direction, il se produit à l'extrême gauche une telle révulsion que l'on peut en mourir par suffocation de peur. Certains contes de fée évoquent cette forme d'abomination, comme par exemple l'histoire de la Belle au Bois dormant. Tout va bien jusqu'à son mariage avec le prince, suivi par la naissance de deux beaux enfants. Le prince, devenu roi, doit partir en guerre ; sa mère, la vieille reine, déteste la Belle, elle fait enlever les enfants et la condamne à mort. Une fosse remplie de crapauds visqueux et de vipères mortelles qui sifflent leur colère, c'est là que l'on doit précipiter la Belle. Le retour inopiné du roi revenu de la guerre inverse les rôles. Convaincue de trahison, la méchante marâtre affolée se jette dans la fosse et meurt, les enfants sont retrouvés sains et saufs. La sagesse de ces vieux contes était censée exorciser la violence en créant des projections qui permettaient de haïr, en toute impunité, l'ogre, le méchant loup, le vieux roi incestueux qui voulait épouser sa fille Peau d'Ane. Par la grâce des images, des personnages mythiques entretenaient des sentiments qui inculquaient une morale : pas d'inceste, pas d'injustice, pas de sadisme.

En glissant le rhéostat vers la droite et en le poussant au maximum, on devrait éprouver une joie surhumaine, l'extase totale de l'Absolu. Il est très rare que l'on atteigne ces pôles extrêmes, on ne fait que les effleurer par l'imaginaire.

Le passage des sensations aux sentiments semble inévitable et constant pour tous puisqu'il agit comme un réflexe. Ce mécanisme est redoutable et précieux en même temps. Il est redoutable lorsque l'asservissement est total, il est précieux si, ayant saisi son fonctionnement, on parvient à le surmonter. Une recette est bien souvent utilisée par ceux qui étouffent dans une atmosphère confinée : ils vont « faire un tour pour se changer les idées » disent-ils ; ils changent de sensations et tout se modifie dans leur esprit.

La difficulté est de reconnaître qu'en donnant trop d'importance à un sentiment, on méconnaît la base physiologique qui lui a donné naissance. En disant « Il » ou « Elle » m'a fait beaucoup de peine, on éprouve une souffrance qui ronge et dure autant que le souvenir l'entretient. Où est la peine dans le corps, quelle est la tension musculaire ou viscérale qui fait mal ? Si la sensation physique disparaît, le sentiment de peine s'estompe laissant place à une possibilité d'ouverture pour comprendre et, soit pardonner, soit se détacher. On se libère. Les cas d'extrême émotion échappent momentanément à tout contrôle ; il faut être capable de fixer son attention pour s'observer et intervenir. Le premier pas est de s'immobiliser, soit assis, soit allongé. Si le mental est encore très agité, une action rapide du souffle épousant le rythme de cette agitation, détourne l'attention vers l'action physique en cours : faire *kapalabhati* (1) par exemple, ou la respiration abdominale rapide et bien scandée. Des échanges respiratoires plus longs peuvent suivre jusqu'au retour du calme physiologique.

On cherche ensuite dans le corps les points encore sensibles qui témoignent du choc éprouvé ; on envoie l'air inhalé dans la région meurtrie, et avec chaque expiration douce on dilue progressivement la densité douloureuse jusqu'à la faire disparaître. L'équilibre se rétablit, on retrouve la paix viscérale et la possibilité de penser clairement. L'intervention est possible dès que l'on se rend compte de ce qui se produit dans la totalité de l'être. Une émotion enregistrée par l'esprit désorganise la quiétude viscérale ; en apaisant le corps sans se soucier de ce qui a créé le désordre, on annule la réaction sentimentale par une introspection viscérale.

---

(1) *Kapalabhati* est l'un des exercices d'hyper-ventilation les plus classiques du yoga.

Le passage a consisté à reculer en soi-même au lieu de demeurer victime du choc venu de l'extérieur. On a inversé le sens de l'action.

II. LE DEUXIÈME PASSAGE

Au cours de semaines, de mois, d'années, nous n'avons eu conscience du temps écoulé que d'une façon fragmentaire, par une série d'états de conscience qui ont jalonné ce parcours ; seul le fil de la mémoire maintient un lien entre eux, encore n'est-elle pas toujours fiable ni complète.

La « conscience » elle-même est inconnaissable, c'est un concept que chacun utilise à bon ou mauvais escient. La définition succincte du dictionnaire Larousse l'énonce ainsi : « C'est la perception plus ou moins claire qui nous renseigne sur notre propre existence ». L'ambiguïté de cette définition a amené le psychologue espagnol Projo Sierra à tenter d'approfondir le sujet. Acceptant qu'il était impossible de cerner la conscience, il a suggéré que, par contre, les états de conscience pourraient être étudiés et qu'un vocabulaire de base devrait être créé en fonction de certains critères qui restaient à définir. Lui-même, en tant que pionnier de cette idée, propose trois caractères distincts : le niveau d'un état de conscience ; son contenu ; et ce qu'il estime être les qualités essentielles de cet état.

Il a schématisé ce qu'il désirait faire comprendre par un dessin très simple : un axe vertical est traversé par une ligne horizontale. Sous cette ligne est situé le sommeil agrémenté des rêves, c'est le domaine de l'inconscient et, bien qu'involontaires, les images du rêve peuvent imprégner la mémoire par la suite, ce n'est pas le néant. Dépasser la ligne horizontale correspond à l'éveil, on devient conscient de soi-même.

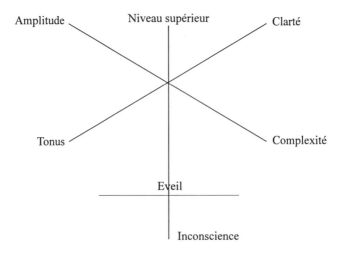

Le niveau

La notion de niveau est déjà évoquée par ce passage quotidien. En interprétant le dessin de Projo Sierra, nous pourrions figurer un arbre dont les racines enfouies dans le sol seraient invisibles, c'est l'inconscient nourri de la substance universelle : la terre. On conçoit facilement que l'état d'hébétude faisant suite au sommeil évolue très vite ; on se met à penser plus clairement, à prévoir, à se remémorer, à agir. De façon théorique, l'auteur en utilisant le mot « niveau » évoque la possibilité d'une élévation de l'état de conscience vers ce que l'être humain considère comme le sommet de la conscience : l'extase, le samadhi, le satori, la réalité profonde et ultime de l'Etre. Ce serait gravir l'axe vertical du tronc pour s'épanouir totalement comme l'impose la finalité de la vie d'un arbre : produire des feuilles, des fleurs et des fruits.

Le contenu

Le contenu d'un état de conscience est constitué de sensations, comme d'avoir trop chaud, de sentiments, d'émotions, de raisonnements intellectuels. Quelle que soit l'activité du mental, elle est limitée par un cadre plus ou moins vaste qui peut aller de la dimension d'une diapositive à cette même image projetée sur un écran géant.

L'état

Projo Sierra envisage quatre paramètres qui définissent un état de conscience, chaque valeur étant fluctuante et indépendante des trois autres : l'ampleur, la complexité, la clarté, le tonus. La modestie de l'auteur lui fait accepter que ces termes soient des approximations et qu'il serait possible d'utiliser d'autres mots.

Il complète le schéma initial en représentant quatre lignes formant un X, inséré sur l'axe central dans un plan perpendiculaire, comme sont installés les pales d'un hélicoptère. Chaque pale symbolise une des qualités citées, mais chacune est autonome, elle s'étire ou se rétracte indépendamment des autres. Comment ajuster ces notions à notre vie de chaque instant, reconnaître la présence de l'ampleur ou de la complexité ? Les quatre mots proposés correspondent à des impressions indéfinissables mais qui sont fortement ressenties.

L'ampleur : contempler la voie lactée, écouter une symphonie de Beethoven, font plus que de créer une attirance ; une sensation d'émerveillement semble ouvrir l'esprit ; l'ampleur de l'état de conscience est accrue. **La clarté** : un sentiment de tendresse profonde, éprouvé sans réticence, de tout cœur, donne une impression de lumière intérieure, la clarté augmente. **La complexité** d'un état de conscience peut évoquer un combat intérieur, un déchirement entre plusieurs sentiments contradictoires. Dans son grand roman *Les Misérables*, Victor Hugo a intitulé un de ses chapitres *tempête sous un crâne*. Le héros se torture pour prendre une décision dont toute sa vie va dépendre. La complexité implique aussi le nombre de données à envisager pour résoudre un problème comportant de multiples paramètres : venir à bout de la faim dans le monde, par exemple. Les ordinateurs sont alimentés pour donner des réponses rapides à certaines questions, alors qu'un homme seul y passerait trop de temps, c'est un maximum de complexité que ne peut atteindre l'être humain. **Le tonus** évoque l'intensité, la force d'intérêt qui fixe l'attention sur le contenu du moment ; l'intérêt est irrationnel, il ne peut être ni commandé, ni mesuré. Les quatre paramètres sont intimement liés.

En résumé, un état de conscience est doté d'un contenu, si l'intérêt est suffisant pour maintenir l'attention sans défaillance, la complexité est celle du nombre de circuits nerveux investis, l'impression d'ouverture détermine l'ampleur. Les sentiments de joie, de simplicité, de vérité d'une expérience vécue, éclairent l'esprit d'une lumière intérieure. On s'élève sur l'axe vertical, ce qui est le but de la méditation. L'hypothèse de Projo Sierra étant acceptée, il est facile de créer une situation personnelle qui détermine un changement de l'état de conscience. Le meilleur exemple est celui de la détente contrôlée.

III. UN EXEMPLE : LA DÉTENTE CONTRÔLÉE

On est allongé sur le sol, les jambes légèrement écartées, les doigts entrelacés, les mains posées sur la taille, coudes au sol, les yeux fermés. Quelques instants se passent ; on laisse le corps s'alanguir, la respiration trouve son rythme automatique. Tous les muscles sont relâchés, particulièrement ceux des mâchoires. On prend conscience des sensations qui se précisent lentement. Sous les doigts, la paroi abdominale se soulève, puis s'affaisse sans effort. Des sensations de fourmillement apparaissent le long des jambes et, petit à petit, gagnent tout le corps qui s'engourdit.

Ces sensations épidermiques sont perçues de façon floue, au travers semble-t-il d'une douce obscurité, comme si le corps était enveloppé d'une brume légère : c'est le « brouillard visuel », qui dissimule les contours tout en les maintenant vivants puisque les fourmillements manifestent l'existence de l'épiderme. On demeure limité dans l'espace comme un dessin au fusain passé à l'estompe et cependant présent.

L'attention s'engourdit, elle se laisse enliser par l'impression comateuse de n'avoir plus rien à observer. C'est le moment au cours duquel certains élèves s'endorment béatement, c'est pourtant le moment le plus important de la détente. L'ensemble des sensations détermine un état d'être, simplifié et global ; on est bien, « on se sent bien », c'est un bien-être. En devenant profondément conscient de ce bien-être, on se déploie en soi-même pour mieux le goûter.

Un sentiment de confiance permet de prolonger le temps

d'observation, on passe insensiblement du bien-être au contentement d'être. Le fait de reconnaître que la situation n'est pas statique mais qu'au contraire elle évolue, retient l'attention facilement par l'intérêt suscité. Né du corps immobile, un passage s'est produit de l'unité physique au sentiment de globalité, à cette manifestation de la Vie qui anime tout être vivant et conscient. Un sentiment de reconnaissance venu du cœur se fait jour en un élan de joie. Les premières manifestations d'une spiritualité naissante sont la découverte de la Joie et de la Lumière.

La détente permet, en sélectionnant le champ de l'observation, de laisser se créer une unité corps-esprit sans anticiper de réponse. On découvre que l'on passe insensiblement du physique objectivable au subjectif. Le corps est comme une fleur tenue en main et dont on respire le parfum les yeux fermés. L'état de conscience s'est élevé sur l'axe des niveaux. La détente passive peut être proche de la méditation.

IV. LA MEDITATION

Assis très droit, les genoux au sol et les yeux clos, on observe ce qui s'impose à l'attention, le souffle va et vient lentement, une sensation de chaleur, provoquée par la tenue musculaire dorsale, permet de demeurer droit et de s'étirer vers le haut.

Le brouillard visuel est associé à tout ce qui est perçu, le corps est éprouvé comme une masse vaporeuse qui respire, sans que l'on tente de le diriger. La fermeté et la détente vécues simultanément n'ont ni formes, ni couleurs spécifiques. Cet équilibre est intérieur, il permet de goûter la vacuité de l'esprit ; on découvre que ne penser à rien est une expérience extraordinaire, plus que le calme, c'est la paix profonde. Il n'est nul besoin de se dire « je suis cela » : On « est ». Un contentement se fait jour, une impression de plénitude s'installe. Il n'y a rien à attendre ou à demander. La sensibilité s'affine avec les répétitions, elle s'ouvre à une nouvelle dimension de la conscience, à des sentiments jamais éprouvés jusque là : une tendresse infinie, une joie immatérielle, la certitude de communier avec la Vie.

Il faut ensuite effectuer le passage en sens inverse avec douceur, respirer consciemment, sentir la surface, bouger légèrement, rouvrir les yeux.

En prenant de l'importance au fil des jours, la méditation fait évoluer les valeurs antérieures ; sentir une réalité en soi qui donne des forces, une plus grande équanimité envers les proches, amène à négliger des rencontres inutiles, des bavardages stériles, des spectacles ineptes. C'est une forme de détachement, de « lâcher prise ».

Marie-Madeleine Davy décrit cet état en ces termes : « *L'ami de la Sagesse n'a rien à quitter volontairement. Du seul fait de son orientation, il constate que les choses le quittent et se détachent de lui* » (2). Le changement est constaté avec indifférence ; ce que l'on laisse derrière soi, vouloir plaire à tout prix, vouloir dominer, vouloir avoir toujours raison n'intéressent plus. Il y a une épuration des désirs, c'est l'effet de laminage du passage.

Se rendre compte que les sensations, quelles qu'elles soient, provoquent des sentiments, est la première prise de conscience, c'est le contenu de la conscience. En immobilisant une sensation, en la laissant se développer, elle occupe tout le champ de conscience, elle prend de l'ampleur ; si ce qui est perçu se fond en une unité intérieure, on se sent réel. Cette réalité jamais rencontrée crée un intérêt ou un tonus accru de la vigilance. Ces trois paramètres s'allongent et le niveau de conscience s'élève. Quant à la clarté, elle ne peut être présente que par un sentiment de joie intérieure dans un abandon total au silence.

V. POURQUOI MÉDITER ?

La vie est une succession de passages. La naissance est prolongée par l'enfance, puis l'adolescence. L'âge mûr précède la vieillesse et le cycle s'achève par la mort. Ces passages inéluctables se succèdent de façon insensible, ils sont sanctionnés par une série d'abandons inévitables. On délaisse les jeux de l'enfance, puis les

---

(2) M.M. DAVY, *La connaissance de soi*, Paris, PUF, 4e éd., 1983.

rêves utopiques des teen-agers pour s'installer dans un cadre façonné par la contrainte sociale, le rôle que l'on doit assumer ou que la destinée impose ; il arrive un moment au cours duquel il n'y plus abandon naturel mais régression. Les personnes âgées deviennent de plus en plus dépendantes de leur entourage, leur mobilité diminue comme leur mémoire et leur raisonnement. Aucun projet n'est possible, il ne demeure que le regret du passé et quelques souvenirs. Cette fatalité semble écrasante pour qui l'examine sérieusement, elle engendre la résignation, la morosité ou l'angoisse ; le psychanalyste Pierre Daco affirme : « tout être intelligent est angoissé – c'est le lot de tout homme qui réfléchit peu ».

Or si la vie terrestre est prévisible, l'activité de l'esprit n'est pas limitée par ces contingences. Le seul moyen de ne pas s'enliser dans le marasme de l'âge est de rechercher et de découvrir ce qui ne dépend ni du temps, ni de l'espace. Cette recherche a existé depuis la plus haute antiquité en Europe comme en Orient. De nombreux témoignages nous sont parvenus, ceux des voyants, des philosophes et des maîtres anciens. Il y a autre chose que la vie matérielle, ses distractions, ses plaisirs ou ses peines : c'est une réalité intérieure, une conscience élargie de l'Etre qui est en nous depuis toujours, mais que l'activité mentale opacifie au point de la faire disparaître complètement, car *« quand vous êtes pris dans le réseau des activités de l'esprit, vous ne pouvez le voir dans sa réalité »* (3). Ce réseau des activités de l'esprit est le contenu d'un état de conscience avec les pensées, les jugements, les émotions. Dhirawansa ajoute un commentaire : *« La libération de la pensée n'est réalisable qu'en l'absence de la peur du vide mental, de la crainte selon laquelle sans elle, l'inconscient nous anéantirait ».* Une expression très ancienne affirme que la Nature a horreur du vide ce qui, physiquement, est vérifié. Il y a toujours quelque chose dans l'espace que nous connaissons, en train de transiter entre les corps existants, ondes magnétiques, rayons cosmiques, forces d'attraction ou de répulsion, et certainement beaucoup plus encore – qui reste à découvrir. Parler du vide est une expression scientifique spécifique, mais non absolue, car le vide ne peut exister, ni dans l'espace, ni dans l'esprit. On peut provoquer le vide d'air,

(3) V. R. DHIRAWANSA, *La voie du non attachement*, éd. Dangles.

l'asepsie totale en éliminant les microbes, l'absence de pesanteur, mais pas le vide absolu. Il y a confusion entre vide et néant, le néant impliquant la disparition de la personne absorbée par des forces inconnues, mais c'est pure imagination.

Faire le vide dans l'esprit consiste à sentir ce qui existe dans l'instant, à laisser se développer les sensations à leur gré par une attention portée à l'être tout entier, en oubliant le sentiment du « *moi* ». C'est une vacuité mentale et non une absence : on se sent au contraire très présent.

LE PASSAGE

Notre vie est ainsi : une vache sortant de son étable, les cornes, la tête, le corps tout entier est dehors, et la queue reste coincée dans la porte !

Maître DOGEN

« D'où viens-tu ? demandait-on à Râbi'a. – De l'autre monde. – Et où vas-tu ? – Dans l'autre monde. – Que fais-tu dans ce bas monde ? – Je me joue de lui. – Et comment te joues-tu de lui ? – Je mange son pain et j'accomplis les œuvres de l'autre monde. »

Cité par Eric EDELMANN,
Métaphysique pour un passant,
éd. de la Table Ronde, p. 282-283.

VI. POUR ALLER OU ET COMMENT ?

Il n'y a nul lieu où aller, le langage traduit maladroitement l'idée d'un mouvement que la tradition définit comme « le voyage intérieur ». Il n'y a, ni objectif, ni but précis, mais une tentative de comprendre ce qui anime l'être, une réaction à cette phrase si troublante : « *Eveillez-vous, vous qui dormez* ». L'esprit doit s'aventurer dans un domaine non balisé, entraîné par une nostalgie essentielle, celle de se sentir incomplet, de se subir au lieu de se vivre.

Les pages précédentes, en particulier sur la Détente, décrivent une qualité d'attention paisible qui permet d'instaurer un état de vide mental, il suffit de ne pas commenter ce qui se produit. Pour faire évoluer l'état de conscience, une des pales du schéma doit s'allonger pour élever l'ensemble sur l'axe vertical des niveaux.

Dans l'immobilité de la posture assise, on observe le va-et-vient du souffle sans se soucier du point d'appui mécanique qui le provoque. La sensation s'affine avec le temps jusqu'à devenir immatérielle. Le souffle semble mouvoir un volume de brouillard visuel qui se situe au delà de la forme du corps, ce volume pulse doucement, il est senti et en même temps il transmet une impression visuelle, « le souffle voit ». La sensation de « voir-sentir » simultanément crée un espace, comme si toutes les cellules s'étaient éloignées les une des autres, comme si « l'aura » respirait – c'est la vacuité parfaite de l'esprit.

Si l'attention vacille, on ouvre les yeux et on les referme aussitôt, le temps d'un clin d'œil. Ce regard rapide a projeté la conscience hors de l'espace intérieur ; en le retrouvant presque immédiatement, on apprécie plus encore l'intérêt qu'il présente, on le préfère à la banalité d'un environnement connu. Le lama Amagarinka Govinda affirme : « *La manière d'expérimenter ou de percevoir l'espace caractérise la dimension de notre conscience* ».

Extraits d'un enseignement très ancien, des conseils nous sont parvenus, donnés par le dieu Shiva à sa compagne Devi, dans le but d'ouvrir la porte invisible de la conscience supérieure. L'aphorisme 24 s'énonce ainsi : « *Suppose que ta forme physique est une chambre vide dont les murs seraient faits de ta peau* ». On ne saurait mieux évoquer l'espace intérieur. Il ne faut pas vouloir préciser par avance sa dimension car, l'expérience se renouvelant, cet espace peut être très variable suivant l'état du moment. C'est un espace qui est non seulement contemplé mais en même temps ressenti, un espace rempli de conscience.

L'ampleur s'est développée, avec elle l'intérêt, soit le tonus. On ne peut imaginer une complexité plus grande, puisque tous les neurones du cerveau sont investis dans cette réalité du moment qui unifie les trois plans : le plan viscéral ou somatique, le plan mental qui est devenu une vigilance attentive, l'ouverture spirituelle qui se manifeste par une Joie intérieure d'être « vrai ». La notion du temps est différente, déterminée en général par la succession des idées qui jalonnent son écoulement, le temps n'est plus perçu ; comme l'espace élargi, le temps s'étire sans peser, sans être remarqué.

Décrire ce qui se produit en soi est une tâche difficile, le lecteur ne peut qu'imaginer et c'est encore le mental qui travaille. En se référant par contre à une expérience déjà vécue par la plupart d'entre nous, une résonance s'établit car il ne peut pas y avoir de hiatus total entre la vie courante et l'état de méditation ; si tel était le cas, personne n'aurait envie de méditer, il n'existerait pas d'appel intérieur. Qui n'est resté « sans voix » devant un spectacle magique offert par la nature ? un double arc-en-ciel, une pluie d'étoiles filantes, un paysage grandiose de montagnes ou de désert ? Il existe des moments privilégiés et souvent très courts, qui ont marqué l'esprit d'un sceau indélébile. Un sentiment de bonheur saisit l'être, éliminant la réflexion devenue inutile : prendre son premier né dans les bras, parachever une œuvre de création jusqu'à ce que le sentiment de perfection arrête la main de l'artiste, qui ne peut plus que sentir et contempler. La musique écoutée les yeux fermés pénètre le corps qui vibre de toute sa sensibilité à l'harmonie des sons qui enchantent.

Le psychologue américain Abraham H. Maslow a repris ce thème dans son ouvrage *Toward a psychology of Being*. Il est convaincu que la majeure partie de la recherche psychologique actuelle consiste à étudier les « trucs » qu'utilisent les patients pour éviter l'anxiété qu'ils rencontrent face aux situations entièrement nouvelles, en persistant à croire que le futur sera identique au passé et que rien ne peut changer. Abraham Maslow affirme qu'aucune théorie philosophique ne sera complète tant qu'elle n'aura pas intégré que l'homme porte son futur à l'intérieur de lui-même. Ce futur le propulse de façon active dans les voies toutes tracées des conditionnements et des peurs en une routine répétitive. Comme Projo Sierra, Abraham Maslow a tenté de mieux saisir les fluctuations de la conscience, mais au lieu de proposer une théorie, il a recherché les témoignages d'hommes actuels ayant vécu une expérience hors du commun, ce qu'ils considéraient comme le moment le plus merveilleux de leur existence. Il leur a demandé quels sentiments, quelles sensations avaient été retenus de ce moment prestigieux qu'il définit comme une expérience au sommet (*peak expérience*).

Il a comparé les déclarations des sujets interrogés et découvert de nombreux points communs ; il a pu établir une liste d'impressions : d'unité avec le monde, de beauté, de simplicité, d'absence d'effort, de Joie intense, de sincérité totale, de libération, de bonté indicible (d'amour), de pureté. Il insiste pour que cette liste énumérative soit perçue comme l'analyse faite « à posteriori » par les témoins qui ont verbalisé leur expérience, mais qui l'ont vécue comme un tout. « *La réaction émotionnelle de l'expérience au sommet a un caractère particulier d'émerveillement, de respect, d'humilité et d'abandon* », ajoute l'auteur. On retrouve le « niveau » évoqué par Projo Sierra, le contenu est situé au delà des formations mentales, l'Etat est reçu avec ampleur, clarté, présence totale dans l'instant, la complexité est démontrée par l'importance de la liste établie. Ces expériences se sont produites spontanément, on ne les oublie jamais, mais on ne peut pas les reproduire volontairement.

La méditation a pour but d'établir le silence pour se rendre disponible aux valeurs essentielles qui nous animent et qui ne s'expriment que rarement. L'observation du souffle est le seul point d'appui dont nous puissions disposer ; pour découvrir une réalité, il faut que le point de départ soit réel en soi. Il est important d'insister sur la lucidité, l'impression de présence, car ne penser à rien n'est pas perdre l'esprit.

Dans l'espace qui se crée, une résonance s'établit avec le centre du cœur dont le rayonnement grandit lentement, par affinité, par attirance Le vide devient plénitude. Il n'y a pas de plus beau passage.

L'état de conscience qui se crée est un avant-goût des derniers instants que nous passerons sur terre. En s'habituant au silence intérieur, en acceptant une solitude inévitable, on peut se laisser aller avec confiance dans ce tunnel lumineux qui nous accueille dans une autre dimension de l'esprit. La mort ne fait plus peur.

Shiva Natarâja, dieu de la danse et de la transformation,
Art Pallava, Kûnem, IXe siècle.
(Musée de Mednes.)

Patrick TOMATIS

LE YOGA, VOIE DE TRANSFORMATION

L'homme s'incarne dans le but d'opérer une fantastique trans-formation. Totalement plongé dans la « vie extérieure », il s'octroie généralement des facultés qui ne sont pas encore siennes. Ainsi croit-il qu'il constitue un personnage unique doué de certaines qualités, et il exprime cette apparente unicité par des expressions aussi courantes que « je » ou « moi ». Il semble bien être « un ». Il croit ensuite qu'il peut agir en toute liberté, ayant pleinement confiance en sa capacité de libre-arbitre. Enfin, il se croit un être conscient, doué de volonté. Une observation honnête et éclairée de lui-même ne peut que l'amener à faire le constat qu'il n'est que multiplicité, sans cesse mouvant, changeant au gré de ses humeurs et des circonstances extérieures. Un véritable champ de bataille résulte de toutes les luttes qu'un ensemble non négligeable de petits « moi » parcellaires semblent se livrer. Qu'en est-il du « je » ? D'autre part, notre homme est dans un état permanent de réactions diverses dans lequel ses modes de penser et ses émotions l'emprisonnent définitivement, à moins qu'un sursaut conscient l'en extraie. Prisonnier de ses conditionnements et de ses affects, il ne peut en aucun cas agir librement, il subit complètement son mode réactif. Quant à « être conscient », cela lui demandera d'opé-rer un éveil particulier, peu semblable à ce qu'il peut expérimenter dans l'état de veille habituel. Une première étape consistera à devenir conscient de son « je » véritable, avant d'aborder l'immer-sion en la pleine Conscience. L'acquisition de la Volonté, elle, correspond à l'émancipation hors de l'attitude du « vouloir-propre », volonté personnelle, expression d'un volontarisme borné ou de la mobilisation intense de la personnalité extérieure asservie par ses propres désirs. L'abandon, nécessaire à cette expérience, consistera à se mettre au service de la Volonté Divine afin qu'Elle puisse par lui se manifester.

I. LES SEUILS

Sans un effort intense et durable, l'homme ne peut espérer une quelconque transformation effective. Voie de mutation par excellence, le Yoga va lui proposer un ensemble de techniques diverses qui s'adressent à lui dans sa totalité et lui permettront par leur pratique assidue de « naître » à sa réelle nature. Cette mutation intérieure va se trouver jalonnée par trois seuils importants.

Le premier seuil

Il consiste en une réestimation générale des valeurs, sans aucune compromission possible. D'une vie où prédomine l'aliénation aux plaisirs sensoriels, et dans laquelle règne l'anarchie des diverses fonctions qui constituent la personnalité extérieure, – qu'elles soient corporelle, avec ses deux composantes instinctive et motrice, émotive ou intellectuelle – l'homme s'ouvre à sa dimension intérieure. Pour sortir de l'attitude égocentrique qui l'enferme sur la représentation apparente qu'il a de lui-même, et dans laquelle il ne peut comprendre autrui, se croit toujours dans le vrai et attribue tous ses déboires aux autres ou aux « accidents », seule une lueur de conscience peut l'aider à entreprendre cette réestimation des valeurs. La plupart du temps celle-ci résulte d'un état de crise provoquée par une intense insatisfaction face à la situation actuelle. Bien entendu, un rejet total des valeurs antérieures sans estimation exacte de la situation conduit à une aliénation souvent plus grande qu'elle n'était auparavant. Passage de la vie extérieure à la découverte de soi-même, premiers pas vers l'intériorité, telle sera la marque essentielle de ce premier seuil.

Celui-ci franchi, le retour à la condition antérieure n'est plus possible : point de recul ! Retrouver cette sorte de « bonheur tranquille » fait d'ignorance, de compromissions et de laisser-aller n'est nullement concevable pour celui qui s'est ouvert, même très partiellement, à une vision plus juste et plus pénétrante de sa condition, et qui a, entre autres, perdu la croyance en la valeur absolue des influences de l'environnement extérieur. L'homme qui a entrevu son « devenir possible » ne peut trouver la quiétude que dans son accomplissement, et peut jouir déjà d'une certaine satisfaction en entreprenant cette réalisation. Après le premier éveil, un immense travail reste à entreprendre afin de pouvoir accéder au second seuil. La croissance de la Personnalité – ensemble des fonctions dont l'homme disposait jusque-là –, son développement et l'harmonisation entre ses diverses fonctions obtenue par des correspondances conscientes, et non plus seulement mécaniques : telles seront les tâches de celui qui s'est mis en marche. Peu à peu il se trouve doté d'une souplesse psychique, susceptible de comprendre autrui ; il acquiert un « esprit ouvert », s'extirpant de son égoïsme.

Quatre conditions ou qualités sont alors exigées pour que celui qui chemine sur la voie choisie puisse progresser : le désir ardent de parvenir au but, véritable flamme qui doit permettre à celui qu'elle embrase de poursuivre sans relâche sa quête de transformation et de l'éveiller à la Foi ; un courage et une discipline de fer, qui lui donneront la Force nécessaire à son entreprise ; un discernement sans défaut ; et un esprit d'initiative.

La première étape qui va jalonner le parcours vers le second seuil devra permettre de faire l'expérience de cette forme d'abandon et de cette force intérieure qui s'expriment en une attitude de totale confiance. Sortant des valeurs établies, propres à nos systèmes sociaux, l'homme doit nécessairement acquérir un point d'appui solide, total engagement vers la découverte du Principe Transcendant, alors même qu'il ne fait que commencer à cheminer vers ce qu'il va devenir. Au premier stade, il va laisser croître en lui la « Foi » véritable. Puis la force intérieure, toute empreinte d'abandon, va être totalement orientée, aimantée même, vers le but unique résultant de cette transformation : être relié à l'Essentiel, devenir l'agent du Divin. Ainsi l'homme grandit-il en « Espérance ». Pour consolider la force intérieure et s'assurer de maintenir fermement le juste cap grâce au discernement, la troisième étape permet de s'ouvrir à la « Connaissance ».

A l'approche du second seuil, l'homme affronte l'épreuve

« d'Amour », Amour pur, vrai et vivifiant. Expression totale de sa sensibilité, sans qu'aucune distorsion ne vienne plus la souiller, celui-ci est alors totalement dépourvu de tout attachement personnel et de toute forme de possessivité. L'Amour s'écoule en lui dans toute son intensité, quelles que soient les circonstances extérieures et les interlocuteurs éventuels. « *Il (l'Amour) est l'attraction de tout par le Tout et de toutes choses entre elles* » enseigne le *Jnâna Yoga*. Dans cette même perspective, l'attraction entre deux planètes est une spécialisation de cette Force d'Amour. Saint-Paul, dans la première épître au Corinthiens écrit à son propos : « *L'amour est patient, il est plein de bonté ; l'amour n'est point envieux ; l'amour ne se vante point, il ne s'enfle point d'orgueil, il ne fait rien de malhonnête, il ne cherche point son intérêt, il ne s'irrite point, il ne soupçonne point le mal, il ne se réjouit pas de l'injustice, mais il se réjouit de la vérité ; il pardonne tout, il croit tout, il espère tout, il supporte tout. L'Amour ne périra jamais quand bien même les prophéties prendront fin, les langues cesseront, la connaissance disparaîtra* » (1).

Il s'agit là d'une véritable épreuve, qui exige l'abandon de tous mensonges, faiblesses, pitiés envers soi-même, et de tous les compromis. L'homme se trouve face à lui-même et a alors de lui une vision totalement objective sans possibilité d'évasion. La fuite devant cette épreuve aboutissant à une irrémédiable chute, seule alors lui reste possible une attitude offensive : transfigurant ainsi sa Personnalité qu'il a développée et rendue harmonieuse, il naîtra à sa vraie Nature.

Le deuxième et le troisième seuils

Le deuxième seuil est la « deuxième Naissance » par laquelle le « moi provisoire » que constitue la Personnalité extérieure et le « Moi Véritable » s'unissent de façon indissoluble pour former l'Individualité. La Personnalité est alors pleinement disponible pour manifester les valeurs de cœur authentiques, et par extension la vraie intelligence faite d'intuition et de discernement : sans cet

---

(1) I *Corinthiens*, 13.

éveil à « l'intelligence du cœur », aucune véritable transformation n'est possible.

Au-delà de ce seuil, l'homme a la compréhension de tous les êtres et de toutes les choses, il pénètre tout. Il acquiert l'aptitude à distinguer spontanément le vrai du faux. Son développement se poursuit alors par l'ouverture à la pleine Conscience et l'abandon en cette Puissance Divine qu'est la Volonté.

Il arrive ainsi au troisième seuil, terme de son cheminement, et là seulement toute possibilité d'erreur, et par conséquent de chute, sera exclue.

D'INSPIRATION EN INSPIRATION, D'EXPIRATION EN EXPIRATION

C'est le sujet qui désire – en tant non seulement que témoin mais aussi qu'acteur de son histoire par l'intermédiaire du corps, qui prend chair dans ce corps au jour de la conception et qui reconduit son contrat de vivant, d'inspiration en inspiration, après que, d'expiration en expiration, il ait risqué en confiance ce contrat de vivant. On peut dire que c'est de seconde en seconde que le narcissime d'un sujet reconduit le contrat du sujet désirant avec son corps – c'est cela vivre pour un être humain.

Françoise DOLTO,
L'image inconsciente du Corps,
Seuil, 1984.

II. LES YAMA ET LES NIYAMA : INSTRUMENTS DE LA TRANSFORMATION

Techniques très appropriées pour franchir le premier seuil et cheminer à bon escient vers le suivant, les *yama* et les *niyama* qui sont présentés comme les premières étapes du Yoga sont, par leur pratique, de véritables trésors. Au nombre de dix, cinq chacun, trop souvent mal compris car assimilés à une morale rigide et puérile, ils constituent les éléments essentiels à cette véritable transformation dont l'épanouissement total de la sensibilité, des valeurs du cœur, sera la première étape essentielle.

En ce sens, nous préférons traduire « *yama* » et « *niyama* », respectivement par « émancipations » et « accessions » plutôt que par les termes communément employés « d'abstinences », de « réfrènements » ou de « renoncements » pour l'un, et « d'observances », de « règles » ou « d'obligations » pour l'autre, qui ont une connotation par trop négative.

S'émanciper de tout ce qui correspond à la nature inférieure de l'homme, le maintenant dans l'obscurité et la lourdeur, pour lui permettre *d'accéder* à sa Vraie Nature toute de lumière et de transparence : on ne peut pas mieux rendre par les mots l'idée de cette mutation.

Ahimsâ

La première de ces émancipations est la « non nuisance » : ne point nuire, et d'aucune sorte, à toute structure porteuse de vie, telle est la condition première à l'entreprise. Afin de faire l'apprentissage du plein respect de la « vie », dans tout ce qu'elle représente comme manifestation du Divin, l'homme s'efforcera de ne point porter tort à autrui et de ne point le blesser. Il portera son effort aussi bien sur le plan des pensées que des paroles et des actes, et tendra à les rendre conformes à son idéal. Ce respect qui s'exerce évidemment envers ses semblables, s'étendra à ceux dont il a la charge, les animaux et les plantes.

S'émanciper de toutes les pulsions ou impulsions qui sont sources de nuisance, qu'elles soient d'origine organique, émotive ou qu'elles découlent de conditionnements mentaux, constitue une tâche véritablement ardue. Plusieurs étapes s'échelonnent dans la maîtrise de cet apprentissage : savoir en premier lieu, bien que souvent après coup, reconnaître l'élément moteur de la pulsion, pouvoir la nommer, et comprendre les mécanismes mis en jeu ; puis contrôler cet élément moteur dès sa mise en action ; pour finalement s'émanciper de la pulsion elle-même.

Le terme de « non-violence » est habituellement choisi pour traduire *ahimsâ,* car il n'est retenu de la violence que son aspect nuisant. Mais *ahimsâ* a un sens beaucoup plus large, synonyme de « force » ou « d'ardeur » : le *Hatha Yoga* n'est-il pas le « yoga de l'effort violent » ! Des actes violents peuvent même être très salvateurs, en permettant par exemple de sauver la vie d'autrui. Vis-à-vis de soi-même, il est bon de faire violence à sa nature inférieure, à ses peurs, à sa paresse et à ses désordres. A l'inverse, il existe des nuisances qui ne semblent pas, à première vue, s'accompagner de violence.

Devenir « in-nocent » (latin *non nocere*), telle est cette première pratique. Elle permettra l'épanouissement de la sensibilité jusqu'à ce que l'homme puisse faire l'expérience de cette fantastique « aimantation » qu'est l'Amour manifesté en lui. D'où la nécessité, pour lui, de fonder ses rapports avec autrui sur d'autres valeurs. L'acceptation des différences et l'émancipation des processus d'attirance ou de répulsion qui prédominent en chacun d'entre nous, selon que se reflète ou non chez l'autre l'image que l'on a de soi-même, sont indispensables à acquérir.

Satya

Seconde émancipation qui consiste en la « véracité » ou le « non-mensonge », « être vrai », s'arracher à toutes les apparences, vouloir de toutes ses fibres manifester sa véritable dimension par la libération de l'intelligence discriminante : telle est *satya*. La vérité dans la parole n'en sera qu'une simple conséquence.

Sortir de l'attitude mensongère est la tâche essentielle de cette nouvelle pratique, que le mensonge soit délibéré, conscient, ou qu'il ait pour origine l'illusion provenant d'une totale ignorance. Seuls alors dans ce dernier cas le discernement grandissant et l'appréciation de la réalité contribueront à l'éviter. Le mensonge a un rôle auto-tranquilisateur, extraordinaire tampon aux incohérences humaines, il semble presque être une nécessité à l'homme de la vie extérieure, et ardue sera la tâche pour changer ce comportement.

Trois cas différents sont à considérer : le mensonge aux autres, utile ou inutile, et le mensonge à soi-même, toujours inutile. Etablir la différence entre l'utilité ou l'inutilité de mentir à autrui est quelque chose de difficile, qui demande une grande subtilité. Le mensonge est utile quand il permet d'éviter une nuisance à l'autre, mais comment alors discerner qu'il ne s'agit pas en fait d'une auto-protection résultant d'un processus d'identification à la situation que vit l'interlocuteur ? Une grande capacité de discrimination, que seule peut offrir la vraie intelligence, celle du cœur, est nécessaire. Lutter contre toutes les justifications permanentes, dans lesquelles l'homme est littéralement ancré, constitue le combat contre le mensonge à soi-même. La présence d'un guide extérieur est alors très précieuse, pour ne pas dire indispensable. Celui-ci met « l'apprenti » face à face avec lui-même, décortique avec lui tous les mécanismes dans lesquels il s'enferre. Impitoyable avec ses faiblesses, il ne laisse rien passer. Sa fermeté doit être féroce, mais toujours emplie d'une extraordinaire bonté.

Asteya

Le troisième yama est le « non-vol », la « non-appropriation » : ne rien s'approprier indûment, sans nécessité. Ce qui est nécessaire n'est pas défini par les besoins apparents dictés par les désirs nombreux, mais par ce qui correspond véritablement à la condition humaine. La notion d'appropriation recouvre trois situations différentes : le fait de prendre le bien d'autrui (il s'agit là de ce qui est entendu) habituellement par « vol » ; la possession d'un bien ou d'une situation qui ne correspond pas à un réel besoin, comme, par exemple, trop manger ; la revendication de quelque chose qui ne correspond pas encore à un dû, et qui ne serait alors que simple exigence. La pratique de la non-appropriation contribue fortement à aider le pratiquant à ne pas s'encombrer inutilement, en ayant conscience de « *qui il est* » et de ses réelles nécessités.

Brahmacharya

Le quatrième yama se traduit par le mot de « chasteté ». Encore faut-il s'entendre sur ce terme que l'on assimile généralement à « l'abstention de toute activité sexuelle ». Pourtant une traduction plus littérale, telle que « se mouvoir en Brahman » ou « de la façon dont se meut la Puissance Divine » met sur la voie d'une compréhension bien autre. Il s'agit en fait de s'abstenir de toutes les sortes d'émotions qui peuvent accompagner cette activité sexuelle, et qui se produisent également souvent en dehors de cette activité même. Vivre la continence, tout en étant envahi par de multiples fantasmes liés à cette privation, est loin de faire un état de chasteté. Cette situation est source d'innombrables conflits et tensions que la pratique de la non-continence réduirait alors considérablement.

Il n'est pas question de l'abstention de l'acte sexuel, mais bien de toutes les sortes d'émotions qui lui sont inhérentes afin que celui-ci ne soit entièrement éclairé que par le sentiment unique d'Amour total, pleine expression de cette tendresse incommensurable que seul permet l'abandon de toute recherche égoïste ou d'une quelconque satisfaction personnelle. Ouverture totale à l'autre, fusion complémentaire qui fonde l'expérience de l'Unité, approche souveraine du plein amour, tel doit être l'accomplissement de la communion extraordinaire entre deux êtres. Chaque instant de leur vie commune se trouve alors empreint de cet échange total.

Pour accomplir cette communion il revient à l'homme et à lui seul d'apprendre à maîtriser la fonction propre à la procréation. En effet, la femme est réglée sur un cycle donné auquel elle ne peut rien changer sans perturber son équilibre physiologique, tandis que, pour lui, l'émission de la semence dépend d'un choix. Voilà la notion importante à laquelle il doit s'éveiller. Etant libéré du « besoin » auquel l'animal est soumis afin que l'espèce se perpétue, l'homme a la capacité de choisir : émettre ou non sa semence. Ce choix devrait dépendre essentiellement de la décision commune de l'un et de l'autre des partenaires, de procréer ou non. Bien entendu cet apprentissage chez l'homme de la maîtrise de la dissociation de deux fonctions qui semblent habituellement indissociables – l'érection de l'organe sexuel d'une part, et l'éjaculation, ou émission de la semence d'autre part –, ne peut être mené à bien que grâce aux effort conjoints du couple.

Aparigraha

La « non-possession » ou « pauvreté » est la dernière des émancipations. En quoi consiste ce « dépouillement » que l'on assimile trop souvent au fait de ne rien posséder, de ne rien avoir, et par voie de conséquence, de ne pouvoir faire usage de rien ? Il s'agit de se dépouiller des valorisations que peut entraîner l'utilisation d'un objet, d'une faculté ou d'une situation. S'émanciper de toute possibilité d'identification à ce qui existe supprime ainsi les racines du système d'auto-valorisation. La non-possession consiste à pouvoir se servir de tout, sans que cela soit la moindre source d'une quelconque valorisation.

L'identification la plus complexe et la plus subtile dont l'homme devra finalement s'extraire est celle qui s'opère avec ses propres instruments, que sont son corps et son psychisme, et qui fonde l'attitude orgueilleuse. Aussi l'acquisition d'une pleine « humilité », de « l'exacte appréciation de soi par rapport à l'Univers », en sera l'aboutissement.

Shaucha

La « pureté » est la première des « accessions », des *niyama*. Elle se subdivise en deux grandes catégories : la pureté extérieure et la pureté intérieure.

La pureté extérieure comprend celle du corps, du lieu et de l'orientation. La pureté du corps, qu'elle soit externe ou interne, est obtenue par divers nettoyages. Les *shatkarmas* sont les techniques les plus appropriées à son obtention. Ils sont au nombre de six (les « six actes ») : les *neti* ou nettoyage du nez ; les *dhauti* ou lavage d'estomac ; les *basti* ou nettoyage de l'intestin, dont *shank-prakshâlana* est une forme élaborée et très efficace ; *kapalabhati* ; *trataka* ou la fixation du regard, qu'elle se fasse sur un objet extérieur immobile, ou intérieur par la convergence des yeux ou par l'observation d'un phosphène lumineux ; et *nauli,* véritable barattage abdominal. A ces pratiques s'en ajoute une autre, remarquable, le jeûne, abstention totale de nourriture pendant une longue durée, avec une consommation en eau modérée. Outre l'étonnante purification qu'il provoque, le jeûne offre une aide essentielle à l'homme pour qu'il puisse se débarrasser de sa « vieille peau » et naître à ce qu'il est. En ce sens, la pratique du jeûne fait déjà partie de la pureté intérieure et est, d'autre part, plus particulièrement conseillée aux âges qui correspondent aux grandes mutations : vingt et un ans, où l'homme quittant la période de l'adolescence, s'ouvre à la vie d'adulte ; quarante deux ans, où, après avoir acquis diverses compétences par ses expériences, il s'emploiera à assumer pleinement son rôle social avec toutes les responsabilités qui lui sont inhérentes ; soixante-trois ans, où il « entre en l'état de vieillesse et devient alors une épée de lumière », et où commence alors pour lui le plein épanouissement de sa nature spirituelle. Cet effort de purification corporelle, par ces multiples pratiques doit, bien entendu, s'accompagner d'une réflexion saine pour une nourriture appropriée, et de sa mise en pratique.

La pureté du lieu consiste à vivre dans un endroit dénué de tous les éléments propres à amener une gêne quelconque : les insectes, les parasites, les pollutions diverses (bruits, odeurs, etc...). La *Hatha-Yoga-Pradîpikâ* précise même qu'il faut choisir un pays gouverné selon les lois du *dharma*. La pureté de l'orientation concerne la façon dont le corps est orienté par rapport aux directions cardinales, dans la pratique du yoga.

La pureté intérieure est celle de « l'être ». Elle est le fruit de la possession des « trésors célestes » *(daïvî sampati)* ou « vertus », qui représentent les qualités spécifiques à l'être humain (2). Ces trésors célestes sont : le contrôle des sens ; l'absence de crainte ; le contentement de l'esprit ; les sacrifices rituels – en tant qu'ils symbolisent le sacrifice de soi-même, et de ses instincts primaires – ; la lecture et l'étude des écritures de sagesse éternelle (*Véda, Yoga-pûrna, Upanishad, Bhagavad-Gîtâ,...*) ; la pénitence (3) ; la simplicité ; la douceur ; la véracité ; l'endurance ; le pardon, qu'il ne faut pas confondre avec l'oubli ; l'abstention de toute affirmation du moi, de toute possession, attachement, inimitié, envie, cupidité, colère et agitation.

---

(2) étymologiquement : « *virtus* » vient de « *vir* » = homme.

(3) Ne pas comprendre ce mot dans le sens de « privation » ou de « molestation », mais comme étant le fait de changer de chemin lorsque l'on a la compréhension que celui-ci correspond à une mauvaise direction, nos actes n'étant pas alors justes, conformes à la loi ; le « repentir » exprime bien cette idée de « changer de pente ».

Samtosha

Le second *niyama* est le « contentement », contentement inconditionnel, quelles que soient les circonstances, plaisir ou peine, profit ou perte, gloire ou mépris, succès ou échec, sympathie ou haine. « Réduire ses besoins et se satisfaire du strict nécessaire » est la condition indispensable à son application, ainsi que l'apprentissage par l'homme du fait de ne pas prendre ce qui ne lui est pas donné. S'extraire de l'emprise des cinq fardeaux, ou *klesha,* est d'une absolue nécessité. Ils sont : l'ignorance ou *avidyâ* ; le sens de l'existence séparée de Brahman et, par voie de conséquence, des autres êtres, ou *asmitâ* ; l'attachement, source de possession, ou *râga* ; l'inimitié, la répulsion, ou *dvesha* ; la peur de la mort ou le désir de vivre, *abhinivesha*. Bien entendu, le « contentement » ne doit pas être assimilé à une simple attitude béate qui serait le fruit d'une attente passive de ce qui peut survenir. Il s'agit bien de tout autre chose, et l'aspiration à atteindre le but doit être immensément grande et être vécue avec intensité ; tout doit être entrepris pour y parvenir. L'homme doit être conscient de sa responsabilité dans la situation qui est actuellement la sienne et apprendre à vivre dans un « état de reconnaissance » ou de « rendre grâce » permanent.

Tapas

Le troisième *niyama* est « l'austérité », ou le renoncement à des choses reconnues comme indésirables. Il comprend trois composantes. L'austérité physique est constituée de règles et discipline de vie propres à fortifier et à apporter une aide importante pour supporter les épreuves, et d'exercices spirituels purifiant la pensée ; les jeûnes et diverses pénitences y trouvent pleinement leur place. L'austérité verbale consiste à s'abstenir de toutes les paroles blessantes et à s'exprimer sans passion, à s'abstenir de tout propos dont l'unique but est de se faire valoir vis-à-vis d'autrui et de tout propos vain, en général. L'austérité mentale, ou *manasa tapas,* comprend : le silence intérieur, le refus d'encombrer le mental par des choses vaines afin d'acquérir l'allégresse de l'esprit, et la concentration sur le Soi ou recueillement sur sa Nature Divine.

Tapas exprime l'idée de « chaleur », de « cuire », de « feu brûlant ». Toutes les techniques d'austérité ont pour but essentiel d'attiser le feu intérieur, cette « ardeur » spécifique à l'individu, tout en essayant de le prémunir vis-à-vis de tout ce qui peut l'amenuiser ou même l'éteindre. « Etre ardent », tel est le propos de *tapas*.

Svâdhyâya

Le quatrième *niyama* est le « développement de soi », ou encore le fait de se développer au point de parvenir à une perception et une conscience immédiate et très claire de l'Etre Suprême. L'ensemble du travail va bien entendu y contribuer, mais plus particulièrement : l'étude des textes de la Tradition et de l'enseignement proposé par l'instructeur ; l'écoute des propos de ceux qui sont plus avancés sur le chemin, et leur mise en pratique ; la réflexion aiguisée sur les problèmes fondamentaux concernant l'homme et son devenir ; l'enseignement des éléments assimilés à ceux qui expriment une demande sincère à ce propos ; la méditation.

Ishvara Pranidhâna

La série des *niyama* s'achève avec « l'abandon à la Divinité » ou le fait de « s'en remettre à la Divinité ». Parler, penser, agir constamment en conformité avec les lois divines, faire offrande de tous ses actes afin d'arriver à la suppression de tous désirs profanes ou personnels, s'émanciper du « vouloir-propre », telles sont les conditions indispensables à ce que le réseau des tendances opposées se dissolve de lui-même sans la nécessité de combattre. Il y a alors « *abandon en Dieu par oubli de soi* ». L'enseignement l'exprime remarquablement de la façon suivante : « *Celui qui cherche Dieu ne le trouvera point ; mais celui qui s'oublie lui-même jusqu'à en perdre la face, Dieu le trouvera sûrement* ».

Il s'agit bien ainsi pour l'homme de faire éclater sa nature égocentrique, source de tous ses maux. Tiré d'une Upanishad, voici un message fort percutant à ce propos :

« L'égocentrisme engendre la critique,
la critique engendre la suffisance,
la suffisance engendre la revendication,
la revendication engendre la colère,
la colère engendre l'opprobe,
l'opprobe engendre la haine,
la haine engendre la souffrance,
la souffrance engendre l'injustice,
l'injustice engendre la confusion,
la confusion engendre le ressassement,
le ressasssement engendre l'obstination dans l'erreur qui est le
péché des péchés. »

Quelle succession ! Par cette pratique, l'homme naît à sa nature enthousiaste, dans le sens vrai du terme, puisque « enthousiaste » signifie « être possédé par Dieu ». Les *yama* et les *niyama* représentent le support fondamental sur lequel va s'ériger et se développer tout l'édifice que constitue cette technique, le Yoga, en vue d'opérer la transformation essentielle.

Les différentes étapes ainsi s'enchaînent en une remarquable succession : *yama* et *niyama* en premier lieu ; *asana* ou la posture, l'assise, par excellence, qu'un grand nombre d'exercices prépareront aussi bien sur les plans articulaire qu'énergétique ; *prânâyama,* la respiration consciente et rythmée, remarquable exercice respiratoire accompli dans une attitude mentale particulière permettant d'être en contact avec les plans les plus subtils de l'univers, véritable prière qui consiste à se mettre en état de pouvoir être reçu dans le sein de Dieu ; *pratyâhâra,* qui consiste à prendre de la distance avec tout ce qui présente un caractère illusoire, le total désintéressement de tout ce que les sens peuvent ou ont pu percevoir ; *dhâranâ,* le recueillement, qui permet de rassembler la conscience sur le Principe Essentiel ; *dhyâna,* non plus une activité comme les étapes précédentes, mais un état particulier survenant seulement lorsque les conditions nécessaires à son obtention sont présentes, et qui consiste en une totale ouverture vers une compréhension où seule subsiste la pensée de Dieu ; et finalement *samâdhi,* où s'instaure de façon permanente l'état de conscience correspondant à la complète fusion avec la Totalité.

Docteur Jacques VIGNE

LUMIERES DU VIDE : SUR LE SEUIL DU SANS-FORME

Quand on se pose la question du passage, de la mutation ou du seuil, on se demande naturellement où ces processus vont pouvoir déboucher. Certains disent sur une Personne ; d'autres, par pudeur sans doute, pour ne pas enfermer l'Absolu trop vite dans un nom ou une forme parlent de Présence, une notion à mi-chemin entre le personnel et l'impersonnel ; d'autres encore feront un pas de plus vers l'impersonnel, et parleront de Plénitude ou du Vide, qui ont en commun d'être des expériences d'unité dépourvue de formes.

Nous allons développer cet aspect essentiel de la mystique de l'Inde et du Yoga, sans néanmoins négliger des réflexions plus psychologiques : en effet, dans la mutation quotidienne, le passage des jours, ne sommes-nous pas déjà à chaque instant sur le seuil du Sans-Forme ? Kabir ne disait-il pas : « Là où tu es, là est la porte ? ».

La méditation sur le Vide est une nécessité, en ce sens qu'elle représente un retour à l'essentiel. C'est une force d'être capable de transformer une impression de vide psychologique, souvent vécue de façon désagréable, en une méditation sur le Vide lumineux en soi, sur la Vacuité qui est aussi félicité. Faire le vide de l'avoir permet l'émergence de l'Etre ; et quand la conception que nous avons de cet Etre devient elle-même un objet de possession, un avoir, comme par exemple si l'on a une vision de Dieu rigide et fermée, il faut savoir évacuer cet Etre pour se poser la question du non-être, et s'apercevoir que la Réalité, qu'on l'appelle Vide ou Plein, est au-delà de nos représentations mentales nécessairement limitées de l'Etre et du non-être. Il ne s'agit pas de haute voltige intellectuelle ; en Orient au moins, il s'agit d'un thème de méditation bien connu.

Notre société ressent à sa façon la nécessité du Vide, elle qui a « inventé » les vacances. Y a-t-il meilleure méditation que de pouvoir s'en aller à volonté dans la « grande Vacance » ? De fait, le but de l'activité fébrile d'un membre ordinaire de la société de consommation est surtout de « faire le plein » : d'essence à la station-service, d'aliments dans le coffre au supermarché, du compte en banque à la fin du mois, du carnet de rendez-vous pour ne pas se sentir seul et avoir l'impression d'exister... La formation intellectuelle nous assure surtout une « tête bien pleine », la science est de plus en plus pleine de connaissances, et l'abondance des informations générales fourmillant de détails sans intérêt comble les derniers interstices de vide, c'est-à-dire de liberté, qui peuvent rester dans notre esprit.

Certes, on dit que la nature a horreur du vide, et c'est vrai dans le domaine psychologique également ; mais il s'agit de notre petite nature, qui pressent que le Vide peut être un miroir et qui en a peur. Par contre, la grande Nature, c'est-à-dire notre Nature essentielle, n'a pas peur du Vide, elle s'y trouve comme chez elle, elle y est libre, tel le vent dans le ciel.

A défaut d'une méditation sur la vacuité, le post-modernisme a une réflexion sur le vide qui pourrait représenter en quelque sorte une toile de fond de ses efforts de remise en question de l'historicisme, de l'objectivité scientifique, de la supériorité occidentale et surtout du sujet en tant que postulat inébranlable. Ces tâtonnements sur le sentier du vide peuvent se transformer en chemin spirituel s'ils s'accompagnent d'une méditation souriante sur la lumière spontanée de la Vacuité. Ainsi, les extrêmes pourraient se toucher et le post-modernisme serait capable d'aller à la rencontre de la tradition.

L'essentiel est au delà des noms, les mystiques le disent, mais une méditation bien conduite sur la Vacuité nous aide à le réaliser directement. Il est amusant de remarquer qu'en anglais « insulter » peut se dire « to call names » (« appeler par des noms »). La méditation sur le Vide permet de cesser « d'insulter » l'Essentiel en

« l'appelant par des noms » et en le faisant prisonnier dans les filets d'une pensée figée, réifiante comme dit Nagârjuna.

Nous allons d'abord envisager les expériences de vide psychologique, pour nous apercevoir qu'elles ont un rapport, certes, mais plutôt lointain avec la véritable expérience de Vacuité que nous envisagerons du point de vue de la tradition indienne dans la partie intitulée « l'Inde du Vide ». Nous détaillerons en particulier deux écoles ; le Shivaisme du Cachemire et le Bouddhisme mâdhyamika de Nagârjuna.

I. LA VACUITÉ, LE MEILLEUR REMÈDE POUR GUÉRIR DU MENTAL

La psychologie cherche à guérir le mental, mais la Vacuité « guérit du mental », de cette forme essentielle de malaise qu'est l'agitation constante du mental. Le vrai vide est au-delà du psychologique, c'est là tout son intérêt, surtout quand l'activité mentale est accrue soit par une thérapie, soit par une forme ou une autre d'intériorisation et de méditation intensive et prolongée.

Ceci dit, il y a des impressions de vide, des « passages à vide » qui sont du domaine de la psychopathologie. Plutôt que de se contenter de les interpréter de façon réductrice comme des symptômes seulement, on peut les considérer comme une forme d'auto-thérapie spontanée et efficace en partie, pas complètement. Le déprimé éprouve déjà un vide psychomoteur, il n'a pas envie de bouger. Cette immobilité a deux fonctions auto-thérapiques : diminuer l'anxiété et l'épuisement dûs aux conflits externes ou internes qui ont causés la dépression, et limiter la manifestation de l'agressivité ou des pulsions suicidaires qui ne feraient qu'aggraver le tableau. Le déprimé prend aussi conscience du « vide » du monde extérieur, et de l'absence de sens profond de bien des activités qu'il avait jusque là : en cela, il a peut-être raison, et cette prise de conscience a des chances d'être un début de chemin spirituel. Sa propre activité mentale lui paraît vide, et là encore, il y a du vrai dans le fait de s'apercevoir de cela. La réalisation de ce vide, qui au début est un facteur de souffrance, devient facteur de libération. Le vide du déprimé n'est pas un vrai vide, car il est plein d'inhibitions, de refoulements, de négativité, de ruminations morbides à propos du passé : il n'a pas grand chose à voir avec le vide mystique. Le déprimé sent que faire le vide lui ferait du bien, mais d'une part, il est loin de réussir complètement en cela, et d'autre part, il n'arrive pas à combiner l'expérience du vide intérieur avec la possibilité d'action à l'extérieur et de compassion envers l'entourage : d'où de multiples tensions qui contribuent à rendre cette expérience du vide pathologique. J'ai développé plus ces thèmes dans le chapitre sur la dépression de mon dernier livre *Éléments de psychologie spirituelle* (1) et dans un article sur *La voie de l'Orient et la souffrance de l'esprit : méditation sur le Vide* (2).

Si le vide peut être une tentative d'auto-thérapie, il a sa place également dans les méthodes de psychothérapie habituelle impliquant une relation d'aide. Une méthode fondamentale du thérapeute est de « faire le vide » dans la relation, c'est-à-dire de se taire et d'attendre que le patient remplisse cet espace libre de son propre mental. Pour des patients qui n'ont guère pu exprimer leurs sentiments à cause de parents ou d'un entourage maladroits, ce vide est en soi thérapeutique. Ceci dit, il n'est que relatif, car encore rempli de la parole du patient, en cela il n'est guère comparable à la Vacuité du mystique qui correspond à un arrêt du mental en profondeur.

Pour ceux qui pratiquent la thérapie par les images mentales, la dissolution de celles-ci dans une vacuité lumineuse en fin de séance est un moyen d'améliorer l'efficacité de la thérapie et de lui donner un début de dimension spirituelle. Les Tibétains, après avoir pratiqué une visualisation donnée ou travaillé sur un rêve, prennent soin de dissoudre les images mentales qui y ont été évoquées.

La dépendance du toxicomane ou de l'alcoolique pourrait être définie comme la focalisation du mental sur une substance donnée. C'est une forme particulière du désir, où le mouvement de la

---

(1) Vigne Jacques – *Eléments de psychologie spirituelle*, Albin Michel, Spiritualités vivantes, 1993, Chapitre II.
(2) Vigne Jacques, *La voie de l'Orient et la souffrance de l'esprit : méditation sur le vide*, Bulletin transpersonnel, Juin 1994.

pensée est comme conique. Dans la méditation sur la Vacuité, ce mouvement est sphérique, c'est-à-dire qu'il n'y a plus de point vers lequel l'attention converge. Le travail spirituel consiste à réussir à passer du mode de pensée conique au mode sphérique.

Les thérapies cognitives insistent sur le recadrage : un problème émotionnel nous paraît une question de vie ou de mort quand on est dedans, mais est mineur dans une perspective plus large. En ce sens, la méditation sur la Vacuité permet un recadrage fondamental en adoptant le point de vue le plus vaste qui soit, celui du Vide. Si on réussit à donner sens au Vide, on réussit par là-même à donner sens à tout ce qui y apparaît, c'est-à-dire à l'Univers même. Le vide-matrice est l'état-source, l'état-ressource dont parle la programmation neurolinguistique et auquel il est bon de se référer régulièrement.

Les conceptions théoriques des thérapies sont souvent tristement binaires : introversion/extraversion, instinct de vie/instinct de mort, conscient/ inconscient, refoulement/défoulement : la vacuité permet de transcender ces dualités ; en son absence, le mental risque d'osciller indéfiniment d'un pôle à l'autre de ces paires d'opposés, comme il le fait déjà entre le plaisir et la douleur, la sécurité et la peur, l'attaque et la fuite, le désir et le dégoût, etc...

Il y a certes une frange d'expériences du vide qui sont entre mystique et pathologie. Même si en Occident on ne parle pas directement de vacuité, une attirance immodérée pour le néant, l'humiliation, l'absurde, l'ascétisme extrême peut être reliée à un certain attrait pathologique pour le vide dans l'itinéraire mystique. Ceci dit, la véritable Vacuité est le résultat d'une pratique spirituelle équilibrée et intense. Elle n'arrive pas par hasard dans les péripéties d'une évolution pathologique ou au détour d'une séance de thérapie : le pratiquant la recherche et l'attend comme l'aimée attend l'amant ; il y a une dévotion pour le Vide comme il y a une dévotion pour le Divin. Pour ceux qui veulent vraiment s'engager dans cette recherche du Vide, du Dieu sans forme ou du Soi, la voie la plus directe est de considérer que ces buts qu'ils visent sont au-delà du psychologique et du mental, et de pratiquer dans ce sens, tout en veillant à ce que la vie quotidienne soit en harmonie avec l'engagement de méditation.

II. L'INDE DU VIDE

L'Inde est le pays où le zéro a été découvert, et zéro en sanskrit se dit *shûnya*, c'est-à-dire « vide ». L'équivalence de l'expérience du vide avec celle du plein doit être gardée à l'esprit, les deux représentant une conscience dépourvue de forme. Le vide est la matrice de tout ce qui peut y naître, de tout ce qui le remplit. En ce sens, un des noms du suprême dans le bouddhisme est *tathâgatagarbha*, littéralement « la matrice de Celui qui va ainsi », c'est-à-dire du Bouddha. Le vide du mystique est indissolublement lié à l'espace de conscience ; le *Shiva Sûtra*, un texte important du Shivaisme du Cachemire, dit : « *Quand l'esprit est unifié au cœur (de la conscience), tous les phénomènes observés et même le vide apparaissent comme une forme de conscience* » (3). Réussir à voir dans le vide la conscience revient à vaincre la mort ; le Yoga de la vacuité est proche de celui de l'immortalité. Il représente un passage radical de l'avoir à l'être.

Il y a trois degrés de vide : le vide du bavardage intérieur, le vide d'images mentales et le vide de sensations, cette dernière expérience étant d'un ordre élevé puisqu'elle correspond au samâdhi. Il s'agit de trois degrés successifs d'arrêt du mental, dont j'ai parlé plus en détail dans un texte quand j'ai comparé l'hésychasme et le védanta (4). L'expérience du vide s'accompagne en général d'un ralentissement du souffle, mais le véritable arrêt se situe sur un plan subtil, il s'agit de l'arrêt du *prâna*.

L'individualité *(anu)* n'est qu'un grain de poussière, un atome (*anu* également) par rapport à l'étendue de l'Absolu, le Soi, le vide et l'espace sont des intuitions qui sont en corrélation. La conscience est parfois appelée *khecharî*, celle qui se déplace *(chârî)* dans l'espace *(khé)*. *Akâsha*, l'éther, et *gagana*, le ciel, sont des images courantes quand il s'agit d'évoquer l'Absolu. L'expansion conduit à la réalisation et à la félicité : en sanskrit, les mots *ananta* (infini) et *ânanda* (félicité) sont presque les mêmes. Dans son

---

(3) Singh Jaideva, *Sivas Sutra – The Yoga of Supreme Identity*, Motilal Banarsidas, Delhi, 1979-1991, p. 58.

(4) Jourdan Michel et Vigne Jacques, « Marcher, méditer », *Question de,* n° 99, Mars 1995, seconde partie.

commentaire des *Spanda kârikâs* (I, 11), Kshemaraja, un disciple direct d'Abhinavagupta, le maître le plus connu du Shivaisme du Cachemire, nous dépeint ainsi cette expérience : « *Il voit la totalité des objets qui apparaissent et disparaissent dans l'éther de la conscience comme une série de réflexions qui apparaissent et disparaissent dans un miroir. Instantanément, toutes ses constructions mentales sont brisées par la réception, après des milliers de réincarnations, de sa nature essentielle qui surpasse l'expérience commune et qui est pleine d'une félicité sans précédent. Il est stupéfait et en reste bouche bée. Comme il obtient l'expérience d'une vaste expansion, sa nature propre, essentielle, vient au premier plan* » (5).

Dans la voie de la dévotion aussi, le vide a une place prépondérante. Il correspond à la notion de *viraha*, la séparation qui, quand elle est ressentie intensément, appelle puissamment l'union *(milana)*, de même que le vide appelle le plein. De plus, la dévotion au Sans-Forme *(nirgûna bhakti*, la voie des « sants », Kabir, Guru Nanak, les Radha Soamis, etc...) allie la force de la *bhakti* à l'immensité du vide. On peut difficilement concevoir la survenue d'une expérience du vide réelle s'il n'y a pas un élan pour aller au-delà de l'égo.

Il faut comprendre que la vraie vacuité est au-delà du néant, car ce dernier se définit par opposition à l'être, et représente donc une notion dérivée, dépendante, alors que la vraie vacuité est totalement indépendante.

La méditation sur le vide n'est guère possible pour des débutants : en effet, la conscience de ces derniers est complètement liée au corps, sans même qu'ils s'en aperçoivent. La véritable méditation sur le Vide survient quand la conscience est au-delà du corps, ce qui signifie bien plus qu'une impression de relaxation ou de fusion passagère. Il y a un moment où la pratique est si intensive qu'elle induit un nombre considérable d'expériences : c'est à ce moment-là que la méditation sur le vide s'impose presque comme une nécessité pour dépasser l'encombrement du mental.

---

(5) Singh Jaideva, *Spanda kârikâ*, Motilal Banarsidas, 1980-1991, p. 69.

III. LE VIDE DANS LE SHIVAÏSME DU CACHEMIRE

Nous nous servirons pour parler du Vide dans le Shivaïsme cachemirien des ouvrages de Lilian Silburn et de ceux de Jaideva Singh, tous deux maintenant décédés ; ils ont eu deux gurus en commun, Lakshman Joo à Shrinagar et Gopinath Kaviraj à Bénarès. Ce dernier a passé la dernière partie de sa vie à l'ashram de Ma Anandamayi, sur les bords du Gange. Abhinavagupta définit la vacuité comme « *la Conscience qui, réfléchissant sur elle-même, se perçoit comme distincte de toute objectivité en se disant : "je ne suis pas cela (neti, neti)". Tel est l'état le plus élevé auquel accèdent les yogin* » (6). La méditation sur le Vide est un moyen qui permet de percevoir Shiva (Shâmbavopâya), elle est douée d'un pouvoir qu'avait aussi perçu les anciens chinois quand ils disaient : « *L'absence de pensée, c'est la pensée instantanée, et la pensée instantanée, c'est l'omniscience.* »

En méditant sur le vide qui est à la fois dans le corps et en dehors, on abolit la dualité entre sujet et objet. Ceci dit, ce n'est pas parce que la perception des objets fusionne dans une masse de bonheur-conscience que le sujet en tant que conscience pure est anéanti : au contraire, il occupe toute la place. Si le Vide était néant, on ne pourrait l'expérimenter sur le coup, puisqu'il n'y aurait pas d'expérimentateur pour cela. Ceci signifie que « l'expérience » du néant n'est possible, comme celle du sommeil profond, que par un processus de mémoire. Et il ne peut y avoir de mémoire sans un sujet pour avoir mémorisé, ce qui contredit la possibilité de néant absolu. Par ailleurs, si l'expérience du Vide était inconsciente à la manière de celle du sommeil profond, à quoi cela servirait-il de tant méditer pour l'obtenir ? Il ne s'agit pas non plus d'une torpeur, comme celle qui peut survenir quand on se relaxe tellement entre deux asanas qu'on en perd conscience... Il ne s'agit pas non plus seulement d'un état de rêve éveillé ; on dit dans les *Spanda Kârikâ* : « *Ce yogi non éveillé qui n'a pas réalisé pleinement sa vraie nature est trompé par un état de rêve et est tenu à distance (de l'état du grand éther de la conscience). Mais celui qui, de part l'intensité de son effort et la force de sa pratique ne*

---

(6) Silburn Lilian, *Vijñâna Bhairava*, De Boccard, 1983, p. 54.

se relâche pas même un moment est appelé "pleinement éveillé", il n'est pas submergé par les ténèbres de l'illusion et il devient identique à l'éther de la conscience » (7).

Lilian Silburn mentionne sept types de vide, certains écrits tibétains en mentionnent dix-huit (8). Plutôt que rentrer dans les détails de ces échelons de la vacuité qui sont reliés au contexte de tout un enseignement ésotérique, il me semble plus utile de citer quelques versets du *Vijñâna Bhairava* ou des *Spanda-Kârikâ* qui donnent des idées concrètes de méditation sur le vide : *« Au moment où l'on perçoit deux choses, prenant conscience de l'intervalle entre elles, qu'on s'y installe ferme. Si on les bannit toutes deux, alors dans cet intervalle, la Réalité resplendit... Que l'esprit qui vient de quitter une chose soit bloqué et ne s'oriente pas vers une autre. Alors, grâce à la chose qui se trouve entre elles, la Réalisation s'épanouit dans toute son intensité »* (9). Une autre technique est de se concentrer sur le silence après le AUM : *« Si l'on récite la syllabe sacrée AUM ou tout autre formule sacrée et qu'on évoque le vide qui se trouve à la fin du son protracté, au moyen de cette éminente énergie du vide, O Bhairavi, on atteint la vacuité »* (10).

Un moyen d'éveil du vide, ou de la pulsation primordiale *(spanda)* est le blocage et l'introversion d'une émotion forte : *« Ces états émotionnels servent à celui qui est éveillé comme un moyen de réaliser la pulsation primordiale (spanda) qui est toujours là, s'ils le forcent à un souvenir, comme par reflet, de sa conscience essentielles du "Je", et non pas s'ils l'entraînent dans leur propre expérience. L'expérience de ces états émotionnels consiste uniquement en plaisir et douleur »* (11). Cette méthode est loin des techniques de libération émotionnelle prônée par certaines thérapies modernes. L'émotion n'est ni exprimée ni refoulée, elle est projetée vers le Soi.

Le Vide est aussi rapproché du feu du sacrifice, dans lequel

---

(7) *Spanda Kârikâ*, op. cit., p. 108.
(8) *Vijñâna Bhairava*, Op. cit., p. 57-59 ou aussi *Le Vide*, Hermès, Paris, 1989, p. 211 et 214-221.
(9) *Vijñâna Bhairava*, v. 61-62.
(10) *Vijñâna Bhairava*, v. 39.
(11) *Spanda Kârikâ*, Op. cit, p. 104.

viennent se consumer toutes nos expériences, ce qui permet de rapprocher la méditation des formes populaires de religion liées au sacrifice.

Visualiser le corps comme vide est une pratique conseillée par le Shivaisme cachemirien comme par le Bouddhisme mahâyana. Ceci amène à considérer que non seulement, nous ne sommes pas le corps, mais aussi nous ne sommes pas l'énergie (12). C'est une notion importante pour ne pas se perdre dans le labyrinthe des phénomènes énergétiques, qui peut être aussi difficile à quitter que celui de l'imaginaire. L'attachement aux phénomènes énergétiques est directement lié à l'attachement à l'expérience érotique, et doit être dépassée si l'on veut avoir une chance d'atteindre la vacuité pure.

La base de la pensée est la séparation entre sujet qui connaît, objet à connaître et connaissance. En voyant la vacuité des trois au même moment, on accède à la pensée non-dualisante. On peut aussi se servir de l'itinéraire de la Kundalini dans le corps pour « *évoquer avec fermeté et de façon simultanée le vide du sommet, le vide de la base et le vide du cœur... A ce moment-là se lève la pensée non-dualisante* » (13). Ou bien, de façon encore plus directe : « *Si l'on évoque, rien qu'un instant, l'absence de dualité en un point quelconque du corps ; voilà la Vacuité même* » (14). Enfin, une dernière technique amène immédiatement, pour peu qu'on réussisse à la faire, à l'expérience de Vacuité : « *Qu'on évoque l'espace vide en son propre corps dans toutes les directions à la fois. Alors, pour qui jouit d'une pensée libre de dualité, tout devient espace vide* » (15).

Le Shivaïsme cachemirien distingue *âtmavyapti*, la pénétration, la réalisation du Soi dans l'expérience d'enstase, et le stade ultime, *shivavyapti*, la réalisation de Shiva, de l'Absolu en toutes choses, c'est-à-dire dans la vie quotidienne aussi. Ceci rejoint la notion védantique de *sahaja samâdhi* (*samâdhi* spontané, dans la vie quotidienne) supérieur au *nirvikalpa samâdhi*, ou la notion mahâya-

(12) Id., p. 96.
(13) *Vijñâna Bhairava,* v. 45.
(14) Id., v. 46.
(15) Id, v. 43.

niste de l'union du *samsâra* (le monde) et du *nirvâna*. Pour la personne ordinaire « se mettre à voir les choses telles qu'elles sont » a souvent une nuance de désillusion, de désenchantement, voire de tristesse. Pour le mystique, les « choses » sont l'Absolu, et donc « voir les choses telles qu'elles sont » est un motif de joie.

IV. LE VIDE CHEZ NAGARJUNA

Nagârjuna parle de *shûnyatâ*, la vacuité, et de *shûnya*, le vide, deux notions évidemment très proches. Quand on regarde de près les textes, le véritable sens de *shûnyatâ* pourrait être l'absence d'êtres, d'individualités séparés. Tous les êtres sont reliés, inter-dépendants, c'est une constatation fondamentale du Bouddhisme (l'origine interdépendante) et elle amène naturellement à la notion de *shûnyatâ*. Il ne s'agit pas de néant, mais plutôt d'un troisième terme (sens technique de mâdhyamika, la voie de Nagârjuna, traduit d'habitude par « voie du milieu ») qui n'est pas à mi-chemin entre l'être et le non-être, mais au-delà. Cette notion de *shûnya* omnipénétrant peut être rapproché de l'alchimie : en effet, *shûnya*, nous l'avons vu, signifie aussi « zéro », et le zéro, c'est-à-dire le cercle, est présent dans le symbole alchimique de pratiquement tous les éléments. Certains pourraient reprocher à la vacuité de Nagârjuna d'être pure dialectique et abstraction : mais Nagârjuna était d'abord un Yogi réalisé avant d'être un brillant dialecticien, c'est ce qui donne tout son poids à ses écrits. Cet enseignement de vacuité lui est venu de son maître spirituel et il l'a transmis à ses disciples ; il dit en substance à propos de cette relation dans sa *Lettre à un ami spirituel* : « *Celui qui vit auprès d'un maître est comme celui qui demeure dans une maison dont une porte donne dans le précipice : un jour ou l'autre, il finira par y tomber.* »

Pour pouvoir laisser la parole à Nagârjuna lui-même et à son commentateur Chandrakîrti, nous allons citer un texte, *L'exposition lucide de la Voie du Milieu* (prasannapadâ) traduit en anglais par M. Sprung en collaboration avec T. R. V. Murti : ce dernier est connu pour ses écrits qui ont éclairés la proximité des points de vue du bouddhisme mâdhyamika et du védanta.

Il y a deux formes de vide, le vide qui est un moyen pour se débarrasser des conceptions limitées, et le vide qui est la fin, l'Absolu au-delà de toutes les formes-pensées. Il y a deux niveaux de vérité *(satyadvaya)* : du point de vue absolu, tout est vacuité, mais du point de vue relatif, il y a nécessité de faire une *sâdhanâ*, des efforts, de suivre une discipline et de développer son sens des responsabilités : la confusion de ces deux niveaux a entraîné bien des déviations dans la compréhension du non-dualisme, que ce soit en Orient ou de nos jours également en Occident ; nous y reviendrons dans la conclusion.

L'éveil à la vacuité vient de la prise de conscience d'une sorte d'illusion fondamentale : « *Tout ce qui n'est pas ce qu'il prétend être est irréel* » a déclaré le Bouddha. « *Tous les composés ne sont pas ce qu'ils prétendent être, et sont donc irréels* » (16). La vacuité n'est pas néant, mais félicité : « *La félicité est la mise au repos de tous les points de vue à partir desquels on peut voir les choses, c'est le repos des objets nommés.* » La vacuité permet de devenir imperturbable : le Bouddha dit dans les *Huit mille sutras* : « *Celui qui désire suivre le Réalisé, ou être lui-même réalisé, ou être un roi de la vérité, n'arrivera à rien s'il ne devient pas imperturbable ; celui qui ne voit pas les rives d'une rivière ne les atteindra ni d'un côté, ni de l'autre* » (17).

Pour celui qui réussit à donner sens à l'absence d'être, toute chose prend un sens, Shantideva rapproche le vide du « je » et la non-peur : « *S'il y avait un "je" qui existait vraiment, il serait approprié de développer de la peur en face de n'importe quel objet. Mais puisqu'il n'y a aucun "je" qui existe vraiment, qui est là pour être apeuré ?* » (18).

La vacuité s'applique aussi à la question de savoir si Bouddha continue d'exister actuellement ou non : « *Comme il est par nature vide, cela n'a pas de sens de dire "après sa mort", le Bouddha*

---

(16) Sprung Melvin, *Lucid exposition of the Middle Way*, Prasannapadâ de Chandrakîrti (commentaire sur Nagârjuna), Routledge and Kega Paul, London, 1979, p. 144.

(17) Cité par Chandrakîrti, Cf. ci-dessus, p. 174.

(18) Geshe Kelsang Gyatso, *Clear Light of Bliss*, Wisdom Publications, London, 1982, p. 175.

existe ou n'existe pas » (19). Le Bouddha véritable est la vraie nature des choses, il est « en paix », il n'a rien à voir avec les dénominations qui sont des réflexions de nos concepts limités. Cette remise en question de l'existence même du fondateur du bouddhisme n'a pas été sans choquer et provoquer des réactions de la part des dévots. Imaginez une telle situation dans le christianisme à propos du Christ : « En proclamant que rien n'a d'être en soi, vous détruisez notre espérance de liberté et notre aspiration à l'illumination parfaite et insurpassable. Vous avez réussi à obscurcir la grande orbe lumineuse du Réalisé parfait (le Bouddha) en engendrant de façon déplacée une succession de nuages qui ne sont pas sans rapport avec l'ignorance des gens du monde. » Ce sur quoi Nagârjuna répond en substance qu'ils n'ont rien compris à l'enseignement profond du Bouddha...

Nagârjuna démonte les théories des autres, mais lui-même ne propose pas de théorie particulière, il ne fait que rappeler que l'Absolu est au-delà des théories, c'est pour cela que sa position est difficile à mettre en défaut. La vacuité dont il parle permet de réveiller ceux qui s'endorment sur l'oreiller de l'Etre.

La philosophie du Bouddhisme mâdhyamika correspond à une pratique qui est par exemple développée dans le Mahâmudrâ tibétain. L'expérience de Vacuité y est indissolublement liée à celle de Claire Lumière et de Félicité. La méditation sur le Vide permet l'épanouissement de la véritable compassion, la compassion en soi qui transcende la différence entre sujet et objet.

On ne peut expérimenter réellement la vacuité si l'on n'a pas une bonne compréhension de la vérité de la vie quotidienne, « transactionnelle » dans le langage de Nagârjuna : « *Tant que le royaume transactionnel n'est pas accepté comme une base, la signification au-delà ne peut être indiquée ; et si l'on ne comprend pas cette "signification au-delà", on ne peut atteindre le nirvâna* » et un peu plus loin : « *Une personne stupide et pleine de suffisance à cause de son intellect ne comprend pas le Vide et en conséquence détruit sa propre personne en la rejetant et plonge la tête la première dans l'enfer d'Avicî* » (20). Celui qui veut se saisir de la

(19) Sprung, Op. cit., p. 204.
(20) Id. p. 232-233.

vacuité sans être mûr pour cela court un grand risque, comme celui qui attrape un serpent sans posséder la science du charmeur. Cette comparaison est heureuse dans la bouche de Nagârjuna, dont le nom peut signifier : « le maître des serpents (naga) »... L'accession à l'éveil instantané est en quelque sorte le couronnement d'une voie progressive, ça ne devrait pas en être un ersatz : après avoir essayé un peu une voie progressive, le Yoga par exemple, on se lasse et on essaie pour voir si on aura plus de succès avec une voie « instantanée », comme le café ou la soupe en sachet ; cela ne mène pas loin... Dire des choses qui sont vraies sur la vacuité n'est pas difficile, la réelle capacité consiste à pouvoir en parler d'expérience directe. Nagârjuna prend l'image de deux témoins, l'un qui a vraiment vu le voleur sur le fait, et l'autre qui fait semblant de l'avoir vu et qui l'accuse pour faire plaisir aux autres ou pour se mettre en valeur. Le premier témoin mérite d'être récompensé, et le second d'être blâmé. *« L'assertion du non-être (c'est-à-dire le nihilisme) est le point de vue des cyniques qui glissent sur une pente menant droit à la catastrophe »* (21).

Finalement, qu'est ce que le *nirvâna* ? C'est la nature réelle des choses, c'est-à-dire *« non dépendante de quoi que ce soit, en paix, non manifestée sous forme d'objet qu'on peut nommer, au-delà des constructions mentales et n'ayant pas de forme qui varie »* (22). Le but réel de ces discussions sur l'être et le non-être est d'amener le mental au silence, comme Chandrakîrti commentant Nagârjuna le dit explicitement : *« "C'est", "ce n'est pas", ce ne sont que des discussions. "Pureté", "impureté", ce ne sont que des discussions : on ne peut mettre un terme à cette existence de souffrance en s'engageant dans des discussions. On met un terme à cette existence de souffrance en cessant de s'engager dans des discussions »* (23).

_____

(21) Id. p. 250.
(22) Id. p. 231.
(23) Id. p. 159.

QUAND MILARÉPA CHANTE LE VIDE

A cause de la peur de la soif, j'ai cherché à boire :
Le breuvage céleste que j'ai découvert, c'est le vin de l'attention.
Maintenant, je n'ai plus soif.

A cause de la peur de la solitude, j'ai cherché un ami :
L'ami que j'ai découvert, c'est la félicité de la vacuité (shûnyatâ)
[perpétuelle.
Maintenant, je n'ai plus peur de la solitude.

A cause de la peur de m'égarer,
J'ai cherché le chemin juste à suivre.
Le grand chemin que j'ai découvert, c'est le chemin de Deux-en-Un.
Maintenant, je n'ai plus peur de m'égarer.

Je suis un yogi qui possède tout ce qu'on peut désirer
Un homme toujours heureux où qu'il soit.

Le Chant de la joie d'un Yogi, p. 85

Quand ton corps est bien placé, et ton esprit
Absorbé profondément en méditation,
Tu peux ressentir qu'à la fois la pensée et le mental disparaissent ;
Toutefois, ce n'est qu'une expérience superficielle de Dhyâna.
Par une pratique attentive et constante,
On ressent une conscience du Soi radieuse qui brille comme une lampe
[éblouissante.
C'est quelque chose de pur et resplendissant comme la fleur,
C'est le sentiment de regarder fixement le ciel vaste et vide.
Cette non-pensée, cette expérience radieuse et transparente,
C'est cela le sentiment de Dhyâna.

Le berger qui recherchait l'esprit, p. 129

Le mental qui court est vide et dépourvu de substance –
Je vois cela plus clairement que je ne vous vois, ô démons.
Vous pensiez qu'il serait facile de m'effrayer
En suscitant vos légions innombrables
Venant pour m'attaquer des dix-huit enfers ou mondes.
Mais je suis un yogi du Vide,
Qui voit clairement la nature de l'ignorance.

L'attaque de la déesse Tsenrima, p. 303

177

Je récite la prière de la non existence de soi et des autres
Pour purifier l'attachement à moi-même et l'égoïsme.
Je fais des offrandes désintéressées
Pour annuler les maux dus au mode de pensée habituel, le démon Shen ren.
J'accomplis la danse qui conquiert les démons, la Vacuité des fonctions
[mentales.

S'il y a des démons susceptibles de nuire,
Ces remèdes vont les disperser.

La conversation d'un Boniste mourant, p. 240

(Milarepa s'adresse à un jeune berger qui veut devenir son disciple)
Pour recevoir l'enseignement,
Un disciple doit le mériter ;
Il faut un homme qui soit capable d'aller au-delà de l'inconfort et de
[la souffrance ;
Le courage, la non-peur, la capacité de défier la mort sont requises !
Cher berger, en es-tu capable ?
Si oui, ta destinée est bonne ;
Si non, mieux vaut ne pas parler de ce sujet.
Demande-toi cela, et réfléchis-y soigneusement.

Quand tu cherchais le « je » la nuit dernière,
Tu ne pouvais le trouver.
C'est la pratique du non-ego de la Personnalité.
Si tu veux pratiquer le non-ego de l'Existence
Suis mon exemple, et pour douze ans, médite !
C'est alors que tu comprendras la nature de l'Esprit.
Pense bien à ceci, cher garçon !

Le berger qui recherchait l'esprit, p. 127

(Extraits de *The Hundred Thousand Songs of Milarepa*, Volume one, translated by G.C. Chang, Shembala Dragon éditions, Boston, 1989.)

178

III

LES MUTATIONS :
NAÎTRE, VIVRE ET MOURIR
AUJOURD'HUI

William BLAKE *L'échelle de Jacob*
Les anges, qui gravissent et descendent les degrés de cette échelle en
forme de spirale, symbolisent la descente de la sagesse divine et l'ascension de l'âme qui se transforme en franchissant des niveaux de plus en
plus subtils.

Françoise JEZE

LA NAISSANCE REVISITÉE

La psychanalyse nous a démontré qu'il était possible – et important éventuellement – de revisiter son enfance. Mais qu'en est-il de notre naissance, de notre gestation, de notre conception ? Les retours aux origines sont toujours difficiles ; ils sont même interdits souvent, à moins qu'ils ne soient rigoureusement ritualisés. La chambre des parents doit bel et bien rester close sur le secret de leur intimité et ce que nous appelons la « scène primitive » dans le jargon des analystes ne peut être que fantasmée. Une légende nous dit que l'ange de l'oubli vient appuyer son doigt sur la lèvre supérieure du fœtus avant qu'il ne naisse ; sinon il serait omniscient, ce qui est impossible à porter en ce monde.

Le retour aux sources serait toujours mythique, mais les mythes nous fécondent, et les saumons doivent savoir ce qu'ils font quand vaillamment, sur des kilomètres, ils remontent le courant des fleuves pour venir pondre leurs œufs à l'endroit de leur naissance.

I. LA PREMIÈRE ANGOISSE DE SÉPARATION

Les difficultés rencontrées par la recherche psychanalytique ne tiennent-elles pas pour une grande part à ce qu'elle a voulu « regarder en arrière » ? Non sans mal. Si l'on peut reprocher bien des choses à Freud, on ne peut lui retirer l'insigne mérite de s'être mis à l'écoute de la femme malade de son temps d'une part, et de l'enfance méprisée de l'autre. Mais sa propre histoire, la honte cachée de son père (1), l'attachement énorme qu'il portait à sa mère, lui ont, en chemin, barré la route en quelque sorte, et l'âge de l'Œdipe restera pour lui, – étant donné l'angoisse de castration qui y est associée – l'époque fondatrice de notre organisation libidinale.

C'est pourtant lui-même qui, dès 1909, dans une note de *La Science des Rêves* (2), reconnaît que la naissance, comme première angoisse de séparation, peut être considérée comme la source et le modèle de toutes les angoisses ultérieures. Cette thèse de la naissance comme prototype de toutes nos séparations, de toutes nos pertes de repères, de toutes nos crises et de toutes nos angoisses associées, Otto Rank (3) va la soutenir systématiquement. Les arguments que Freud (4) lui oppose alors sont très intéressants, car il lui reproche de présenter le traumatisme de la naissance comme un pur mécanisme universel, marquant chacun du sceau de la séparation ombilicale originelle, sans que soient prises en considération les circonstances particulières de chaque naissance, les réactions de chaque protagoniste de l'évènement. Certes ! Mais des circonstances particulières de ce passage essentiel pour chacun, il fallait avoir la curiosité ; il fallait surtout vaincre beaucoup de résistances. Ni Freud, ni Rank lui-même ne s'y emploieront. Le magnifique travail de Ferenczi fut également et plus violemment encore combattu par Freud, peut-être justement parce qu'il avait su, dès cette époque, entendre la plainte du bébé au cœur de celle de l'adulte. Car l'ambivalence est certaine.

Revenir en arrière, « repartir à zéro », re-connaître nos origines, nous le désirons bien d'une certaine manière, car nous savons que nous devons accoucher de nous-mêmes. Mais du tout-petit en nous, de sa dépendance entière aux adultes, matérielle et affective, de sa sensibilité prodigieuse, nous ne voulons plus, – devenus « grands », – en entendre parler. Alors c'est inconsciemment que nous allons rejouer notre naissance. C'est le cas notamment de la femme, quand elle accouche, ce qui n'est pas sans conséquences. C'est

---

(1) Marie BALMARY, *L'homme aux statues*, Grasset, 1979.

(2) Sigmund FREUD, *La Science des Rêves*, PUF, 1973.

(3) Otto RANK, *Le Traumatisme de la Naissance*, trad. française J. DUPONT, Payot 1962.

(4) S. FREUD, *Inhibition, Symptôme, Angoisse*, PUF, Paris.

aussi le cas de certains accidents de voiture qui peuvent être interprétés comme l'effort fait pour être éjecté de nouveau d'un ventre transporteur, et l'on peut constater parfois que l'accidenté (qui a eu de la chance !) se porte mieux par la suite. Des naissances par césariennes, par forceps vont, à des moments critiques, faire retour dans nos réactions plus ou moins inhibées ou exagérément violentes.

Mais cette première angoisse de séparation, prototype ou non de toutes les autres, c'est peut-être dans l'acte sexuel que nous la rejouons la plus intensément, et bien malgré nous. On y chercherait à retrouver ces « *territoires de vie et de mort mêlées* » (5), cette expérience si violente de fusion-défusion. Ne vaudrait-il pas mieux être un peu plus conscients de ce qui interfère ainsi, de notre passé, dans nos précieux présents ? Les initiations parlent bien de la nécessité de se refaire germe pour renaître à d'autres niveaux de conscience, mais que nous propose notre temps, et que sommes-nous prêts à aller interroger ?

II. CE QUI SE JOUE DANS UNE NAISSANCE

Je me suis longtemps demandé pourquoi le sadisme était statistiquement plus répandu dans les salles dites de « travail » des parturientes que dans les bureaux d'une quelconque administration. Qui n'a pas entendu parler, et de nos jours encore, d'une horrible histoire d'accouchement ? Bernard This (6) a dressé la liste des inimaginables tortures techniques inventées par les obstétriciens au cours de ces derniers siècles de civilisation. Arrêtons-nous seulement à la position allongée encore imposée la plupart du temps de nos jours à la femme en travail. A une de mes amies qui demandait spontanément à s'accroupir : « Mais le bébé va sortir ! » s'est affolée la sage-femme ! Nous n'en voulons pas de ce bébé, car il nous ramène à notre ultime fragilité, quand ce fut l'heure de ce passage si douloureux où, d'un univers porteur et protégé, nous avons été

---

(5) S. FREUD, « Problème économique du masochisme », in *Névrose, Psychose et Perversion*, PUF, 1974.

(6) B. THIS, *La requête des Enfants à Naître*, Paris, SEUIL, 1982.

si violemment chassés. C'est seulement depuis peu que la douceur de l'accueil est recherchée, et certes pas de façon généralisée.

Qu'est-ce qu'une naissance ? L'arrivée dans ce monde de sa plus merveilleuse création, celle d'un « petit homme » ! et comment l'a-t-on ritualisée pendant des générations ? Avec une claque, en le prenant par les pieds comme un lapin, sous prétexte de le faire respirer. Il est vrai qu'on craignait qu'il ne meure, ce qui n'est presque plus le cas. Mais si vous sortiez, pantelant, de la plus terrible tempête, affolé de bruits, d'oxygène et de lumière, vous apprécieriez mal d'être mesuré et pesé, toutes affaires cessantes, plutôt que réchauffé, caressé, et remis au moins dans l'odeur de ce ventre d'où vous venez d'être irrémédiablement éjecté. Il faut croire qu'il s'agit que soit distancié, par un regard médical et technique, le message brûlant du regard de l'enfant nouveau-né, si profondément chargé d'éternité. Je m'en voudrais d'oublier ici de rendre hommage en passant aux progrès de cette médicalisation qui a considérablement réduit le pourcentage des morts à la naissance, et des mortes en couches. Mais toute peur, toute violence n'en ont pas été réduites pour autant. Si la Mort ne rôde presque plus, trop de choses se jouent encore au moment d'une naissance.

Je voudrais évoquer ici une autre sage-femme, et je le fais avec un grand respect car elle m'a beaucoup fait réfléchir. Nous étions au troisième jour d'un séminaire de dynamique de groupe. Cette jeune femme au regard très dur était seule à ne pas s'être encore exprimée, ce qui donna à ses brusques paroles un saisissant relief : « Je sais pourquoi je fais ce métier ! pour entendre ma mère hurler tous les jours ».

Il y a là peut-être un condensé des problèmes que posent nos répétitions inconscientes. Cette femme avait un sérieux compte à régler avec sa mère. Nous avons tous des comptes à demander à nos parents. Mais elle se servait d'autres enfants pour régler les siens, et ce sont d'autres femmes que sa mère qui en recevaient la charge. Tous autant que nous sommes, ne déplaçons-nous pas, sur d'autres que nos parents, nos griefs refoulés ? Ne nous servons-nous pas d'autres enfants que nous-mêmes, les nôtres par exemple, pour que les questions se perpétuent sans trouver de réponse ?

Le travail psychanalytique cherche précisément à obtenir que les comptes se règlent avec l'analyste. Et, depuis Freud, l'avancée s'est poursuivie en-deçà de l'Oedipe. Nous savons que Françoise Dolto s'est beaucoup occupée de tout-petits. Winnicott a poursuivi la recherche de Mélanie Klein et de l'Ecole anglaise sur les nourrissons. Le travail de Michael Balint a rejoint celui de Ferenczi qu'on a fini par sortir de l'ostracisme où l'avait maintenu les critiques de Freud. On sait maintenant que le bébé est une personne. Mais est-ce suffisant ?

Ce qu'il s'agit aussi pour le sujet de retrouver, ce sont les circonstances particulières dont parlait Freud et qui accompagnent et spécifient pour chacun le traumatisme que nous subissons tous. Françoise Dolto (7) exprime bien cela : « *L'identité inconnue de chacun de nous, garçon ou fille, est sans doute arrimée à la liminaire et lumineuse perception du premier visage penché sur le nôtre. Ce regard brillait-il d'une expression d'amour en nous accueillant, nous, le nouvel hôte inconnu au foyer de nos parents ? Etait-ce un visage de technicien professionnel d'accouchement ? En tout cas, c'est le regard de ce visage humain, le premier repère à notre identité-valeur* ».

Quelle place m'a-t-on véritablement faite à ma naissance, dans la lignée qui me précède, dans les cœurs qui m'attendaient ? Quelle femme était la mère qui me portait ? Quels étaient ses rêves ? Quel était son environnement, ses rapports intimes avec mon géniteur ? Qui était cet homme là ? Qu'est-ce qui s'est passé au juste pour eux, entre eux, quand je suis arrivé(e) ? Les enfants sont très friands de ce genre d'informations. Même quand elles sont positives, on les leur fournit parcimonieusement et c'est l'aspect physique de l'évènement qui est surtout évoqué. Il est fréquent d'entendre que ça s'est bien passé, qu'il n'y a donc rien à en dire, qu'on a même oublié, parce que c'est « passé comme une lettre à la poste » ! Triste façon de décrire ce que fut la première rencontre.

Dans d'autres cas, les circonstances sont falsifiées, consciemment parfois, inconsciemment souvent. Sur quelle fausse version des commencements de mon histoire me suis-je alors constitué(e) ? Et qu'est-ce que, là encore, j'ai préféré moi-même ne pas savoir ? Même si le travail analytique part à la recherche d'autre matériel

---

(7) Françoise DOLTO, *L'image inconsciente du corps*, Paris, Seuil, 1984.

que celui fourni, il peut se trouver bel et bien arrêté par l'interdit que posent des mythologies familiales statufiées...

A la naissance de ma fille, j'avais déjà compris quelque chose, mais ce n'était qu'un début ; à savoir que l'enfant se donne à sa mère avec une intensité dont peut seulement fournir une idée celle de son regard au sien rivé quand elle l'allaite. Ce qu'on nous racontait, c'est qu'une bonne mère donnait d'emblée son amour à l'enfant qui n'était officiellement autorisé à lui sourire qu'au bout de trois semaines. Etait-ce le délai jugé nécessaire pour se faire à l'idée d'un pareil amour ? Une mère n'est pas toujours prête à en accueillir la force. Quand une femme accouche, nous le disions, elle rejoue, bien malgré elle, quelque chose de sa propre naissance et elle n'y est pas préparée. Par quel miracle ai-je été capable de recevoir les ondes merveilleuses de tendresse dont m'inondait le petit bouddha que j'avais dans les bras ? J'aurais pu – comme ma mère, et comme tant d'autres précisément inscrites dans les chaînes répétitives des fermetures à l'amour – refuser ce bonheur. J'avais été moi-même barrée dans ce premier élan vers ma mère, comme elle l'avait été vers la sienne. Je recevais avec ferveur cela même que je n'avais pu donner. Ma fille réparait ma naissance, et je m'en réjouissais ! C'était pourtant – déjà ! – la charger d'une tâche que j'avais à faire moi-même ; je ne le compris que plus tard. Nous ne cessons pas de demander à nos enfants de faire notre travail.

Et qu'en est-il du père à l'instant unique de l'arrivée de ce « nouvel hôte au foyer » ? Qu'on lui refuse d'y assister ou qu'on l'y traine, qu'il soit mort ou vivant, indigne ou valeureux, il est en tous les cas, dans un thème astral, le Soleil de la configuration du moment. A-t-il assez réchauffé le cœur de la femme, a-t-il suffisamment mûri avec elle le désir de donner vie, peut-il aujourd'hui fournir un contre-poids solide, une triangulation valable à ce duo aimanté de la mère et de l'enfant ? Que revit-il lui-même de sa propre naissance ? de l'accueil à lui jadis réservé ? Quelle place peut-il ouvrir dans sa lignée ? Quel nom peut-il donner ? Quelle parole peut-il dire ? Qui l'aide en cet instant ?

LE REBIRTHING

Dans une phase de démarrage, le patient est invité à amplifier à la fois le rythme et l'intensité de la respiration. Il lui est également demandé de mettre plus d'énergie sur l'inspir que sur l'expir, temps sur lequel il est au contraire recommandé de lâcher prise ; enfin, de lier inspir et expir sans laisser d'intervalle entre les deux mouvements.

Ces indications permettent de voir d'emblée que le rebirth est à l'opposé d'une perspective méditative comme celle du yoga ; dans les techniques de méditation, l'apaisement émotionnel, le silence intérieur sont recherchés, à quoi conduisent les respirations prolongées avec prédominance donnée à l'expir et à la pause faisant suite. Ces temps d'apaisement sont d'une certaine manière court-circuités dans le rebirth qui encourage l'hyperventilation et l'accentuation sur l'inspir, ce qui explique a contrario que le sujet y réactive souvent des états émotionnels intenses (et celui de sa naissance en était un, à coup sûr, associé à la première entrée de l'air dans ses poumons !)

A ces inductions, quelles sont les réactions du sujet ? Elles vont varier avec chaque individu, ce qui indique bien qu'il ne s'agit pas d'une technique programmée et que nous ne pouvons faire appel ni aux références traditionnelles, ni aux références purement scientifiques.

Le rebirthing n'est pas assimilable à une pure et simple technique d'hyperventilation ; car, si le sujet est laissé libre dans son exploration, il va rentrer dans le processus proposé avec son style personnel de résistance à l'émotion : certains, jouant la carte de l'effort sportif pour surmonter l'émotionnel, provoqueront les symptômes physiologiques associés à une hyperventilation excessive. D'autres auront tendance à exagérer la charge émotionnelle de l'expérience, ce qui est un autre moyen de la fuir ; d'autres refuseront purement et simplement l'obstacle et les encouragements à respirer ; d'autres enfin entreront dans le souffle avec plus de souplesse. En effet, après les premières inductions respiratoires, il est demandé à la personne d'essayer de suivre les rythmes qui se présentent, car il s'agit, plus que de respirer, d'entrer dans le fil de notre souffle, tel que notre histoire l'a tissé, avec les peurs, les affects, les enthousiasmes dont il aurait mémoire et que nous pouvons retrouver, en le suivant, à travers nœuds et blocages.

Si l'on cherche à établir un parallèle avec la technique analytique, on peut dire que le rapport de la respiration au souffle, en rebirth, est homologue à celui de l'association libre à la pensée. Le jeu des associations n'est pas plus scientifique que l'exploration respiratoire. Ce n'est pas davantage « Parle » que « Respire ». Encore moins « Parle bien » que « Respire bien ». C'est « exprime ce qui vient », « ce qui tombe dedans » (*einfall*) et « entre dans le fil du souffle comme tu t'y sens porté », « accueille ce qui surgit et qui fait irruption » – position opposée tant à la maîtrise qu'à l'effort technique.

Et, alors qu'en analyse, les pièges à éviter sont la censure ou le verbiage, ceux du rebirth sont la rétention ou l'hystérisation. Il s'agit de se maintenir sur une crête très rigoureuse qui permet d'éviter l'un et l'autre écueil.

Le souffle, dans son droit fil, permet cette rigueur. Porté sur lui comme sur une planche à voile, nous pouvons traverser les vagues émotionnelles qui se présentent, sans les fuir ni nous y livrer corps et biens et, ce qui est peut-être le plus important, sans jamais perdre la conscience qu'il s'agit d'un travail qu'on est en train de faire, et que l'affect qui bouleverse, ici et maintenant, appartient à un autre temps de l'histoire, subtile distance qui permet d'en parler en même temps à celui qui accompagne.

JALLAN,
Psychanalyse et dynamique du souffle, p. 83

III. EN DEÇA DU LANGAGE : LE REBIRTH

Le chemin des saumons est un très long chemin. Les origines de la psychanalyse, précisément, empêchèrent peut-être à l'époque mon analyste de m'emmener jusqu'aux sources qui m'appelaient, mais, étant donné le parcours qu'il fit lui-même, il ne fut cependant pas étranger au fait que mon destin me fit heureusement rencontrer Dominique Levadoux-Feuillette ; c'était en 1978. Elle était de retour de Californie, d'où elle ramenait la technique dite du *Rebirthing* qui devait donner au travail analytique une complémentarité et un approfondissement très précieux, en nous permettant de remonter, dans l'histoire du patient, en deçà du langage.

Il est intéressant de noter au passage que ni elle ni nous n'avons réussi à imposer un autre nom que celui de *Rebirth*, malgré l'assimilation qui peut être faite entre notre travail et celui d'autres thérapeutiques actuelles, plus légèrement conduites. Le terme « Renaissance » étant vraiment trop chargé, nous parlons souvent de dynamique du Souffle et de respir, mais le concept de naissance insiste. Il n'a pas tort. Si notre propos thérapeutique n'est pas du tout de chercher à induire spécialement un revécu des origines, néanmoins, au moment du passage initial, toutes les cartes sont distribuées, d'où son importance unique. Les astrologues ne s'y trompent pas.

Qu'est-ce-que le Rebirth ? Je renvoie au livre *Renaître* de Dominique Levadoux-Feuillette, qui introduit le Rebirth en France en 1977, ainsi qu'au travail qu'avec plusieurs analystes nous avons publié sous le nom collectif de Jallan, *Psychanalyse et Dynamique du Souffle* (8). Le Rebirth est une méthode thérapeutique qui utilise le fonctionnement respiratoire comme vecteur d'exploration. Il est délicat de parler – et notamment à l'intention de pratiquants du Yoga qui font, avec le souffle, un travail ô combien subtil – d'une méthode où la respiration va être utilisée de façon en quelque sorte empirique, volontairement empirique. Je cite : « *Le rebirth propose une exploration de nos possibilités respiratoires. Celles-ci se sont trouvées enrayées pour une grande part par les chocs de notre histoire affective, d'autant plus que la respiration a, de tous temps, eu partie liée avec l'émotionnel. La méthode permet de rencontrer ces blocages respiratoires et souvent les souvenirs qui y sont associés (souvenirs de sensations, d'images, d'émotions, d'évènements, etc.)* ».

_____

(8) JALLAN, *Psychanalyse et Dynamique du souffle*, p.83.

C'est ainsi que s'est trouvé heureusement associé pour nous, au travail de la parole, celui du souffle. Il est dit quelque part que « *le Souffle et la Parole sont les deux mains de Dieu* » ; et nous avons, en toute modestie, été amenés à toucher de près les patients que nous emmenons dans cette expérience régressive.

Que se passe-t-il au juste pour que le patient retrouve ainsi, souvent, une grande intensité d'affects refoulés ? Le processus garde une grande part de mystère, ce qui ne nous paraît pas dangereux ; la prétention de savoir ce qui se passe pour l'autre, et comment, l'est à nos yeux davantage. Je fournirai néanmoins deux hypothèses en réponse à la question. La première a une prétention scientifique : sur le plan physiologique, l'hyperventilation provoque, paradoxalement, du fait d'une vasoconstriction capillaire cérébrale, une carence en oxygène au niveau du cerveau et, en conséquence, une baisse de la fonction intégrative, amenant la levée de certaines barrières et un état modifié de conscience. La seconde est plus poétique et nous parle peut-être mieux : nous avons tous fait l'expérience qu'il suffit d'une chansonnette ou d'un parfum, l'un et l'autre portés par le souffle, pour qu'une émotion lointaine nous bouleverse à nouveau dans l'instant. Nous ne nous inquiétons pas de savoir comment s'y prend le souffle pour nous surprendre ainsi. C'est ce qui se passe en rebirth ; les cellules ont une mémoire, les scientifiques le savent maintenant, et en soufflant sur les braises, le feu se rallume.

La théorie analytique a particulièrement bien montré comment le refoulement coupe nos représentations de l'affect qui y était associé. Nous voulons bien nous rappeler, intellectuellement, les évènements lourds de notre histoire – et encore pas tous – mais nous en avons détaché la charge affective. Le souffle, en rebirth, les associe de nouveau. Dans quel but me direz-vous ? Le refoulement en effet serait le meilleur et le plus économique des échappatoires, si les symptômes et la maladie – et parfois sur plusieurs générations – ne venaient pas exprimer ce dont se souviennent les cellules et que nous voulons taire.

Une jeune femme qui a subi l'inceste durant une longue partie de son enfance et qui pouvait en parler calmement, me bouleversait après son travail de rebirth où elle recontactait des émotions dramatiques, parce qu'elle concluait : « alors, c'était vrai ! ». Cruelle reviviscence ! qui a fini par la libérer de terribles douleurs ; elle avait pu crier et dénoncer le crime ; son corps n'avait plus à en témoigner.

Comme nous le disions, et cet exemple le montre bien, nous voyons que l'expérience du rebirth ne fait pas retour sur le seul trauma de la naissance, mais que celui-ci est inaugural, comme est alors inaugurale notre rencontre avec le souffle. Même si nous nous gardons bien d'induire quoi que ce soit, nous observons comment c'est en réalité l'origine que cherche le patient, et à travers le puzzle de ses résistances et des chocs retrouvés, c'est la place exacte qu'on lui a faite sur la terre qu'il prétend cerner pour donner à sa vie, le plus librement possible, un sens adapté.

Certains soutiendront que cette prétention est de l'ordre du leurre absolu. D'autres chercheront dans le rebirth des résultats bien différents. Ils y verront d'une part que le corps peut y retrouver la conquête de son autonomie respiratoire, et de son indépendance fondamentale. Certains autres pourront goûter, à travers l'expérience, à un niveau supérieur de conscience, lorsque le souffle nous illumine. Et tout cela peut s'observer. Le corps se souvient et l'esprit sait. Mais c'est surtout dans la zone intermédiaire du psychisme que nous pataugeons et que nous appelons à l'aide pour nous y retrouver dans les informations contradictoires que notre mental a reçues. Je cite à nouveau Françoise Dolto : « *Cette première séparation sera donc appelée castration ombilicale. Elle est concomitante de la naissance et elle est fondatrice, dans les modalités de joie ou d'angoisse qui ont accompagné la naissance de l'enfant en sa relation au désir des autres* » (9).

Alors, au risque de schématiser, je dirai qu'en effet, tenter l'expérience du rebirth et « revisiter » notre naissance peut nous permettre de faire le tri entre ces « modalités de joie ou d'angoisse » qui ont tissé nos relations dès l'origine. Quels qu'aient été nos parents, ils nous ont fait subir quelque chose de leurs angoisses, ils nous ont donné un écho de leurs joies. C'est ce que je voudrais maintenant illustrer.

---

(9) Françoise DOLTO, *L'image inconsciente du corps*.

IV. « LA GROTTE PARFUMÉE DE MA GESTATION »

Dans un premier temps, regardons du côté positif que nous méconnaissons souvent. Si je suis en mesure de chercher le sens de ma vie, c'est qu'elle m'a été donnée. Certains même diront que je l'ai choisie. Quoi qu'il en soit, il a fallu que du désir existe et se fasse chair, que le corps de la mère, sinon son cœur, accepte pendant un minimum de sept mois cet étranger désirant sans doute lui-même – c'est ce que nous dit F. Dolto – dans une complicité biologique nécessaire.

Il est rare que, dans l'expérience du rebirth, le sujet, à un moment ou un autre, ne retrouve pas ce monde merveilleux de la sécurité première, « *la grotte parfumée de ma gestation* » – comme dira une participante de nos groupes. Il peut y avoir connu déjà bien des troubles et des agressions – nous le verrons plus tard – mais il a de toute façon eu le temps de recevoir du vivant positif, et le patient en retrouve l'accès.

Et ce peut être régénérateur. Je voudrais évoquer ici le moment décisif d'une thérapie avec celle de mes patientes qui m'a le plus appris ; Louise est son nom : « *C'était au cours d'un travail en groupe. Elle avait voulu respirer seule mais elle m'appela vite à l'aide : "il y a moins de solitude du côté de la mort" – me confia-t-elle avec gravité. Je l'encourage à continuer dans le souffle ; alors, dans un calme relatif pour qui connaissait sa violence, elle contacta – je reprends ses paroles – "la trouille absolue de son jeune père et la force destructrice de sa mère". En détresse, elle demanda : "Je suis une larve, qu'est-ce qu'on fait quand on est une larve ?" Que répondre dans l'urgence ? Aucune théorie, dans ces cas-là, ne vient vous soutenir. Je suggérai pourtant qu'en tant que larve, elle ne devait pas être vraiment seule et que tout un tas de cellules devaient l'entourer. Elle continuait de respirer amplement : Non, dit-elle en se redressant, je ne suis pas une larve, "je suis un embryon !"* » (10).

Ce moment exemplaire illustre plusieurs choses, et d'abord cette force du désir de vivre qui s'affirme du côté de l'humain malgré

---

(10) JALLAN, *Op. Cit.*, p.67.

les défaillances des géniteurs. A partir de là, Louise ne pourra plus soutenir qu'elle n'aspire qu'à la mort. Elle la cherchait pourtant dans son travail même ; et c'est une tentation de l'expérience pour certains : jouer avec l'hypoventilation, chercher le moment d'avant-tout, l'en-deçà, hors des déceptions éternelles « *où il y aurait moins de solitude* », jusqu'à toucher pour certains à l'ultime instant de la conception, semble-t-il ? « *feu d'artifices, gerbes d'étoiles* » parfois, ou, plus tristement « *centre attirant d'une sphère sans couleurs* ». De la vie a été reçue, captée, acceptée. On ne peut pas retourner en arrière. Aucun patient n'arrête de respirer ; il a depuis longtemps fait le choix de vivre et il peut ressentir que des moments de sa gestation ont été bons.

Il devient difficile après cela, disons-le au passage, de penser à l'avortement, de penser seulement à trafiquer la date de naissance. Les revécus de naissances prématurées sont particulièrement douloureux. Mais toute naissance est douloureuse. Le rebirth en fait revivre les différentes phases : celle des contractions, de l'étouffement, de l'issue aperçue, de l'énergie désespérée mise à sortir. Il permet de recontacter les avatars possibles de l'événement, mais, dans tous les cas, on a compris combien l'athanor qui nous lâche nous a été précieux, combien nous y avons été attachés, quel beau travail il s'y est fait. « *J'ai retrouvé l'ami perdu* », disait avec nostalgie une patiente en évoquant le placenta dont elle avait goûté de nouveau l'irremplaçable compagnie.

Au plus négatif des sujets, le rebirth peut redonner le goût du bon à vivre de ce moment-là. Non, il n'a pas tout de suite été rejeté comme il le prétend. Il n'a pas toujours été seul. Et le voici maintenant parmi nous, ce courageux bébé ; c'est le moment de l'accueil. En général, on a davantage de renseignements sur une naissance difficile que sur une naissance où « rien n'était à signaler » !

Il arrive alors que des scénarios de naissance prétendument mauvais puissent se rétablir à travers l'expérience du rebirth. Contrairement à ce qui a été décrit de négatif quant aux circonstances physiques ou psychiques, la rencontre revisitée est délicieusement chaleureuse. Je me souviens d'un moment de ce type. La patiente parlait de sa mère comme de quelqu'un qui ne l'avait pas du tout désirée, avec laquelle elle avait toujours dû se battre. Et d'ailleurs, dans le travail avec moi, elle se montrait opposante et résistait ferme à mes encouragements à respirer. Elle cherchait la confrontation. Je proposai donc, dans le souffle, où elle avait fini par entrer, mon front contre le sien. Le tête-à-tête était violent, mais l'obéissance au rythme qui s'imposait fit basculer la situation, et c'est tout son grand corps vigoureux qui s'abattit mollement sur mon ventre, celui d'un gros nourrisson triomphant, épuisé, en sueur, dont l'aorte abdominale battait très fort et qui me souriait. L'émotion positive était immense pour moi comme pour elle, qui ne douta plus que sa mère l'avait bien accueillie malgré tout, et leur relation ultérieure s'en trouva modifiée. De tels moments sont difficilement descriptibles, objectivables, mais, pour les protagonistes, leur authenticité ne peut être mise en doute : Eros a triomphé !

V. VÉRITES LIBÉRATRICES

Il nous faut regarder maintenant la part négative des modalités de notre naissance. Toute incarnation est difficile. Certains démarrages sont dramatiques et le rebirth ne peut rien réparer. On ne revient pas en arrière ; mais il peut nous restituer ce qui a été spécifiquement, authentiquement et douloureusement subi ; et c'est très important.

Donnons tout de suite un exemple, en l'opposant au précédent. Une patiente vient de retraverser l'épreuve de l'éjection ; la voilà comme abandonnée sur la grève, très triste. Elle ne cherche pas mon regard – mauvais signe ! – et se plaint d'avoir froid. En manque de couverture, je saisis mon manteau que j'aime, en mohair, et je l'en enveloppe en la frictionnant tendrement ; mais tout ce que je peux faire convient mal : mon geste est mesquin, ma couverture rêche. De la zibeline le serait : ce qui n'a pas été ne peut pas être. Seulement, en en parlant plus tard dans le groupe qui lui renvoie son insistance à refuser, la patiente comprend pourquoi, partout et toujours, elle a du mal à recevoir ce qui est donné ; qu'il lui a fallu partout et toujours dénoncer le « rêche » du premier moment. La vérité est redonnée ; on n'a plus à la traquer partout.

Car le négatif est difficile à reconnaître par les parents, par l'enfant. Que de mensonges ! que de secrets ! et le patient détective doit, malgré lui, comme Oedipe, partir à la pêche de vérités cruelles mais libératrices : elle aurait préféré ne plus avoir d'enfant ; mon père avait une maîtresse ; elle n'aimait que les garçons alors qu'elle prétendait le contraire, etc... Que de jalousies shakespeariennes auxquelles on peut rendre une noble légitimité ! Et enfin que de refoulements !

Il existe en effet surtout de lourds non-dits inconscients. Le sait-elle ? cette mère désespérée, enceinte pour la seconde fois, battue par son mari, notable bien pensant, courant chez son père pour une protection qu'il lui refusait et retournant donc au foyer, le sait-elle que, dans son ventre, l'oxygène transmis au foetus par le cordon va subir des coupures graves, au rythme des stress successifs ? Des recherches pointues ont été menées en Amérique (11) sur les souffrances foetales : au bout d'un certain temps, le foetus ne fera plus confiance au retour de l'oxygène ; il redoutera l'ultérieure coupure, et il aura appris, dès ce stade, à respirer a minima, à ne faire confiance à rien, ni à personne ; et l'on reprochera plus tard à la petite fille son mauvais caractère, à la femme ses tendances mystiques et suicidaires. Pour qu'elle se réconcilie avec elle-même le chemin sera long. Et de graves séquelles psychologiques peuvent se repérer chez tous ceux qui ont été portés dans la violence, celle de la guerre par exemple.

Mais il faut maintenant, et par-dessus tout, parler de la difficulté peut-être essentielle de toute thérapie, à savoir la protection inattaquable des parents par leurs enfants. Ce sont eux, les enfants – certains du moins – qui passent le contrat masochiste inconscient « à la vie, à la mort » : tu ne me désirais pas ; je prendrai aussi peu de place que possible, à jamais ; je connais ton malheur – je le porterai, te consolerai, te vengerai ; je ne trahirai jamais notre classe, etc... Je n'ai pas suffisamment admiré l'obstination de Louise à revendiquer la haine portée à sa mère et dont je savais bien qu'elle était l'envers de son attachement. Je voulais lui rendre le positif, mais elle insistait : « Je tiens, plus qu'à m'en sortir, à

_____

(11) W. HULL Californie – *Présentation des effets d'une privation prénatale d'oxygène P.P.O.*, 1988.

me plaindre d'elle à jamais ! » Elle avait trop peur et elle avait en somme raison – en tout cas, je ne l'entendais pas assez – de « se faire avoir », de retomber dans le contrat d'allégeance.

« Mes parents ont fait tout ce qu'ils ont pu » ; « j'ai eu une enfance très heureuse finalement » : la bonne éducation encourage à se taire. Il faut savoir que les traumas les plus subtils ne sont pas les moins graves ; ils sont en tout cas très difficiles à repérer et le souffle est alors particulièrement précieux. Louise refusait de s'identifier à l'agresseur, à celui – et ce peut être un bon parent – qui ne supporte pas l'enfant dans sa souffrance, qui le neutralise en quelque sorte. Nous le rejetons nous-mêmes, cet enfant malheureux que nous avons pu être. N'ayant pas la force de nous révolter contre les parents aimés autant qu'haïs, nous retournons contre nous-mêmes, ou contre d'autres dans la vie, la violence d'une révolte qui serait légitime, et qui se liquiderait en s'exprimant. Nous préférons penser que nous avons été non aimables plutôt que non suffisamment aimés, et nous perdons en route toute une énergie liée à ce masochisme.

Le contrat de protection peut aussi avoir été passé avec l'enfant martyr caché sous un père violent par exemple, violeur, alcoolique. Comment s'en prendre à un parent autant détruit déjà ? Comment s'en prendre à un mort ? J'ai vu un homme sortir de plus de cinquante ans de mise en veilleuse parce que le souffle du rebirth lui a permis de cracher enfin sur la tombe d'une mère vénérée, certes méritante, mais qui l'avait laissé tout à fait seul, tout petit.

Le rebirth peut soulever encore d'autres lièvres plus mystérieux : on peut avoir hérité, inscrites dans notre corps au niveau des cellules, de souffrances parentales non dénoncées, dans une étonnante transmission généalogique. Le souffle peut délivrer alors de réelles possessions par de l'Autre. Cette mise à jour des dommages non désignés et réellement subis ne vise pas à accuser les parents mais à leur rendre la part qui leur revient. C'est ce qui permet le déta-chement et le par-don. Redonner à chacun sa part d'ombre et sa part de lumière. Revisiter sa naissance peut donc nous aider à reconnaître la réalité du reçu autant que celle du subi et nous mettre sur le chemin de la réconciliation avec nous-mêmes, avec les autres.

Pour conclure, je voudrais évoquer ce qui est peut-être le plus important dans notre travail, à savoir les paroles que nous essayons de mettre sur le vécu de nos patients, le travail d'élaboration que nous tentons de faire avec eux. Je tiens à citer au moins ici le nom de mon collègue, Michel Armellino, qui m'accompagne, depuis le début, dans notre recherche de complémentarité entre la psychanalyse et la dynamique du souffle. C'est avec lui que j'ai toujours animé nos groupes de rebirth et cette mixité de l'animation est peut-être aussi importante que le double travail du souffle et de la parole.

En effet, la naissance n'est pas seulement séparation du placenta et du corps de la mère ; elle devrait être reconnaissance par la parole paternelle. Nous l'avons vu : si le souffle nous a donné obligatoirement une autonomie respiratoire, les paroles n'ont pas toujours été dites qui nous auraient inscrits à notre juste place. Nous tentons d'offrir aux patients à la fois le corps à corps dont il faut se défusionner et le champ symbolique de l'ordre du langage ; car c'est par la parole que chacun peut, à tous moments, accoucher de lui-même.

NAÎTRE DE L'ESPRIT

Il y avait parmi les Pharisiens un homme, qui s'appelait Nicodème, un des notables juifs. Il vint de nuit à Jésus et lui dit : « Rabbi, nous le savons, tu es un Maître qui vient de la part de Dieu : personne ne peut accomplir les signes que tu accomplis, si Dieu n'est avec lui. » Jésus lui répondit :

« En vérité, en vérité, je te le dis,
à moins de naître d'en-haut,
nul ne peut voir le Royaume de Dieu. »

Nicodème lui dit : « Comment un homme peut-il naître, une fois qu'il est vieux ? Peut-il une seconde fois entrer dans le sein de sa mère et naître ? » Jésus répondit :

« En vérité, en vérité, je te le dis,
à moins de naître d'eau et d'Esprit,
nul ne peut entrer au Royaume de Dieu.
Ce qui est né de la chair est chair,
ce qui est né de l'Esprit est esprit.
Ne t'étonne pas, si je t'ai dit :
Il faut naître d'en-haut.
Le vent souffle où il veut ;
tu entends sa voix,
mais tu ne sais ni d'où il vient ni où il va.
Ainsi en est-il de quiconque est né de l'Esprit. »

« Comment cela peut-il se faire ? » reprit Nicodème. Jésus lui répondit : « Tu es Maître en Israël et tu ignores ces choses ? »

« En vérité, en vérité, je te le dis,
nous parlons de ce que nous savons
et nous attestons ce que nous avons vu,
mais vous ne recevez pas notre témoignage.
Si vous ne croyez pas
quand je vous dis les choses de la terre,
quand je vous dirai les choses du ciel
comment croirez-vous ?«

Evangile selon Saint-Jean, 3,1-10

Geneviève GUY-GILLET

L'ÉPREUVE DU PASSAGE
DANS L'ANALYSE JUNGIENNE

J'ai fait, au cours de ma psychanalyse, ce premier rêve qui, à l'époque, m'avait beaucoup intriguée : « *Je suis seule dans un paysage de sable et de rochers et je m'avance lentement vers un étroit passage situé entre deux blocs de rochers. Au delà du passage, j'aperçois une étendue de sable sur laquelle s'érigent deux petits monticules. Alors que je sors du passage, un homme me lance un jet de pierres, qui, d'ailleurs, ne me blessent pas. Je poursuis mon chemin jusqu'à ces monticules, dans lesquels je sais devoir creuser. J'y découvre alors deux grands fossiles de poissons, que j'identifie comme étant des coelacanthes.* »

Que la quête des origines m'ait amenée à contempler ces très lointains ancêtres fût pour moi source d'un grand étonnement. Mais j'étais restée particulièrement intriguée par le geste de l'homme. Que me voulait-il ? Etait-ce une menace ? Un avertissement ? Même au delà des interprétations psychanalytiques de l'époque, quelque chose du sens profond de ce rêve me restait à étudier.

Par associations – ce mode de pensée que nous développons en psychanalyse – j'ai rencontré des images bibliques. Il est vrai que le paysage de mon rêve, fait de sable et de rochers, me rappelait le désert du Sinaï que j'avais parcouru depuis lors. Vrai aussi, que les mythes fondateurs de notre culture ont puisé, en grande partie, à cette source.

Parmi ces images, l'arbre de la Connaissance s'est tout d'abord levé devant moi, assorti de l'avertissement du prix qu'il faut payer pour y goûter. Son fruit a bien goût de vie et de mort. Nous dirions, en termes psychanalytiques, qu'accéder à la conscience, c'est se confronter aux pulsions de vie et aux pulsions de mort. Et que cette nécessaire prise en compte de la tension entre ces forces opposées peut s'éclairer du souvenir heureux du paradis perdu, ce que nous appelons aussi « narcissisme de base » dans notre langue de bois ! A côté du jardin d'Eden, une autre image biblique a trouvé sa place. Cette fois, je me retrouvais avec Jacob au passage du gué, contemplant cet étrange combat auquel un envoyé de Dieu le contraignit. Avant de le laisser franchir le passage, l'ange marqua Jacob dans son corps, de peur qu'il oublie avec qui il avait lutté. Ainsi, menace – ou avertissement –, sanction, interdit, combat, violence semblent accompagner la perte de l'innocence et marquer le passage d'un ordre à un autre, d'un état à un autre état. Il semble bien que l'homme ne puisse faire l'économie de cette épreuve...

Les deux rêves suivants, tout deux faits en cours d'analyse, témoignent pour l'un, de l'échec d'un passage, pour l'autre de ses difficultés.

Le deuxième rêve a pour auteur une femme en analyse avec Jung. Après avoir pris connaissance de ce rêve, qu'il appela « rêve de l'écrevisse », Jung préféra interrompre l'analyse. « *La rêveuse est sur le point de franchir une rivière. Il n'y a pas de pont. Elle trouve un endroit qui lui permet de traverser. Alors qu'elle s'avance, une énorme écrevisse surgit du fond de l'eau, la saisit au pied, ne la lâchant plus* ». La rêveuse se réveille angoissée. La problématique de cette patiente est telle, jointe à cette image du rêve, que Jung, intuitivement, a senti qu'il serait dangereux pour elle de continuer la traversée. Dangereux psychiquement, mais peut-être aussi somatiquement. Il a estimé que l'écrevisse, gardienne du passage apparaît ici plus forte que la capacité de cette femme à se confronter victorieusement à elle. Peut-être le pourra-t-elle plus tard, ou sous d'autres formes ? Peut-être jamais ?

Tout autre apparaît l'aventure de cette femme qui, après des années d'analyse, rencontre son épreuve sous forme d'une dépression dont elle ne comprend pas le sens. Elle fait alors un rêve qui lui révèle ce qu'elle vit et lui permet, en même temps, d'achever ce douloureux passage. « *La rêveuse est assise sur un petit mur qui surplombe la mer. Tout à coup, elle sent, venant d'elle ne sait où, une poussée dans son corps, qui la fait culbuter en arrière. Elle est précipitée dans une mer agitée dans laquelle elle s'enfonce comme dans un tunnel. Elle suffoque, craint de mourir. Elle entend alors une voix intérieure qui la rassure : "Non, non, tu as encore quelques bulles d'air à ta disposition". Dans le même temps, elle aperçoit une lumière qui marque la sortie du tunnel ».* Elle se réveille, à la fois épuisée et délivrée.

I. LES RITES DE PASSAGE DANS L'HISTOIRE DE L'HUMANITÉ

Quel est donc le sens de ces épreuves ? Pourquoi recourir à ces images de passage pour marquer des étapes de la vie ? C'est ce que nous allons essayer de découvrir... Puisque ces réflexions ont commencé par le chemin des coelacanthes, voyons d'un peu plus près où ils pourraientt nous mener. Vraisemblablement, ceux-ci nous invitent à remonter vers des temps très lointains, des temps où les hommes n'avaient pas d'autres armes que des pierres, tout comme celles qui étaient lancées par l'homme de mon rêve.

Les monticules dans lesquels étaient enterrés les deux fossiles ne seraient-ils pas une piste à suivre ? De fait, il semble bien que ce soit par la sépulture que l'homme a inscrit le premier rite de passage par lequel il affirmait son caractère humain. La fosse, la caverne scellée ou le tas de pierres érigées marquaient la limite qu'aucun animal n'avait encore franchie, et au delà de laquelle commençait l'aventure humaine.

Ainsi, peu à peu, l'homme a jalonné les étapes-clefs de sa vie par des cérémonies qui renouvelaient l'acte majeur de séparation des deux règnes – animal et humain – tout en signalant le double sens de ce passage qu'il avait dû emprunter pour accéder à la conscience et qu'il ne devait cependant pas oublier. En entourant de rites, non seulement la naissance et la mort, mais aussi l'avènement à la maturité sexuelle, l'accouplement, la procréation, l'homme reconnaissait par là qu'il puisait ses forces de vie dans ces mêmes instincts qui organisaient la vie animale. Mais cette pulsion de vie servait désormais un autre destin dont l'inconnu ne cesse de s'ouvrir devant lui.

A la croisée des rites de passage – souvent accompagnés de sacrifices vécus dans le corps et parfois même de mutilation – des interdits furent mis en place pour lutter contre l'attrait de l'ancien monde. Mais, l'angoisse du retour en arrière prit, peu à peu, la figure de dieux, de démons, tout aussi efficaces, sinon plus, que les interdits sociaux.

Pour l'aider dans cette lutte qu'il n'a cessé de mener, l'homme, au cours des millénaires de son histoire, a, tout d'abord, pris appui sur le groupe social où il vivait. Grâce à la cohésion de celui-ci, il a appris à dégager le sens symbolique de son parcours. Hors de cette énergie collective, il perdait sa voie, parfois même sa vie, comme en témoignent certains récits de ces temps archaïques. Les mythes fondateurs de la tribu des Achilpas illustrent cette idée. Cette société d'aborigènes d'Australie vivait dans l'errance et transportait, au cours de ses pérégrinations, un poteau considéré comme sacré, car autour de lui s'organisait l'espace de la vie. Il était le symbole de leur histoire et de leurs institutions. Autour du poteau, le monde s'articulait. Hors du poteau, le chaos menaçait. Un mythe de cette tribu raconte qu'une fois, le mas étant cassé, les membres de la tribu s'assirent par terre et se laissèrent mourir.

Or, que se passe-t-il à l'heure actuelle ? Si l'on peut observer la survivance de nombreux rites dans nos sociétés, leur valeur symbolique s'est estompée, voire perdue. Quelques îlots de sens sont maintenus, cependant, grâce aux traditions de petits groupes familiaux ou religieux, qui ont su garder vivante la valeur de ces rites. Mais ceux-ci, pour la plupart, ne sont plus assumés par la société qui laisse aux individus le soin de faire face, seuls, aux épreuves de la vie. La cohésion du sens, qui était autrefois assurée par le groupe social, a éclaté en fragments individuels. Il appartient désormais à chacun d'entre nous de le découvrir en soi. Il en est de même pour l'interprétation des mystères de la vie. Les grands mythes, porteurs de l'expression collective, se sont tus.

Pourtant, en chacun de nous, persistent des traces de ces récits qu'il est toujours saisissant de percevoir. C'est de l'observation de ces traces, laissées par les générations passées, que Jung a tiré sa théorie des archétypes, théorie qui sert de butée à nos hypothèses de travail. Il sera donc nécessaire de s'y arrêter avant d'approfondir les questions esquissées auparavant et qui pourraient être formulées ainsi : en quoi l'obtention de plus de connaissance – soit d'un accroissement de données au conscient – se vit-elle en rapport avec la mort ? S'agit-il d'une résistance de l'ordre ancien à se laisser déposséder de ses pouvoirs ? Ou bien d'une culpabilité, conséquence de cette dépossession ? D'où vient cette notion d'avoir à négocier, à s'acquitter un droit, à payer un prix ? Est-ce pour se concilier cet ordre ancien, pour l'amadouer, ou pour affirmer le droit de s'en libérer ? Toutes ces questions étaient mises en acte dans les cérémonies de passage au moyen de rites sacrificiels souvent sanglants. Enfin, nous pouvons nous demander pourquoi les temps forts de tension entre ces tendances opposées continuent à se référer à des modèles collectifs, à ces images de passage.

Dans l'épreuve qu'il doit affronter, l'homme s'appuie sur la tendance qui le pousse à accroître ses capacités de conscience. Ce processus, dit d'hominisation, le tire du monde animal dont il est sorti. Il y est aidé par ses capacités de lutte et de confrontation mises en forme dans son moi conscient, mais aussi par ce quelque chose de mystérieux qui serait vécu comme un état antérieur, un état de plénitude dont la réalisation serait pourtant toujours devant lui, quel que soit le caractère paradoxal de cette proposition.

Ce dernier point signifierait que, pour servir d'appui, cette plénitude, cette totalité que nous appelons Soi, ne peut être intégrée au moi que par fragments. Cela suppose un sacrifice mutuel, et de la part de cette totalité, et de la part du moi, qui fait le propre de notre expérience d'analyste.

II. LES ARCHÉTYPES, MODÈLES DE PASSAGE DE L'INSTINCTUEL A L'HUMAIN

La théorie des archétypes s'éclaire des travaux des éthologistes qui ont étudié les comportements instinctuels des animaux. Ces comportements sont organisés sur les schèmes moteurs propres à chaque espèce, qui se sont mis en place à partir des caractéristiques anatomo-physiologiques de l'espèce concernée. Dans l'environnement qui leur convient, ces schèmes tendent à s'actualiser ; l'ensemble animal-environnement dessine la forme même du comportement.

Cette approche n'est pas tellement éloignée de celle de Jung, qui fera de la notion de « modèle de comportement », le socle des archétypes. Quand il souligne, par exemple, que le schème organisateur des instincts d'une fourmi moissonneuse ne peut fonctionner que si tel type d'aide est fourni par l'environnement de cette fourmi, il entend que la forme du comportement total de celle-ci représente le sens de son instinct. Il applique la même formule à l'homme.

Les archétypes, dit Jung, sont des modes fonctionnels innés dont l'ensemble constitue la nature humaine. Ils représentent, pour l'homme, le sens de ses instincts. Ce sont donc des unités psycho-somatiques qui se manifestent à la fois dans le domaine physique par les comportements instinctuels, et dans la sphère mentale par des représentations psychiques. Ils se situent à la frontière du biologique et du psychique et tirent leur énergie des instincts. Ils servent le processus de l'hominisation – soit celui du « devenir conscient » –, dans la mesure où ils attirent cette énergie des instincts vers des comportements et des formes symboliques de plus en plus complexes, dont le langage est l'expression relationnelle.

On comprend que pour le conscient, cette notion soit difficile à assimiler. D'autant plus que comme le dit Jung, l'archétype en lui-même est une forme d'énergie qui tend à se réaliser mais qui ne pourra trouver son sens que par une représentation qui va l'éclairer. De même que l'inconscient n'est perceptible qu'à travers ses manifestations, l'archétype activé ne sera perçu qu'à travers ses représentations ou des modèles de comportement. Ces représentations archétypiques constituent donc un pont entre la phylogenèse et l'ontogenèse, entre l'univers rationnel de la conscience et le monde de l'instinct. Or, ces instincts – dont les trois formes de comportement sont d'ordre alimentaire, sexuel et agressif – préexistent à toute construction de l'appareil psychique. Ils ne sont pas mentalisables.

Jung émet alors la proposition suivante : les archétypes attirent l'énergie des instincts et leur proposent des modèles construits au cours des siècles, que l'homme actuel filtre afin de discerner les plus aptes à donner une expression à ce qu'il recherche. Ces archétypes peuvent s'actualiser uniquement s'ils sont repris dans une relation et un environnement qui leur donnent un sens. Faute de trouver une possibilité de se mettre en forme, les forces instinctuelles se manifestent dans toute leur violence. Leurs effets sont alors toujours ressentis comme mortifères. La plupart des psychanalystes donnent à cette violence archaïque le nom de pulsion de mort. On peut la voir à l'œuvre, entre autres, dans les états psychotiques. Notre expérience clinique s'accorde avec ce concept. Nous sommes amenés, de plus en plus, à reconnaître ces seuils critiques, à travers lesquels le passage se fait difficilement entre la sphère des instincts et celle des représentations.

Jung, dans sa théorie, n'a pas utilisé le terme de « pulsion de mort ». Néanmoins, il évoque ces tensions antagonistes qui, pour lui, sont issues d'une même énergie qui se polarise en positif ou négatif, selon le moment où elles se manifestent. Dans *Métamorphoses de l'âme et ses symboles* (1), il met en scène ces formes archaïques qui renvoient à l'archétype de la mère. A l'aide de symboles et de motifs mythologiques, il nous présente le drame de l'homme confronté à ces forces. Pour éclairer sa théorie, il prend appui sur l'aventure mythique d'un héros indien, Hiawatha, tirée d'un poème de Longfellow. Lors de son parcours, Hiawatha est amené, auprès d'une source, à tuer un chevreuil. Jung pense que le sacrifice de l'animal est en rapport avec la Mère-Nature en ce sens qu'il est une façon de triompher de cette mère de mort. Mais la visée, pour lui, est double. Car l'acte de Hiawatha est aussi un passage par lequel l'homme, en tuant l'animal, se distingue de celui-ci.

Ces thèmes sont repris dans de nombreux contes, comme celui de « La Belle et la Bête », où il s'agit de différencier la nature animale du monde humain. La capacité de combat, dont il est question dans l'histoire du héros indien, n'est pas sans évoquer la lutte de l'ange avec Jacob.

Dans ce contexte, Jung rappelle et précise que « traverser l'eau », « franchir un gué » équivaut à surmonter l'obstacle provoqué par la mère, qui, à ce moment-là, devient pour le sujet symbole de mort. Que la résistance provienne du sujet qui ne parvient pas à se séparer d'elle, ou de la mère elle-même qui désire toujours posséder son enfant, il faut, dit Jung, que meure la relation avec la mère. Mais de cela, on meurt presque soi-même. C'est dire que l'issue du combat reste toujours problématique.

Pourtant, même au cœur de la tragédie humaine, la question du sens, pour Jung, demeure posée. Quand il écrit, à la fin de sa vie :

---

(1) Le premier livre de Jung sur sa théorie des archétypes, paru en 1912, trad. fr. Genève, Georg, 1967.

« *La vie est sens et non-sens, mais j'ai l'espoir anxieux que le sens l'emporte* » (2), il met toujours, en contrepoids de la douloureuse séparation, le sens qui permet à l'homme de soutenir cette épreuve.

A l'appui de cette théorie des archétypes, le travail sur les rêves nous apporte la confirmation que nous sommes bien en présence d'une unité psychosomatique de l'image. Certains psychosomaticiens ayant pris en compte l'étude des rêves, viennent étayer ces découvertes de Jung. Le rêve apparaît alors comme une fonction au service de cette économie psychosomatique. Un psychanalyste freudien donne cette définition intéressante du rêve : « *C'est un régulateur unique, tant sur le plan biologique que mental, de l'intégration des expériences récentes au fonds commun des traces génétiques et de la mémoire ontogénique. Il survient comme s'il soudait à un passé très ancien la vie individuelle ou l'histoire d'un sujet qui se réorganise. C'est un processus organisateur du "self" – de cette capacité d'être entier – qui est structurant et éventuellement doué d'un pouvoir de guérison* ». Or, nous travaillons beaucoup sur le rêve, sur sa signification et sur sa capacité à relier l'histoire d'un sujet, non seulement à ses instincts, mais également à son passé. Jung avait d'ailleurs écrit : « *La fonction des rêves est d'essayer de rétablir notre équilibre psychique à l'aide de représentations qui, d'une façon subtile, reconstituent l'équilibre total de notre psychisme tout entier* ».

Dans notre pratique analytique, la relation si particulière qui se tisse entre les deux partenaires – le psychanalyste et l'analysant – servira d'activateur au processus archétypique. Plus on touche à ces seuils critiques, plus le transfert se vit intensément et plus l'analyste est engagé dans ce vécu du passage que va traverser l'analysant.

III. L'ARCHÉTYPE DU SOI, ORGANISATEUR DE LA PLÉNITUDE EN L'HUMAIN

Pour mieux comprendre la pensée de Jung, il serait intéressant de s'attarder sur le mode de fonctionnement d'un archétype parti-

---

(2) *Ma vie, souvenirs, rêves et pensées*, trad. fr. Gallimard, Paris, 1973, p. 408.

culier. Pourquoi, alors, ne pas partir de l'archétype central, considéré par un grand nombre d'analystes jungiens comme l'organisateur de la pensée : le Soi ? Celui-ci fournirait aux autres archétypes l'énergie liante qui leur permet de s'intégrer au moi, donc à l'expérience vécue que peut en faire le sujet. Pour Jung, le Soi est, à la fois, image de l'origine et image du but : ce dont on vient et ce vers quoi on tend. Ce Soi qui se manifeste en nous à travers notre existence individuelle est différent du moi : il est notre totalité psychique. S'aimer soi-même signifierait alors aimer cette totalité, et à travers elle, l'humanité toute entière.

Mais d'où vient ce Soi ? Il se forme dans le corps, tout d'abord, dès la conception, corps encore embryonnaire, uni au corps de la mère dont il tire sa substance. C'est la première unité inconsciente. On pourrait dire que la mère est l'enveloppe du Soi futur de son enfant. Après la naissance, le premier modèle de comportement structurant du Soi s'organiserait en fonction du rapport entre la mère et le bébé, et plus particulièrement de la façon dont celui-ci va recevoir la nourriture de sa mère.

France Tustin, psychanalyste ayant beaucoup travaillé auprès d'enfants autistes, a, elle aussi, défini un modèle de comportement – dans le sens jungien du terme – formé par la bouche du bébé, sa langue qui touche le mamelon du sein de la mère, mais aussi par la façon dont la mère tient son enfant et l'enveloppe d'un regard rayonnant. Les différentes étapes de cette séquence constituent « une bonne forme », cette base archétypique du Soi dont parle Jung. Elle évoque, dans ce contexte, les recherches de Jung et un des symboles majeurs du Soi, qu'il a repéré dans la pierre philosophale. Cette pierre, qui a le pouvoir de transformer les métaux en or, constituait la quête des alchimistes. Elle correspondait, pour Jung, à un symbole du but à atteindre, de cette totalité qu'est le Soi. France Tustin adhère à cette image du Soi. On ne peut retrouver, ajoute-t-elle, cette pierre si attractive que si on l'a déjà reçue, en d'autres temps et autres lieux. Son premier modèle ne pourrait-il être, alors, le regard de la mère penchée sur son bébé, le lien sensible et tactile qui les unit ? Cette proposition est à ce point vraie, que lorsque la mère n'est pas présente aux gestes qu'elle accomplit, l'image elle-même demeure incomplète et l'enfant ne peut constituer sa vraie totalité. La psychanalyse nous permet d'identifier le lieu où l'image initiale a fait défaut.

Nous allons suivre quelques-uns des avatars de cette origine du Soi, de cette totalité qui s'est constituée dans l'enfant, dont il va vivre et qui lui permettra de poursuivre son projet de vie. Un enfant de six ans m'est amené par sa mère. Aux dires de celle-ci, cet enfant ne pose pas de problème en classe, mais il refuse d'accéder au désir de son père qui souhaiterait qu'il fasse du judo, estimant qu'il serait très positif pour son fils d'apprendre à se défendre dans la vie. Au moment où je tends la main à l'enfant, je m'aperçois qu'il tient, dans ses mains, un oiseau mort. Sa mère m'explique alors, que depuis quelques temps, il cherche et trouve des oiseaux morts et qu'ils ne comprennent pas la signification de ce geste. J'invite l'enfant à s'asseoir auprès de nous pendant que je discute avec sa mère. Celle-ci m'apprend qu'il est très sage, mais très occupé par toutes sortes d'activités extra-scolaires qui ne lui laissent pas de temps libre. Au cours de la conversation, la mère prend, peu à peu, conscience du manque de liberté de vie de son enfant. Au moment de partir, l'enfant laisse son oiseau mort sur la table. L'été suivant, alors que je visitais le musée d'Epidaure, en Grèce, je retrouvais des représentations de l'enfant tenant un oiseau dans ses mains et le présentant à une femme. J'appris alors, avec émotion, que cette rencontre entre l'enfant et la femme recevant l'oiseau est un des grands symboles de la demande de guérison.

Je me souviens aussi d'une petite fille, handicapée moteur, séparée de ses parents depuis son plus jeune âge. Au moment de notre rencontre, elle avait près de trois ans et ne parlait pas. J'ai alors commencé avec elle une psychothérapie, à l'aide d'une poupée qui tenait lieu d'intermédiaire et d'interlocuteur entre nous. L'enfant, peu à peu, a pris confiance et nous avons pu échanger, au cours des séances, d'abord quelques mimiques, puis des sourires, et enfin les premiers mots sont venus. Un jour, que nous étions devant une fenêtre à regarder la rue, un hélicoptère, en volant très bas, fit un bruit impressionnant. L'enfant, alors, se rétracta de terreur et me cracha dessus, me signifiant que j'étais incapable de la protéger de ce qui l'avait blessée. Je compris, à travers ce geste, que je constituais pour elle la possibilité de retrouver une totalité qui lui avait manqué auparavant.

IV. OBSTACLES AUX PASSAGES ET SOMATISATIONS

Certaines somatisations qui se manifestent au cours de l'analyse sont à comprendre comme des passages : les uns étant des passages sacrificiels – le corps prend en compte ce que la représentation ne peut pas prendre – les autres, des remplacements involontaires d'une confrontation refusée, d'un deuil repoussé.

Je pense à une jeune femme, Alice, qui a découvert, en cours d'analyse, qu'elle ne vivait que pour nourrir sa mère. Cette dépendance se manifestait par le besoin qu'elle avait de s'occuper des autres, y compris sur le mode despotique sans pourtant en avoir conscience. Alors qu'elle commençait à se détacher progressivement de sa mère, et à attacher davantage de valeur à son projet personnel, elle tomba assez gravement malade. Il lui fallut du temps pour comprendre que sa maladie était encore un moyen de rester fidèle à sa mère et de refuser de sacrifier sa relation avec elle. J'ai ainsi rencontré plusieurs cas de femmes qui, au moment d'une explication très forte avec l'aspect négatif de la mère, somatisaient dans une maladie de seins, sous forme de kystes par exemple – le « mauvais sein » étant effectivement incorporé – comme si la nécessité s'imposait alors de sacrifier quelque chose à la mère sous peine de disparaître entièrement. Effectivement, l'opération terminée – le kyste enlevé par exemple –, le sujet avait effectué un passage, une séparation, un deuil de cette « mère de mort ».

Il semble bien que certains êtres ne puissent faire l'économie de ces passages dans le corps. Les épreuves qu'ils sont alors amenés à vivre nous éclairent sur ce qui a pu manquer dans l'inscription précoce de ce sentiment d'être entier, dont le corps est tellement partie prenante. Je me souviens encore d'une femme, qui, en même temps qu'elle désirait fortement faire une analyse, la refusait. A plusieurs reprises, ses rêves lui avaient signifié qu'elle vivait trop sur un plan conscient, et qu'ainsi elle évitait de se confronter à ce qui était représenté à travers les images oniriques par une dépression. Cette dépression était portée par quelqu'un d'autre, elle n'en saisissait donc pas le sens, n'étant, disait-elle, absolument pas déprimée. Elle continuait à venir assidûment, mais nous butions contre quelque chose qui ne pouvait être dépassé. Elle fit, un jour, un rêve, que je ressentis comme un avertissement très fort : une jeune femme ayant un cancer apparaissait dans un coin de la pièce où elle se trouvait, et se tenait devant elle. Ici encore, elle ne perçut pas le lien qui pouvait l'unir à cette personne. Néanmoins, je lui fis part de mon pressentiment. Or l'année suivante, elle déclencha effectivement un processus cancéreux. A la lumière de cette inscription dans son corps, elle prit conscience de cette dépression psychique qu'elle s'était refusée jusqu'alors, et du sens de son évitement.

Il apparaît donc que, dans les moments difficiles, l'homme retrouve spontanément ses anciens modèles de comportement et se relie à son passé, à son histoire. Mais, ce n'est que dans la mesure où il peut quitter le modèle ancien, originel, pour laisser se faire la voie symbolique, qu'il pourra se structurer.

Peut-être, en conclusion, faut-il rappeler que la vie est au service de l'Eros, et que de celle-ci émerge le sens, même s'il a beaucoup été question de pulsion de mort dans cet exposé. C'est dire aussi que l'énergie de liaison triomphe de la déliaison, et le symbolique du « diabolique » (3). La psychanalyse semble, ici, avoir un rôle à tenir. En remettant les énergies en circulation dynamique ouverte, elle aide le sujet à repérer les seuils difficiles – là où l'énergie se transforme en énergie de mort – et lui permet de trouver en lui les moyens de se confronter à ces phases délicates.

Pour certains – mais pour certains seulement – elle va ouvrir sur ce que Jung a appelé « le processus d'individuation » qui touche à l'accomplissement de l'homme, processus qui se vit souvent en dehors de l'analyse, et au delà de celle-ci. En termes jungiens, la psychanalyse nous ouvre à une dimension d'amour entre le Soi – cette essence de totalité – et le moi, amour qui ne peut s'accomplir que dans le sacrifice de la toute-puissance, de la jouissance imaginaire et de la contemplation narcissique. Amour qui se fait alors ouverture à l'autre... amour qui, né d'un douloureux passage, devient alors, le passage...

---

(3) « Diabolique » s'oppose étymologiquement à « symbolique » ; le préfixe *dia* – évoque l'idée de dispersion ; le préfixe *syn* – celle de rassemblement.

ETIAGE

Poisson échoué poisson vautré
poisson lourd
oreille de la grève appendice de la grève
déjection de fleuve de mer ou d'étang
primaire permienne carbonifère déjection

poisson gluant
pâle poisson des profondeurs
poisson ventre
poisson loque
poisson nu

nageoire aveugle
nageoire perdue
elle ne comprend pas que de soigner pourtant sa torsion
familière rien ne se passe
ni cette absence ni ce vide soudains
ni cette chose dure sur laquelle il lui faut s'élancer et qui
lui oppose maligne et catégorique résistance
elle ne connaissait pas son bonheur d'évoluer sans rien
craindre dans l'espace ancien fait pour elle

Heureux comme un poisson dans l'eau
Désuet comme un poisson assoupi sur la grève
Un poisson
pas encore mort
qui désespère de sa nageoire
si lente et si rétive à se muer en patte

Eliane MITTELMAN

L'ange reçoit l'âme du mort pour la conduire vers le paradis.
Fresque du monastère de Voronets (Roumanie)

Docteur Maurice ABIVEN

LE MOURIR,
PASSAGE NÉCESSAIRE VERS LA MORT

I. RÉFLEXIONS PRÉLIMINAIRES

Une mise en garde semble nécessaire pour commencer : il ne sera pas question ici de révélations sur des expériences plus ou moins extraordinaires aux confins de la mort. C'est en médecin, et simplement en médecin, que je rapporterai une expérience clinique.

La mort, le mourir, le mourant

Avant d'envisager d'aller plus avant dans cette réflexion sur la mort comme passage, quelques réflexions sémantiques s'imposent. Dans notre langue, le mot « mort » est employé pour parler de deux réalités, en continuité l'une avec l'autre, mais quand même deux réalités bien différentes. Le mot mort s'emploie d'abord pour parler du moment de la cessation de la vie. On dira : « il a eu une belle mort ». Ici, la mort est envisagée comme un passage, le passage de la vie au trépas. Le mot est aussi employé dans un autre sens, pour parler de l'état de celui qui n'a plus la vie. On dit : « il a trouvé la mort, il est entré dans la mort ». Et le mot décrit alors, non plus un mouvement, mais un état. Le mot « mort » correspond à l'instantané de la perte de la vie et, par la suite, à tout ce qui vient après. Ainsi, Xavier Bichat, lorsqu'il définissait la vie comme l'ensemble des forces qui s'opposent à la mort, faisait d'elle justement un état. Un linguiste pourrait peut-être expliquer qu'on n'ait pas trouvé d'autre terme ou qu'on ait utilisé le même pour décrire deux situations tout de même différentes.

Si l'on veut parler de la phase qui précède l'instant du trépas, on doit s'exprimer autrement. Aussi, depuis que l'on a commencé à s'intéresser de plus près à ce problème de la mort, on emploie volontiers l'infinitif du verbe mourir comme substantif, et on parle du « mourir » pour décrire toute la période qui précède et qui prépare le vécu de cet instant final. Et c'est de ce « mourir » dont le médecin peut parler surtout, parce que c'est de cela qu'il a une certaine expérience. L'acteur de ce passage, celui qu'on appelle « le mourant » et qu'on définit comme celui qui vit la dernière phase de sa vie, est encore un vivant. Et c'est parce qu'il est un vivant que les médecins peuvent considérer que ces malades relèvent de leur domaine.

L'après-vie ?

Ces distinctions sémantiques conduisent à réfléchir à la situation paradoxale des professions médicales, constamment confrontées à des mourants, fortement concernées par cette phase terminale de la vie. Or les connaissances médicales ne donnent aucun moyen, aucune compétence particulière pour parler de ce qui existe après la vie. Ce que l'on peut connaître de la mort comme état n'est en rien enseigné par l'exercice de la profession et, sans doute, ne peut pas l'être. Il semble impossible de prouver, par quelque expérience de psychologie ou de physiologie, qu'il existe une vie après la vie. La croyance en une vie au-delà, c'est la foi qui la confère, mais pas un traité de médecine : cette remarque a son importance à un moment où paraissent toute une série de livres qui pourraient induire l'idée que l'on prouvera un jour l'existence d'une vie après la vie (1).

Il faut délimiter aussi nettement que possible le champ de la science médicale. Passer au-delà relève d'un autre domaine, non pas inférieur, mais différent. Personne n'a rien à gagner à ce que

_____

(1) Je fais allusion à des travaux comme ceux de Raymond MOODY, *La vie après la vie*, ou de Patrice VAN EERSEL, *La source noire*.

des genres aussi différents que la science et la foi s'entremêlent dans une espèce de syncrétisme dont on ne pourra retirer grand-chose de valable.

La relation de la mort et de la maladie

Au risque de surprendre, je dirai que la mort n'a rien à voir avec la maladie, même si, dans le monde des soignants, la mort est très souvent considérée en quelque sorte comme une « maladie qui a mal tourné ». Dans la grande majorité des cas, la mort survient au terme d'une maladie, mais ce n'est pas toujours vrai : il y a la mort par accident... La maladie et la mort n'ont rien de commun ; elles ne sont pas du tout de même nature. La maladie pourrait se comprendre comme un avatar de l'existence après lequel on peut espérer se retrouver dans un aussi bon état qu'avant. Evidemment, il n'y a rien de semblable en ce qui concerne la mort, remarque qui a une grande importance parce qu'elle fonde tout ce domaine que jusqu'ici la médecine occidentale a complètement négligé. Depuis qu'elle est efficace, notre médecine, celle que nous connaissons, celle que l'on enseigne dans les facultés, celle que l'on pratique dans les hôpitaux, s'est attachée à soigner les maladies, et souvent avec succès, il faut le reconnaître. Mais, selon la très pertinente question de Vladimir Jankélévitch, comment cette médecine pourrait-elle se battre contre la mort ? Ce que la médecine peut faire et qu'elle a mal fait jusqu'à maintenant, c'est préparer le mourant à la mort, non pas en se battant contre la mort, combat injouable – imbattable au sens étymologique du terme – mais plutôt en accompagnant le passage : c'est là le rôle des soins palliatifs.

La médecine actuelle, par les traitements qu'elle emploie, a prolongé très considérablement un certain nombre de maladies qui restent cependant mortelles et, ce faisant, elle a très largement augmenté la durée de vie et le nombre des patients qui sont devenus des mourants. Autrefois, beaucoup de maladies laissées à leur évolution naturelle entraînaient une mort rapide ; maintenant (en particulier dans le traitement des cancers), on a des malades dont on est à peu près sûr qu'on ne les guérira pas, mais cependant à qui on donne six mois, un an, voire plusieurs années, d'une phase intermédiaire entre la vie et la mort.

Pour des raisons qui seraient trop longues à développer, notre société, notre microcosme intellectuel, le monde occidental, pense actuellement sur un mode binaire, au sens de l'informatique. On connaît le travail / le week-end ; Paris / la province ; la vie / la mort, mais on ne pense plus toutes ces réalités comme liées dans une durée. Il est probable que l'importance donnée aux mathématiques dans notre culture et dans la formation est en partie responsable de cette évolution qui tend à éliminer de notre réflexion la dimension de continuum, de temps qui coule. Or c'est justement cela qui fonde la reconnaissance de la phase du « mourir » comme une longue période de passage.

LES PHASES BIOLOGIQUES DU « MOURIR »

L'évolution-type

Pour la décrire, je vais prendre l'exemple des cancers, maladies dont l'histoire naturelle est assez bien connue actuellement, même si on ne peut analyser en détail tout ce qui se passe et toutes les causes d'évolution. Les maladies vasculaires, et maintenant le sida, se prêteraient à des schémas analogues. On sait aujourd'hui que tout commence, dans le cas des cancers, un très long temps avant que la maladie ne se déclare cliniquement. On admet volontiers que, parfois dix ou quinze ans avant que le malade n'entre dans la phase de maladie, une cellule se dévoie de ses fonctions normales, et se met à proliférer de manière anarchique sans être reconnue par l'organisme comme un élément dangereux. Elle n'est donc pas détruite par les processus immunitaires qui, pourtant, détruisent continuellement des cellules malignes, puisqu'un corps est toujours en train de se battre au sein de lui-même contre des processus aberrants qui se développent en lui.

On pourrait donc dire que le début du mourir commence avec cette première cellule anarchique qui n'a pas été contrôlée par nos processus immunitaires, et parler d'un « début microscopique » de la mort, si cette association barbare de termes signifie quelque chose. Cette phase peut durer un temps très variable, – certainement un assez grand nombre d'années – temps encore allongé si la médecine s'emploie à freiner l'évolution, et même à l'arrêter temporairement. Puis un temps vient où ces processus qui étaient seulement cellulaires et microscopiques deviennent cliniques, comme dit la médecine : des signes apparaissent. C'est une petite boule dans un sein, c'est un crachement de sang pour un cancer du poumon, et puis les traitements... l'évolution qui ne peut plus être contrôlée, des métastases, l'envahissement de tout l'organisme, et le patient qui progressivement sent lui-même que la partie est à peu près perdue... Il y a, après une phase où le patient est encore à peu près maître du jeu, un moment où il est obligé de s'aliter : il avait encore quelques possibilités d'autonomie, il les perd. Progressivement ses forces déclinent encore ; on évolue vers l'agonie, les derniers jours, la fin de la vie vraiment, puis survient la mort.

Les signes cliniques de la mort

La mort ? Elle se marque par des signes qu'il a bien fallu repérer mais, au cours de l'histoire, le repérage a varié, essentiellement avec la connaissance grandissante que les médecins avaient de la physiologie et de la physiopathologie. On dit ainsi que le mot « croque-mort » est né d'un geste pratiqué au Moyen-Age : on « croquait » un orteil du mourant pour savoir s'il était mort ou pas ; on se fondait là sur la sensibilité. Par la suite, on a accordé plus d'importance au souffle et à son arrêt ; pour faire la preuve de la mort, on mettait un miroir devant les narines : si le miroir n'était pas embué, on considérait que le malade était mort. Puis on a connu la circulation sanguine, et on a considéré que la mort survenait au moment de l'arrêt du cœur. Ces vingt dernières années, on a réalisé de plus en plus de greffes d'organes, ce qui implique de faire des prélèvements d'organes sur des cadavres, et parfois on a pu réanimer des cœurs qui s'étaient arrêtés. On a considéré qu'il fallait chercher d'autres preuves de la mort. On en arrive maintenant à l'exigence d'obtenir des enregistrements d'électro-encéphalogrammes, ou même des artériographies cérébrales, pour s'assurer de l'état de mort. Ces éléments de preuves répondent à la nécessité de donner une date précise de la mort.

Mais il faut savoir que la mort n'apparaît pas au médecin comme un évènement instantané. En particulier, les réanimateurs ont montré que certains malades qui avaient un arrêt cardiaque seraient, sans leurs interventions, certainement morts ; après un massage cardiaque ou un choc électrique, ils revivent, et quelquefois pour de très nombreuses années, et dans de très bonnes conditions. Les premières cellules qui meurent, nous le savons, sont les cellules cérébrales, nerveuses, puis des cellules fragiles comme celles des glandes endocrines, puis des reins, des muscles ; et c'est seulement plus de vingt-quatre heures après l'arrêt de la circulation que les dernières cellules osseuses vont mourir. Donc, la mort se déroule bien avec un étalement dans le temps : elle est un passage et absolument pas un phénomène instantané.

LES ASPECTS PSYCHOLOGIQUES DU « MOURIR »

Une pionnière : Elisabeth Kubler-Ross

Sur le plan psychique, le processus se déroule aussi sur une longue période. Il faut revenir ici sur les travaux de la psychiatre suisse Elizabeth Kubler-Ross. Depuis de nombreuses années, d'excellents travaux sociologiques, ceux d'Aries, de Vovelle, de Louis-Vincent Thomas ont décrit la mort dans nos sociétés avec beaucoup de pertinence et de finesse. Mais en Occident, depuis fort longtemps, personne apparemment ne s'était « assis » auprès des mourants pour écouter ce qu'ils avaient à dire : c'est là le travail qu'a accompli remarquablement Elizabeth Kubler-Ross. Psychiatre aux Etats-Unis dans un hôpital général, elle était assez désœuvrée parce que les médecins ou les chirurgiens de cet hôpital n'avaient pas besoin de l'aide d'un psychiatre, pensaient-ils. La demande vint d'un groupe d'élèves en théologie, d'élèves-pasteurs, qui se trouvaient confrontés à des mourants qu'ils avaient à visiter et avec qui ils ne savaient pas du tout comment s'y prendre. De là est parti un travail tout à fait fondamental pour l'aide aux mourants. Elizabeth Kubler-Ross, pendant deux ou trois ans, s'est employée à aller « bavarder » avec des malades de cet hôpital qui se savaient atteints d'une maladie mortelle. Elle a rapporté dans son premier ouvrage *On death and dying* (« Au sujet de la mort et des mourants ») les interviews de deux cents personnes environ, près de trois pour chacun des malades, soit environ six cents interviews, qu'elle a synthétisés dans ce travail. Pour la première fois se développe ici une réflexion d'ordre psychologique sur le vécu de la mort, du mourir, sur ce qu'éprouvent les gens qui vont mourir.

Les conclusions de cette enquête ont beaucoup surpris les médecins. E. Kubler-Ross les a résumées en une série de cinq phases, schéma peut-être un peu rigide, mais maintenant les personnes qui s'intéressent au problème de l'accompagnement des mourants ont toutes en tête ce schéma et il est extrêmement précieux :

1) Le refus : la première réaction d'un malade qui apprend qu'il est atteint d'une maladie mortelle est une réaction de colère ; cela n'étonnera pas le médecin ! Qu'il l'ait découvert par une subtile traverse ou qu'on le lui ait dit brutalement, il réagit souvent très violemment, et on le comprend. Il a une attitude de dénégation : « ce n'est pas vrai, ce n'est pas moi, ce n'est pas possible... »

2) La colère, fureur : quelquefois cette agressivité violente inquiète tellement les soignants qu'ils préfèrent ne pas l'aborder, et c'est certainement une des raisons pour lesquelles ils préfèrent ne pas dire la vérité sur un diagnostic.

3) Le « marchandage » (en anglais « bargaining ») : c'est assez volontiers pendant cette période que les gens font des vœux comme « si je guéris, j'irais à Lourdes... » Ces vœux sont d'ordre religieux ou d'ordre plus privé, par exemple : « peut-être que si je me réconciliais avec mon grand frère, ma petite sœur ou mon cousin Untel, peut-être que la mort me serait épargnée ?... » Il y a là une espèce de jeu avec le hasard, quelquefois avec la personnalité divine. Très variable selon les personnalités, l'hypothèse est qu'il y a peut-être un marchandage possible avec la vie.

4) La dépression : comment ne l'aurait-on pas, n'est-ce pas ! Cette dépression, il ne faut pas la voir comme un état pathologique, mais comme une réaction « normale » devant une situation tragique et douloureuse, qui est celle de la rupture que l'on va devoir s'imposer avec tout ce à quoi on a accordé du prix. Cette quatrième

phase, dans le public et chez les soignants aussi, on lui accorde une très grande importance car la crainte de la dépression ou du suicide empêche souvent de dire la vérité. Pourtant, en quarante ans d'exercice de profession médicale et dans un hôpital, je n'ai vu qu'un malade se suicider après avoir appris qu'il allait mourir et justement dans des circonstances telles qu'il découvert son état sans qu'on le lui dise, c'est-à-dire qu'il n'avait pu avoir aucun dialogue avec ses médecins. Mais cette phase dépressive, normale encore une fois, demeure toujours mise en avant comme un argument pour ne pas donner au malade l'information qu'il est pourtant tout à fait en droit de demander.

5) Vient enfin une cinquième étape – et celle-ci est peut-être la moins attendue – une phase de sérénité, d'acceptation. Trop souvent les gens bien portants croient que quelqu'un qui se découvre atteint d'une maladie mortelle va vivre ou dans la révolte ou dans la dépression sans jamais passer au-delà. Or l'expérience d'Elizabeth Kubler-Ross, et de tous ceux qui veulent la suivre dans son écoute des malades, est tout à fait formelle : si le temps est donné à un malade de vivre les différentes étapes de son mourir, il arrive à une phase d'acceptation et d'une certaine sérénité. On ne peut pas dire que cette sérénité ne soit pas teintée de tristesse, mais elle n'est plus de révolte, elle n'est plus de dépression, elle est vraiment de l'acceptation. L'expérience que je peux avoir des personnes que j'ai accompagnées confirme un sentiment qui pourrait s'exprimer ainsi : nous savons tous, autant que nous sommes, que nous mourrons un jour ; la seule chose que nous ne savons pas, c'est quand... Et c'est là dessus que nous essayons de garder un voile discret pendant longtemps. Pourtant ce que l'on entend dire aux gens qui sont arrivés dans cette cinquième phase, ce sont des phrases comme celle-ci : « Ah bon ! mon tour est arrivé ! ». Ceci ne peut se développer que dans une certaine durée. C'est ce qui fonde pour une part la confiance que le soignant investit dans l'accompagnement des personnes qui sont au terme de leur vie.

Les problèmes liés à l'information du malade

En décrivant les choses comme Elizabeth Kubler-Ross les décrit, on se situe du point de vue de malades déjà informés qu'ils sont atteints d'une maladie terminale. Or la coutume est encore trop souvent dans un pays comme le nôtre, du côté des médecins comme du côté des familles, de refuser au malade cette information ; on entend encore quelquefois dans les cimetières : « il a eu une belle mort, il n'a pas su ». Est-ce cela, une belle mort ? Dans nos sociétés cela est reçu comme tel. C'est notre société qui a choisi, depuis un siècle et demi, cette attitude de refus, de ne pas voir, au point maintenant que la mort – c'est un lieu commun de le dire – a disparu de notre société. On voit rarement un corbillard circuler dans les rues, et encore à Paris ils sont couleur lie-de-vin, justement pour passer inaperçus.

Or l'expérience auprès des malades, et en particulier des malades graves, montre que la grande majorité d'entre eux, pour ne pas dire la totalité, est beaucoup plus informée de son état que nous ne voudrions le croire. Le journal de Claude Roy, *Permis de séjour,* raconte d'une manière frappante comment il a découvert lui-même qu'il avait un cancer du poumon malgré les dénis des spécialistes et l'ignorance dans laquelle ils voulaient le tenir. C'est l'expérience quasi commune de tous les gens qui sont atteints d'une maladie grave, n'est-ce pas ?

Or comment peut-on imaginer aujourd'hui, comment les confrères peuvent-ils raisonnablement supposer qu'un malade à qui on a fait six ou douze séances de chimiothérapie et qui a perdu tous ses cheveux, puisse être assez innocent pour penser que tout cela découlerait simplement d'une petite inflammation ? Les informations que les soignants peuvent donner, mais aussi, comme dans l'expérience de Claude Roy, toute une série de non-dits qui ont été perçus, ne donnent pas la certitude qu'on est atteint d'une malade mortelle, mais suscitent en tout cas suffisamment d'inquiétude pour qu'au début de la maladie on s'interroge et qu'on éprouve un doute. Progressivement, quand la maladie s'aggrave, on prend conscience que les thérapeutiques qui ont été employées deviennent inefficaces et ce doute grandit jusqu'à devenir une quasi-certitude.

La très grande majorité des malades se réservent quand même une petite zone d'espérance. Et c'est un devoir, pour les soignants, de respecter cette petite zone d'espérance en refusant d'utiliser

« l'information-mitraillette », qui détruirait le fragile équilibre, oscillant entre doute, inquiétude, certitude.

Quand ensuite, la maladie évolue de plus en plus, quand le malade voit ses forces décliner et qu'il sent diminuer de plus en plus ses capacités, il est bien compréhensible que le médecin se trouve face à quelqu'un de très informé. Il n'est pas sûr pour autant que les patients parleront, et si les soignants ne veulent pas aborder le sujet, dans bien des cas ils seront d'une discrétion parfaite. Je peux rapporter ce propos entendu à l'Hôtel-Dieu : deux malades étaient dans une chambre, dans un service de maladies sanguines, l'un d'entre eux jésuite et grand intellectuel, et l'autre semblant ne s'intéresser qu'au tiercé, et vraiment très peu conscient de son état ; un soir ils discutaient tous les deux, et celui qui lisait le Parisien Libéré et faisait son tiercé raconte au jésuite qu'il est atteint d'une maladie mortelle, qu'il n'en a plus pour longtemps et qu'il le sait bien. Alors le jésuite lui dit : – « mais tu es invraisemblable, tu n'en parles jamais aux médecins, comment fais-tu ? » – « Je ne vais pas aller les embêter avec ça ! » Lui le disait clairement. Mais il y a beaucoup de gens, et quelquefois vis-à-vis de leurs très proches, qui ne veulent pas « embêter », ou qui ne savent pas comment engager un dialogue ; ils restent alors dans le silence et le non-dit jusqu'au terme de leur vie. Pourtant le passage progressif vers cette information et vers cette découverte progressive de sa fin prochaine est un des éléments de ce mourir que la plupart des êtres sont amenés à vivre.

A Montréal il y a deux unités de soins palliatifs qui fonctionnent, l'une depuis vingt ans et l'autre depuis quinze ans. Dans la première, une unité anglophone, l'Hôpital Royal Victoria, on prend les malades « comme ils sont » : s'ils sont informés de leur état, c'est très bien ; s'ils ne le sont pas, on les prend quand même. A l'hôpital Notre-Dame qui est l'hôpital francophone, on m'a dit : « Ici, tous nos malades ne viennent que s'ils savent qu'ils sont à la phase terminale de leur vie. » Alors, j'ai demandé : – « Mais et ceux qui ne savent pas... ? » – « Eh bien, ils ne viennent pas ! » Tout simplement ! Ils restent là où ils sont... J'avais trouvé, quant à moi, cette seconde attitude pratique, parce qu'effectivement il est plus facile d'avoir un dialogue avec quelqu'un de tout à fait lucide. Mais, compte tenu de notre mentalité française actuelle, on ne peut pas aller si brutalement à l'encontre des habitudes reçues.

L'important, c'est de cheminer avec le malade là où il en est ; le premier travail des soignants est d'essayer de comprendre, dans le dialogue avec lui, ce qu'il sait de sa maladie, ce qu'il attend d'eux, sans quoi ils ne peuvent lui être utiles. S'il veut aller plus loin, il aura compris qu'eux sont prêts à aller plus loin avec lui. Mais s'il veut s'en tenir à cette situation de silence, en particulier sur le terme, sur l'échéance de sa maladie, sa réserve doit être respectée, ce qui sera probablement moins facile, parce que moins clair.

II. ACCOMPAGNEMENT DES MOURANTS ET SOINS PALLIATIFS

Depuis une vingtaine d'années s'est développée en Grande-Bretagne d'abord, puis aux Etats-Unis, et au Canada, toute une réflexion sur l'accompagnement des mourants. Saint-Christopher's Hospice de Londres, un petit hôpital dans lequel Cecily Saunders a été vraiment « l'inventeur » des soins palliatifs a constitué une institution pionnière pour ce type de soins, dans toutes leurs applications (pharmacologie, psychologie, etc).

En France, depuis ces dernières années, une prise de conscience intéressante se fait. Deux initiatives ont beaucoup aidé la création de l'unité de soins palliatifs de l'Hôpital de la Cité Universitaire. D'une part un groupe de réflexion a été constitué en 1985 par Monsieur Hervé, ministre de la santé de l'époque, et qui était une commission ministérielle pour l'étude de l'aide aux mourants. Elle a fourni en 1986 un rapport que Madame Barzach a rendu public et qui a été communiqué à tous les directeurs d'hôpitaux publics, les responsables de la DASS, etc... Maintenant au moins les administrations savent de quoi on parle quand on parle de soins palliatifs. D'autre part, le public a été extrêmement sensible aux quatre émissions de Bernard Martino à TF1, « *Voyages au bout de la vie* » ; ces séquences ont rapporté de manière excellente toutes les expériences qui ont été faites dans les pays anglo-saxons sur ces problèmes de l'accompagnement des mourants.

En France, les premiers pas dans l'accompagnement ont été

Que ta puissance, ô Mort, est grande et admirable !
Rien au monde par toi ne se dit perdurable,
Mais, tout ainsi que l'onde à val des ruisseaux fuit
Le pressant coulement de l'autre qui la suit,
Ainsi le temps se coule, et le présent fait place
Au futur importun qui les talons lui trace.
Ce qui fut, se refait ; tout coule, comme une eau,
Et rien dessous le Ciel ne se voit de nouveau,
Mais la forme se change en une autre nouvelle,
Et ce changement-là, Vivre, au monde s'appelle,
Et mourir, quand la forme en une autre s'en va.
Ainsi, avec Vénus, la Nature trouva
Moyen de ranimer, par longs et divers changes,
La matière restant, tout cela que tu manges ;
Mais notre âme immortelle est toujours en un lieu,
Au change non sujette, assise auprès de Dieu,
Citoyenne à jamais de la ville éthérée,
Qu'elle avait si longtemps en ce corps désirée.

Je te salue, heureuse et profitable Mort,
Des extrêmes douleurs médecin et confort.
Quand mon heure viendra, Déesse, je te prie,
Ne me laisse longtemps languir en maladie,
Tourmenté dans un lit ; mais puisqu'il faut mourir,
Donne-moi que soudain je te puisse encourir,
Ou pour l'honneur de Dieu, ou pour servir mon Prince
Navré d'une grande plaie au bord de ma province.

RONSARD
Hymne à la mort

accomplis dans les services de gériatrie. Christiane Jomain dans
« *Mourir dans la tendresse* », (Centurion), Renée Sebag-Lanoë
dans : « *Mourir accompagné* », (Desclée) font état d'une expérience d'accompagnement de vieillards dans ces services. En particulier, le livre de Christiane Jomain est d'une qualité exceptionnelle par la densité de chaleur, de compassion, de cœur qui paraît
au travers de cette expérience faite « à mains nues », par des gens
qui ignoraient ce qui se faisait ailleurs, mais qui se sont trouvés

dans le contexte d'un service de gériatrie très mal équipé, avec des vieillards abandonnés, et qui ont pu complètement transformer l'ambiance de ce service, simplement grâce à leur intelligence et leur cœur.

Accompagner le mourant

Le mot accompagner décrit essentiellement un état d'esprit. On accompagne quelqu'un un bout de chemin, le long d'une route, de préférence vers un but que tout le monde connaît, enfin que les deux participants connaissent... Et accompagner quelqu'un dans sa mort, c'est justement « faire » avec lui, rester présent auprès de lui, être avec lui le plus longtemps possible, et jusqu'au terme si possible. Cette première tâche est à la portée de tout le monde, en tout cas de tous ceux qui ont pu dominer leur peur de la mort et qui ont pu prendre conscience que, bien que cela fasse partie des fantasmes qui évoluent toujours dans l'esprit de chacun d'entre nous, on peut accompagner un mourant sans être entraîné avec lui jusque dans la mort. Il y a en effet une angoisse de voracité du mourant qui va vous entraîner ; très bien décrite par De M'Uzan dans *Le travail du trépas*, cette crainte d'être emporté est un des éléments qui fait que l'on se tient à distance des mourants. Mais lorsque ce fantasme a été analysé, il devient possible pour tout un chacun d'accompagner.

On a souvent oublié les gestes à faire avec les mourants, la possibilité de prendre dans ses bras quelqu'un qui va mourir... faire ce que fait la nourrice de *Cris et Chuchotements* de Bergman, qui tient la mourante dans ses bras jusqu'au dernier moment. La revue « Autrement » qui a publié un numéro sur le mourir, a pris comme illustration de couverture cette très belle image. Effectivement, nous avons à réinventer tout un comportement auprès des mourants dont ces gestes là sont des éléments de base.

Mais les soignants peuvent faire plus. Et alors, le plus, ce sont les soins palliatifs.

Les soins palliatifs

Thérèse Vannier, la fidèle collaboratrice de Cecily Saunders à San Christopher, a défini ainsi les soins palliatifs : « C'est ce qui reste à faire quand on pense qu'il n'y a plus rien à faire ». C'est une formule remarquable, parce qu'elle s'oppose, dans le comportement des médecins aujourd'hui, à cette espèce de point de non-retour qui leur fait dire : « je ne peux plus rien ». En réalité à ce moment-là, on peut encore beaucoup. On ne peut plus rien pour guérir mais on peut encore beaucoup pour aider dans ce dernier passage, et cela dans différents domaines :

Premièrement, la prise en charge et le traitement des symptômes de la fin de vie, notamment de la douleur, et en particulier des douleurs cancéreuses. Toutes les statistiques vont dans le même sens, elles se confirment les unes les autres pour montrer qu'il y a environ 70 % des cancéreux qui, avant la fin de leur vie, ont des douleurs sévères justifiant une thérapeutique spécifique. Malheureusement, actuellement cette douleur de la fin de vie est très mal prise en charge par les médecins ; pour des raisons qu'il serait trop long d'analyser, c'est un symptôme qui « n'intéresse pas » les médecins. Or il faut savoir que, avec des thérapeutiques simples, à partir de dérivés de morphine utilisée par la bouche, on peut calmer complètement 95 % des malades douloureux, sans qu'ils perdent le moindrement la lucidité de leur esprit. On ne devrait plus lire dans les notices nécrologiques : « mort après une maladie longue et douloureuse » si les soignants s'efforçaient de tenir compte de la souffrance, et d'y appliquer les thérapeutiques appropriées.

Deuxièmement, la prise en charge de toute la symptomatologie de la fin de vie : la dyspnée, les troubles digestifs, l'insomnie, les ankyloses dues aux mauvaises positions, les escarres, les troubles mentaux etc... Tous ces symptômes peuvent quasiment être supprimés et on peut mettre le malade dans des conditions où il soit aussi confortable que possible.

Troisièmement, la prise en compte de la globalité de la personne, ce qui veut dire une attention à ses symptômes psychologiques, à son angoisse s'il en éprouve, à ses problèmes sociaux et familiaux, à ses questions spirituelles, s'il en a. Or, dans notre France démocratique et laïque, le domaine spirituel, dans les hôpitaux en particulier, est considéré avec beaucoup de révérence mais de discrétion : on décide qu'il relève du domaine du privé, aussi ne fait-on pas toujours ce qu'il faut pour des gens qui en auraient la demande. Autrement dit, il y a à promouvoir la pratique d'une « médecine globale ».

Le problème de la famille constitue la quatrième observation importante, et il faut s'y arrêter une minute. On peut supporter d'être séparé des siens pendant trois semaines ou un mois quand on sait qu'on va les retrouver parce qu'on sera guéri de la maladie pour laquelle on est hospitalisé. Cela devient inhumain d'être séparé d'eux, et pour les proches d'être séparés du mourant, quand on sait justement que c'est la fin et qu'on ne se reverra plus. C'est pourquoi, à l'Hôpital de la Cité Universitaire, nous avons prévu une grande surface de locaux pour la famille, puisque sur les sept cents mètres carrés de l'ensemble de l'unité, nous avons prévu 110 m^2 pour accueillir les familles sous forme de petits salons, de salles à manger, de cuisines, de salles d'eau qui permettent à des proches de vivre complètement dans l'unité pour être auprès des leurs jusqu'au dernier moment.

Une telle mutation n'est possible que grâce à la constitution d'une équipe : les soins palliatifs, pour être bien faits et complètement faits, nécessitent une équipe soudée, fixée sur le même objectif, qui est de faire en sorte que les derniers moments de la vie soient vécus le moins mal possible par ceux qui se seront confiés à elle. Une équipe, cela veut dire des médecins, des infirmières, des aides-soignantes, un(e) psychologue, un(e) secrétaire médico-social(e), et également des bénévoles.

Partout où il existe des services de soins palliatifs, que ce soit en Angleterre, aux Etats-Unis, ou au Canada, en Australie ou au Japon, il y a toujours des bénévoles. Et ce sont des bénévoles qui ont toujours demandé à s'occuper des mourants, ce qui doit nous amener à penser que c'est en fait la société qui demande à entrer dans les hôpitaux pour être auprès des mourants. Ce ne sont pas les soignants qui sont allés chercher la société, c'est la société qui est venue. Ce phénomène participe du même mouvement qui, il y a une vingtaine d'années, s'efforçait de démédicaliser l'accouchement, parce que la naissance était un phénomène qui n'était pas spécifiquement médical. Notre société est en train de prendre conscience que la mort n'est pas seulement le fait des soignants, et qu'il faut que la cité aussi soit proche, si les mourants ont besoin d'elle.

CONCLUSION

La mort, lorsqu'on ne s'y intéresse pas, est effectivement une maladie qui a malheureusement mal tourné, qui est vécue comme un échec pour les soignants. Mais chaque fois que la mort sera accompagnée, elle ne sera pas un échec, mais un succès. De plus, la reconnaissance d'un certain nombre de familles après une mort qui s'est bien passée est une très grande gratification pour les soignants. Il faudrait qu'on essaie progressivement d'enlever aux soignants cette idée, trop souvent avancée, que la mort est toujours un « raté » dans un hôpital.

Notre société française, européenne plutôt, a voulu la disparition complète de la mort, depuis la dernière guerre, peut-être parce qu'il y a eu trop d'horreurs pendant cette guerre... Les enfants en particulier ne savent même plus comment on meurt, ce que l'on fait avec un mort. La société n'a plus de rites mortuaires, sauf quelques communautés particulières, en particulier les israélites qui viennent d'Afrique du Nord, communautés très soudées, avec des liens familiaux très forts. Par contre, chez les chrétiens, on ne sait plus faire une veillée mortuaire, sauf peut-être au fond retiré de la Bretagne, et encore. Cette perte de rites est solidaire du désir de faire disparaître toute la mort, et du même coup aussi les phénomènes de deuil. On ne porte plus le deuil, on n'a plus le droit d'être endeuillé dans notre société !

Je suis tenté de penser que le passage au réel d'expériences comme celle de l'unité de soins palliatifs de la Cité Universitaire, la création d'associations de bénévoles ici ou là, cette réflexion sur la mort menée dans les Assises de yoga manifestent que notre société est en train de reprendre conscience de quelque chose d'important. Au jour le jour, ces initiatives paraissent dispersées. Mais il est probable que dans vingt ans, il y aura une nouvelle manière d'appréhender ces problèmes de la mort.

Ce que nous sommes en train d'inventer, de manière extrêmement fragmentaire, et qui a l'air d'être complètement dispersé pour le moment, ces efforts vont tous dans le même sens pour que dans quelque temps, – un temps raisonnable, – il y ait de nouvelles manières d'appréhender la mort que notre société recevra.

LES AUTEURS

Maurice ABIVEN

Médecin, fondateur de la première unité française de soins palliatifs, qui a ouvert ses portes à l'Hôpital Universitaire de Paris en Mai 1987. Il est président de l'Association Européenne de soins palliatifs, et auteur de *Humaniser la mort* (Seuil).

Anne FRAISSE

Psychothérapeute, formatrice, cofondatrice de l'Ecole Française d'Analyse Psycho-Organique, elle est membre dictaticien du Syndicat National des Praticiens en psychothérapie. Auteur de *La Fontaine de feu, enseignement et initiation avec Elie G. Humbert*, Albin Michel, 1994.

Geneviève GUY-GILLET

Psychanalyste jungienne, rédactrice en chef des *Cahiers jungiens de psychanalyse*, auteur du livre *La blessure de Narcisse*, Albin Michel, 1994.

Cyrille J.-D. JAVARY

Cyrille Javary étudie le Yi King depuis 1974. En 1980, il est parti à Taiwan pour se former au chinois. Depuis 1983, il accompagne régulièrement des voyages en Chine continentale. En 1985, il fonde le centre Djohi pour l'étude et l'usage du Yi King, qui publie la revue « Hexagrammes », consacrée à l'approfondissement et l'actualisation du Yi King. Auteur de plusieurs livres sur le

Livre des Mutations, notamment *Le Yi Jing, grand livre du Yin et du Yang* (Ed. du Cerf), il a dirigé récemment un ouvrage collectif *Les Mutations du Yi King* et une traduction originale du texte chinois (revue *Question de* n° 98 et n° 98 bis, éd. Albin Michel).

Françoise JEZE

Psychanalyste, maître de conférences à Paris VII en Sciences de l'Education, elle ajoute à sa pratique analytique individuelle celle de l'animation de groupes thérapeutiques où la dynamique du souffle s'allie à celle de la parole. Elle a initié, avec Michel Armellino, la recherche qui a donné lieu à la parution d'un travail collectif édité sous le nom de C. Jallan, *Psychanalyse et Dynamique du Souffle,* Dunod, 1988. Elle a animé un groupe de supervision pour les professeurs de la F.N.E.Y., et participé à plusieurs Assises de Yoga.

Andrée MAMAN

Docteur en médecine, spécialisée en électro-radiologie, elle pratique le yoga depuis une vingtaine d'années et enseigne l'anatomie et la physiologie à l'Ecole Française de Yoga. Elle a connu T.K.V. Desikachar qui a bien voulu l'accepter comme disciple et lors de nombreux séjours à Madras, elle a étudié avec lui les textes philosophiques qui sont la base et l'essence de cette discipline. Elle est présidente de la Fédération Nationale des Enseignants de Yoga depuis octobre 1992.

Yvonne MILLERAND

Elle devient l'élève de Lucien Ferrer en 1951, puis son assistante principale de 1953 à 1964. Elle a suivi à Madras l'enseignement de Sri *Krishnamacharya*. Au cours d'un séjour de neuf mois, elle découvrit la rigueur dans la tenue des postures, l'alliance du souffle et du geste, la richesse du pranayama. Yvonne Millerand reprit ses cours en 1966 ; elle participa à la création de la Fédération Nationale des Enseignants du Yoga, puis à celle de l'Ecole Française de Yoga.

François ROUX

Licencié ès-lettres et diplômé des Sciences Politiques de Paris il est concepteur-rédacteur en communication. La pratique du hatha-yoga et l'étude des enseignements traditionnels de l'Inde, de la Chine et du Japon l'ont amené à écrire, donner des cours et des conférences sur ces sujets. Vice-président de la Fédération Nationale des Enseignants du Yoga, il a contribué à la création de la Revue Française de Yoga et des Carnets du Yoga et participé, en 1988, à la rédaction du livre *Les Yogas, chemin de transformation*, (éditions Jean Seveyrat), et en 1993, à l'ouvrage *L'Energie, du physique au spirituel* (éditions Cariscript).

Jean-Pierre SCHNETZLER

Psychiatre et psychanalyste jungien, J.-P. Schnetzler s'est intéressé au bouddhisme depuis l'âge de dix-sept ans, a administré quelques centres bouddhistes, publié des articles dans les *Cahiers du bouddhisme* devenus *Dharma, La méditation bouddhique* (Albin Michel, 1994) et un récent ouvrage : *De la mort à la vie. Dialogue Orient-Occident sur la transmigration* (Dervy, 1995), qui a repris, développé et intégré la présente communication.

Annick de SOUZENELLE

Après des études de mathématiques, un diplôme d'état d'infirmière, une formation ès sciences humaines, une profession d'anesthésiste, puis de psychothérapeute, elle rencontre le christianisme orthodoxe occidental avec celui qui fut son maître : l'évêque Jean Kovalevsky. Elle apprend l'hébreu, pour mieux vivre le judéochristianisme. Elle consacre maintenant son troisième âge à enseigner ce qu'elle ressent comme l'ébauche d'une anthropologie qui replace l'Homme dans la dynamique de son accomplissement divin. Elle est l'auteur du *Symbolisme du corps humain*, (rééd.,

Albin Michel) de *La lettre, chemin de vie* (Dervy-livres) de *L'Alliance de feu* (Dervy-livres), de *Job* (Albin Michel), etc.

Ysé TARDAN-MASQUELIER

Chargée de cours en anthropologie religieuse à l'Université de Paris-Sorbonne et à l'Institut Catholique de Paris. Directrice de l'Ecole Française de Yoga, elle est l'auteur de *Le Yoga* (rééd. Plon-Mame, 1995), et de *Jung, la sacralité de l'expérience intérieure* (éd. Droguet et Ardant, 1992).

Patrick TOMATIS

Il a suivi l'enseignement du Yoga auprès de Nil Hahoutoff durant quinze années. Il commence à l'enseigner en 1969 tout en accomplissant des études de mathématiques. Depuis 1976, il est formateur d'enseignants à l'Ecole Française de Yoga de Paris. Actuellement, il participe à la formation d'enseignants dans plusieurs pays européens, remplit les fonctions de Secrétaire Général de la Fédération Nationale de Yoga, et de Président du Syndicat National des Professeurs de Yoga. Il a suivi une formation universitaire en informatique (Logique et Intelligence Artificielle) et en sciences cognitives.

Jacques VIGNE

Médecin psychiatre, il connaît à la fois les approches scientifiques occidentales de la psyché, et les approches traditionnelles indiennes de l'évolution psychique et spirituelle. Il vit en Inde où il pratique l'ascétisme. Il est l'auteur de plusieurs ouvrages dont *le Maître et le thérapeute* et *Eléments de psychologie spirituelle* (publiés chez Albin Michel).

Ysé TARDAN-MASQUELIER

BIBLIOGRAPHIE CRITIQUE
ET COMMENTÉE

Le thème du « passage » étant rarement traité pour lui-même, il faut en rechercher les expressions dans les témoignages et les enseignements transmis par différents courants spirituels. Nous avons donc élargi cette bibliographie pour permettre au lecteur de trouver son propre itinéraire de réflexion.

I. LES TRADITIONS

LES SPIRITUALITES AU CARREFOUR DU MONDE MODERNE : Traditions, transitions, transmissions, Centurion, 1994.

Faire le point sur les rapports difficiles des traditions et du monde moderne en prenant le temps de la nécessaire réflexion pour sortir du simplisme et des généralisations abusives a été l'idée force et l'ambition de ce colloque, organisé par la Fédération Nationale des Enseignants de Yoga. Les intervenants ont privilégié la dimension historique particulière de chaque fait religieux abordé afin d'en montrer le caractère pluriel. De fait, il n'y a pas la tradition ou la spiritualité, mais des traditions et des spiritualités, dans des milieux culturels d'origine ou d'accueil divers. Ainsi

il n'y a pas une mutation globale, mais des mutations différentes, contemporaines, complexes et intriquées. Quelques constantes néanmoins se dégagent : tout d'abord, la « quête de l'originel » qui se traduit par le besoin, ambigu, de retrouver du « primordial » ; ensuite la montée de l'individualisme qui entraîne l'effacement des instances régulatrices ; enfin, la volonté, de la part des différentes « traditions », de prendre la parole dans le monde d'aujourd'hui jusqu'à le modifier. Au terme de ce travail, la rencontre des religions – et plus particulièrement celles d'Occident et d'Orient – apparaît comme un des enjeux importants dans la confrontation des traditions et du monde moderne.

Ysé Tardan-Masquelier a dirigé l'édition de ce colloque auquel ont participé Claude Geffré, domini-

233

cain et théologien, professeur à l'Institut catholique de Paris, membre du Comité international de la Conférence mondiale des religions pour la paix ; Dennis Gira, directeur adjoint de l'Institut de sciences des religions à l'Institut catholique de Paris ; Joseph Maïla, directeur adjoint de l'Institut d'études sociales à l'Institut catholique de Paris ; Michel Meslin, directeur du département de sciences des religions de l'université de Paris-Sorbonne ; Jean-Louis Schlegel, enseignant à l'Institut d'études sociales et au Centre Sèvres.

HINDOUISME

Alain DANIELOU
Les quatre sens de la vie, Buchet-Chastel, 1984.

L'auteur, fervent de l'hindouïsme, porte un regard positif sur l'institution des castes et les conceptions souvent très modernes d'une société archaïque. On y voit le rôle intégrateur de la conception des quatre âges de la vie, la place occupée par les rites de passage, et par la réincarnation qui pèse d'un poids fondamental dans la quête d'un progrès personnel et dans la recherche de ce seuil et point de rupture qu'est la libération, *moksha*.

Margaret SINCLAIR STEVENSON
Les Rites des deux-fois-nés, le Soleil Noir, 1982.

Mine d'informations sur les rites et cérémonies qui constituent les fondements de la société brahmanique et sous-tendent aujourd'hui encore la vie des milieux orthodoxes, cet ouvrage étudie systématiquement les rites de passage. De la gestation à l'incinération, l'hindou change d'âge et d'état, il est de plus en plus consacré, répondant ainsi au nom qui lui est donné lors de l'initiation : *dvija*, ou « deux-fois-né », c'est-à-dire né à la vie spirituelle après avoir reçu la vie physique et psychologique.

Alyette DEGRACES-FAHD
Upanisad du renoncement, Fayard, 1989.

L'ascète, qui choisit « l'âge » et l'état du sannyâsa, le quatrième stade de la vie, rejette les insignes rituels du brahmane, et il part en errance. Son départ s'inscrit dans un double mouvement rituel, l'un pour le bien du monde, l'autre marquant une mort symbolique. Il part pour assimiler une sagesse déposée en l'homme à l'origine et qu'il lui faut retrouver.

BOUDDHISME ET TANTRISME

Walpola RAHULA
L'enseignement du Bouddha, Paris Le Seuil, 1978.

Walpola Rahula est un moine bouddhiste, docteur en philosophie, spécialiste de l'histoire du Bouddhisme à Ceylan. Ce petit ouvrage résume de façon remarquablement concise, claire et vivante les caractéristiques du Bouddhisme quant à l'attitude mentale qu'il implique chez ses adeptes (sens de la responsabilité, tolérance, non attachement, pas même à la vérité...) et à l'aspect réaliste (ni optimiste, ni pessimiste) qui fait sa force et son actualité. Les grands principes de la doctrine (origine et sens de la souffrance, recherche de la Vérité, recherche du Sentier du Milieu, nature de l'âme, rôle de l'attention et de la méditation) sont présentés de façon imagée et émaillés de nombreux exemples tirés de la vie du Bouddha et de ses moines, et de citations du canon pâli. Le dernier tiers de l'ouvrage offre une petite anthologie des textes fondamentaux du Bouddhisme (discours ou sûtra énoncés par le Bouddha).

MILAREPA

« *Documents spirituels* », Paris, Fayard, 1976.

Cette autobiographie relate l'itinéraire d'un très grand mystique tibétain qui vécut au XIe siècle. Récit imagé et fleuri, d'une immense portée spirituelle, il nous instruit de manière très complète sur le développement de cette forme tantrique du bouddhisme qu'est le tantrisme tibétain, ainsi que sur les relations peu communes que Milarepa entretenait avec Marpa, son maître et d'autres lamas qui le guidèrent à travers les nombreuses épreuves qu'il eut à subir pour son accomplissement.

Lama Anagarika GOVINDA

Les fondements de la mystique tibétaine, Albin Michel, 1960.
Le chemin des nuages blancs, Pèlerinages d'un moine bouddhiste au Tibet, Albin Michel, 1969.

Il nous paraît indispensable de ne pas séparer ces deux livres : l'un dessine fermement l'armature du monde culturel et spirituel dans lequel se vit l'expérience décrite par l'autre. Le lama est, sans doute aucun, un très grand maître : sa liberté intérieure n'a d'égale que sa soumission à la tradition dont il connaît les moindres fondements. Son enseignement part toujours d'une pratique : il est caractéristique qu'il ait choisi, comme plan des « *fondements de la mystique tibétaine* », les différents phonèmes du « *Grand Mantra* » : *om mane padme hum*. On comprend mieux cette importance donnée à la réalisation lorsque l'on tente de percevoir l'inten-

sité des expériences vécues au Tibet, auprès d'un véritable initiateur à travers lequel a pu se faire la nouvelle naissance du Lama.

Jean-Pierre SCHNETZLER

La méditation bouddhique, une voie de libération, rééd. Albin Michel, 1994.

La largeur de l'expérience de l'auteur donne une spécificité à son exposé : psychiatre, il connaît les pathologies de la vie spirituelle ; psychanalyste, il sait la force des pulsions et des affects, l'épreuve de la confrontation avec l'inconscient ; bouddhiste, et responsable de sessions de méditation, il connaît parfaitement les instruments, corporels et psychiques, de la mutation vers la sérénité consciente de l'ici-maintenant.

LA PENSÉE CHINOISE ET LE YI-KING

Claude LARRE

Les Chinois – Esprit et comportement des Chinois comme ils se révèlent par leurs livres et dans leur vie, des origines à la fin des Ming (1644), éd. Lidis-Brepols, Paris, 1981.

Tous les sujets majeurs des arts à l'histoire, de la médecine à la poésie, de la philosophie à la politique, y sont traités par un grand connaisseur. Claude Larre, non seulement aime ce peuple et sa culture, mais, ce qui est plus rare, nous fait partager ce sentiment grâce à une plume magnifique, un style ample et profond, qui porte la réflexion et nous entraine toujours vers l'essentiel. Ce gros livre (plus de six cents pages, agrémentées de nombreuses illustrations qui prolongent le texte) ne se lit pas d'une traite. Au contraire, à le déguster paragraphe par paragraphe, ou chapitre par chapitre, on s'aperçoit à quel point chaque partie est magnifiquement structurée.

François JULLIEN
Eloge de la fadeur, éd. Philippe Picquier, 1991.

Un petit livre dont le titre provocateur recouvre une réflexion délicate sur une idée trop vite classée. « *La fadeur des choses appelle au détachement intérieur. Mais elle est aussi vertu, notamment dans notre rapport à autrui, parce qu'elle est gage d'authenticité* ». Avec une légèreté et une finesse bien en harmonie avec le sujet, ce texte fait sentir la profondeur de la fadeur, cette vertu suprême du vide du cœur, où se rencontrent et s'entendent tous les courants de la pensée chinoise : taoïsme, confucianisme et bouddhisme. Cet éloge de la fadeur fait percevoir avec élégance et simplicité tout ce que nous suggèrent les arts de la Chine grâce à leur dépouillement et leur richesse allusive. Illustrations, poèmes, anecdotes qu'on y trouve commentés sont autant de portes qui s'ouvrent à cette réconciliation, que chacun de nous recherche, entre la sensation et cet « au-delà » où le sensible s'efface sans pour autant se couper du monde réel, que la subtile fadeur chinoise nous permet d'éprouver.

François JULLIEN
Procès ou Création – Une introduction à la pensée des lettrés chinois, Paris Seuil, 1989.

A travers l'étude des œuvres d'un penseur chinois du XVIIᵉ siècle, François Jullien, sinologue, mais d'abord philosophe, cherche à nous faire sentir la différence entre notre fond d'« évidences culturelles » et celui commun aux lettrés chinois. Particulièrement ici, notre conception du monde comme résultant d'une création (divine, pour les Chrétiens, « idéale », pour les platoniciens) alors que le monde lettré chinois y voit le résultat du Yin/Yang, d'un processus (le sens premier du mot procès). François Jullien nous offre une vision très pénétrante de ce que peut être la « morale » chinoise, allant jusqu'à nous faire saisir l'importance du vide, de l'écho, de l'effacement de l'auteur dans l'œuvre littéraire ou poétique. Un livre dense et enrichissant, où se trouvent en outre de magnifiques chapitres sur le Yi Jing, « modèle pour penser le devenir ».

Tao Te King – Le livre de la voie et de la vertu
Traduction Claude Larre S.J., éd. Desclée de Brouwer Bellarmin, 1977.

Présenter ce classique cardinal de la pensée et de l'éthique chinoise parmi des ouvrages tous voués à la spiritualité chrétienne, tient de la gageure, voire de la provocation. Pourtant, l'auteur propose juste de « *traduire mots, sens, rythmes, climats, pour frapper et entendre. Commenter pour converser* ». Là est toute la différence. Le commentaire qui éclaire cette traduction magnifique par sa finesse et son ampleur, n'est ni sinologique, ni théologique ; il est spirituel au sens fort du mot. « *Si on reconnaît que Jésus-Christ libère l'homme sans lui imposer ni logique particulière, ni vision déterminée de la nature humaine, l'aventure d'un tel commentaire devient réalisable, sérieuse et séduisante* ». « Le temps est venu d'une réconciliation de la logique développée en Occident et de la pensée de la vie méditée en Orient ». Car, conclut l'auteur en avertissement : « *Rien n'empêche plus de placer la Foi en Jésus-Christ au cœur d'une spiritualité simple, ardente et discrète comme celle dont le Livre de la Voie et de la Vertu m'a paru avoir donné l'enseignement* ».

TAN XIAOCHUN et LI DIANZHONG
Le Yi Jing en dessins, éd. You-Feng, 1992.

Cette bande dessinée bilingue, traduite par Wang Dongliang et Cyrille Javary, est traditionnelle par sa solide culture classique, son attachement au texte canonique, son option claire en faveur de l'utilisation du Yi Jing comme manuel de stratégie dans les passages quotidiens.

Cyrille JAVARY
Le Yi Jing, Cerf, coll. Bref, 1989.

En cent vingt cinq pages d'accès facile, l'auteur réussit à évoquer les aspects essentiels du Yi Jing : le premier chapitre est consacré à la structure, au délicat mécanisme d'horlogerie mis au point par les Chinois pour accompagner le changement. Le deuxième chapitre reconstitue l'extraordinaire itinéraire du classique chinois le plus consulté et de sa transmission à l'Occident. Le troisième chapitre est centré sur les ambiguïtés de la divination et sur la notion de signe. Le quatrième aborde la question du hasard. Il y a même un glossaire et une bibliographie.

Joseph NEEDHAM
La science chinoise et l'Occident, Allen and Unwin Ltd, 1969, trad. fr. Seuil, 1973, coll. Points sagesse.

Recueil d'articles et de conférences données par un biochimiste anglais devenu sinologue. Le cin-quième chapitre « Le temps et l'homme oriental », très dense, offre une analyse remarquable des différences qui séparent la pensée chinoise et la pensée occidentale d'origine grecque sur la question du temps, du présent et du changement.

JUDAISME ET CHRISTIANISME

Annick de SOUZENELLE
Le symbolisme du corps humain, de l'arbre de vie au schéma corporel, nouvelle éd., Albin Michel, 1993.
L'Egypte intérieure ou les dix plaies de l'âme, Albin Michel, 1991.
Job sur le chemin de la lumière, Albin Michel, 1994.

Quasiment tous les ouvrages d'Annick de Souzenelle traitent du passage d'un niveau d'être à un autre, par le biais d'une interprétation intérieure des grands textes fondateurs des traditions juive et chrétienne. Ainsi les dix plaies qui s'abattent successivement sur le pays de Pharaon pour l'obliger à laisser partir le peuple juif sont autant d'épreuves de l'homme sur le chemin de sa libération, de sa Pâque intérieure. Quant à l'histoire de Job, du Juste accablé par Satan avec la permission divine, elle marque autant d'étapes dans la mort du « vieil homme » et l'élévation vers la lumière.

André NEHER
L'essence du prophétisme, Calmann-Lévy, 1972 et 1983.

Livre admirable, un peu difficile à aborder. Le prophète, homme du souffle, est mis à nu et transformé par le passage, en lui, de la Parole de Dieu. Lorsque, chez certains prophètes, se lient le thème de l'Alliance et celui de l'amour conjugal, la connaissance devient amour et l'amour connaissance. Il y a là un passage tout-à-fait étonnant. Simple remarque : l'auteur, centré sur l'aventure spirituelle d'Israël, se montre souvent méprisant envers les autres traditions.

Marc-Alain OUAKNIN
Tsimtsoum, introduction à la méditation hébraïque, Albin Michel.

Rabbin et philosophe, l'auteur développe les pratiques spirituelles qui forment le cœur d'un des mouvements les plus féconds du judaïsme : le hassidisme, né au Moyen-Age, et qui connaît une deuxième floraison à partir de 1750 environ en Europe centrale et orientale.

Claude VIGEE et Victor MALKA
Le puits d'eaux vives, Albin Michel.

C'est la méditation d'un grand poète, Claude Vigée, sur le Cantique des Cantiques, Ruth, Esther, les Lamentations et l'Ecclésiaste, les « Cinq Rouleaux » lus à la Synagogue lors des fêtes juives.

Paroles des Anciens
Les Apophtegmes des Pères du Désert, Seuil, 1976

Thomas MERTON
La sagesse du désert. Aphorismes des Pères du Désert, Paris, Albin Michel, coll. Spiritualités Vivantes, 1987.

Au IVᵉ siècle après J.C., les déserts d'Egypte, de Palestine, d'Arabie et de Perse se sont peuplés d'un grand nombre d'ermites chrétiens. Ces hommes menaient là une vie de solitude et de labeur, d'ascèse, de charité et de prière, cherchant ainsi à dissoudre leur vieux moi superficiel « *pour laisser apparaître peu à peu l'être secret dans lequel le croyant et le Christ ne formaient plus qu'un seul esprit* » (Thomas Merton). Leur sagesse était connue et ils attiraient à eux d'autres hommes en quête de conseils. Humbles et silencieux, les Pères répondaient aux questions qui leur étaient posées de façon simple et laconique, préférant raconter une histoire bien concrète plutôt que d'énoncer des principes abstraits. Leurs apophtegmes laissent apparaître des hommes bons, calmes, pleins de bon sens qui connaissaient parfaitement la nature humaine et les choses de Dieu sans pour autant en savoir beaucoup sur Lui. Ils insistent sur l'importance de l'Amour dans la vie spirituelle car il surpasse la connaissance, l'ascétisme, la contemplation et la prière. Sans amour, les exercices de l'esprit, aussi élevés soient-ils, sont vides de sens et illusoires. Ce petit ouvrage propose une sélection de textes courts souvent présentés sous forme de petites histoires au contenu édifiant. L'introduction de Thomas Merton, moine trappiste, situe le contexte dans lequel vivaient les Pères du Désert et souligne les caractéristiques de ces hommes admirables et hors du commun.

Petite Philocalie de la prière du cœur
Traduite et présentée par Jean Gouillard, Paris, Seuil, (Collection « Points Sagesse), 1979.

La Petite Philocalie de la Prière du cœur constitue une anthologie de textes sur la prière du cœur tirés de la (grande) Philocalie, recueil monumental, regroupant de façon très exhaustive les enseignements de plus de trente contemplatifs, depuis les Pères du Désert jusqu'aux moines grecs du Mont Athos du XVᵉ siècle. Les compilateurs de la Philocalie avaient pour dessein de faire connaître aux fidèles orthodoxes russes la grande tradition de la prière de Jésus dont l'origine remonte aux anachorètes du désert d'Egypte et de mettre à leur disposition une somme de textes, extrêmement redondants, présentant la méthode d'oraison des pratiquants de l'hésychasme. Elle reste aujourd'hui encore un ouvrage très populaire en Russie, le livre de chevet des chrétiens fervents. La Petite Philocalie, plus sobre et plus maniable, permet d'aborder les textes essentiels de l'hésychasme et de se familiariser avec cette « technique » de contemplation qui implique une conscience particulière de la respiration. Et ce n'est pas sans nous rappeler la méthode yoguique du « japa ».

Récits d'un pèlerin russe
(Anonyme)

Paris, Le Seuil, Collection « Livres de vie », 1966.

Ce petit ouvrage anonyme paru vers 1870 est l'un des plus beaux textes spirituels de l'orthodoxie russe. Chrétien orthodoxe, le pèlerin est à la recherche de la perfection spirituelle. Pour tout bagage, il ne dispose que de deux livres : la Bible et la Philocalie. Ce pèlerin s'inspire d'un des plus anciens courants religieux de l'Orient chrétien : l'hésychasme, qui donne au cœur le rôle central dans la vie d'oraison. Pour nourrir le cœur, qui doit sans cesse être tourné vers Dieu, le croyant répète constamment « la prière de Jésus », sorte de « mantra » chrétien. Cette prière (sa technique, ses difficultés, son rôle fondamental pour accéder à la contemplation) occupe le centre de l'ouvrage.

A travers des récits très colorés et dans un langage simple, l'auteur nous instruit sur la Russie du milieu du XIXᵉ siècle, son histoire, sa vie sociale et religieuse. En suivant l'itinéraire de ce saint homme, nous rencontrons aussi ses maîtres spirituels : des moines, des starets, quelquefois aussi des hommes « ordinaires ». Au fil des pages, à travers de nombreuses rencontres, beaucoup d'aventures et d'épreuves, nous le voyons se transformer en « homme de lumière », habité de façon de plus en plus intense par la présence de Dieu.

LE CHAMANISME

Mircea ELIADE
Le chamanisme et les techniques archaïques de l'extase, Payot, 1978.

Travail de comparatiste qui couvre un champ immense, cet ouvrage, l'un des plus importants du maître de Chicago, s'efforce de définir une « catégorie de l'expérience religieuse ». Il offre d'abord une description, devenue classique, de l'itinéraire chamanique : vocation et recrutement, divers modes d'acquisition des pouvoirs, maladies et rêves initiatiques, initiation proprement dite ; puis il examine le symbolisme du costume et du tambour ; les ascensions célestes et les descentes aux enfers, en particulier pour accompagner les âmes des morts ; les thérapies. Il aborde les multiples cultures à chamans, dans leurs différences, tout en conservant l'idée d'une unicité d'expérience : « *Nous avons désigné l'expérience extatique comme un "phénomène originaire" parce que nous ne voyons aucune raison de la considérer comme le produit d'un certain moment historique, c'est-*

à-dire provoquée par une certaine forme de civilisation ; nous sommes plutôt enclins à la considérer comme constitutive de la condition humaine » (p. 392). Cet universalisme mystique, qui relègue au second plan les variations historico-culturelles a été souvent reproché à Eliade, comme un a priori. Il n'en demeure pas moins que le Chamanisme est l'un des plus magnifiques essais d'histoire des religions. D'Eliade, il faut lire aussi : Les religions australiennes ; Aspects du mythe ; Initiations, rites, sociétés secrètes ; Le sacré et le profane ; Le mythe de l'éternel retour ; La nostalgie des origines.

Tous sont en collections de poche, et de lecture aisée. Tous traitent des questions qui nous intéressent ici : initiations individuelles ou collectives, rites de passage de classes d'âges, morts et résurrections rituelles, seuils du profane au sacré...

I. M. LEWIS

Les religions de l'extase, Paris, 1977, trad. fr. de Ecstatic Religion – An Anthropological Study of Spirit, Possession and Shamanism, London, 1971.

L'auteur distingue les « cultes centraux », qui constituent l'idéologie dominante du groupe social ; ils sont moralisants et pratiqués par les couches dirigeantes ; et les « cultes périphériques », qui ne jouent aucun rôle dans le code moral, mais cristallisent des protestations qui ne peuvent s'exprimer autrement. Ces derniers sont souvent féminins, et généralement traversés par la possession, qui offre une possibilité de contestation de l'ordre établi : Lewis y range sans trop de distinction le chamanisme arctique et les manifestations extatiques qui ont cours dans certains groupes marginaux fleurissant sur les bords du catholicisme ou du protestantisme. L'analyse est intéressante en ce qu'elle met à jour les enjeux du pouvoir à l'intérieur de la sphère religieuse, mais elle est assez réductrice.

Mario MERCIER

Chamanisme et chamans, le vécu dans l'expérience magique, Belfond, 1977.

L'auteur, initié au chamanisme, donne une très bonne description du chamanisme de Sibérie et d'Europe du Nord, du cercle polaire arctique, incluant les Lapons et les Eskimos. Il refuse de faire du chamanisme « une religion » et du chaman un « prêtre ». Sa description recoupe largement celle d'Eliade. Il a aussi écrit : La nature et le sacré, initiation et magie naturelle, éd. Dangles, 1983, et a réuni un recueil de Chants chamaniques (éd. M. Tissot).

Carlos CASTANEDA

L'herbe du diable ou la petite fumée, Paris – Le Soleil Noir, 1972.
Voir, Paris, Gallimard, 1973
Le voyage à Ixtlan, Paris, Gallimard, 1974.
Histoires de pouvoir, Paris, Gallimard, 1978.
Le second anneau de pouvoir, Paris, Gallimard, 1979.
Le don de l'Aigle, Paris, Gallimard, 1982.
Le feu du dedans, Paris, Gallimard, 1984.
La force du silence, Paris, Gallimard, 1988.

En 1960, Carlos Castaneda, jeune anthropologue de l'Université de Los Angeles, spécialisé dans l'étude des plantes hallucinogènes, rencontre au Mexique un sorcier yaqui nommé Don Juan. Ce dernier, après avoir testé Carlos et mesuré son « inflexible résolution », qualité indispensable et fondamentale pour devenir « apprenti », accepte de lui transmettre sa science et de faire de lui un « homme de connaissance ». Commencent alors de longues années d'apprentissage, auprès de Don Juan et d'autres sorciers, apprentissage souvent ardu et douloureux qui prend parfois l'allure d'une aventure terrible et sans retour, où l'auteur, mené aux confins de lui-même, vit une transformation radicale de son être. Des relations extrêmement fortes s'installent entre Carlos et Don Juan ainsi que les autres sorciers et apprentis qu'il rencontre. Quel que soit son niveau de lecture et de compréhension, le lecteur est frappé par le caractère extraordinaire de ce maître sorcier qu'est Don Juan, par son étonnante pédagogie et par l'apothéose de cette relation maître-disciple où le maître, après avoir participé à la transformation radicale du disciple lui confère le titre de maître, assurant ainsi sa filiation.

Renverser les schémas connus, brûler tous les masques qui servent nos conditionnements afin de devenir « un homme de connaissance », voilà ce qu'enseigne le sorcier à l'anthropologue. Devenir « un homme de connaissance », c'est d'abord développer une écoute totale du corps, savoir accorder celui-ci aux tonalités du monde extérieur, apprendre à percevoir avec le corps tout entier, libérer le mental de cette surcharge d'activité que l'homme d'aujourd'hui s'impose et par là-même, chercher la vérité et non le savoir. Au cours de cette initiation, il apprend aussi à développer un nouveau rapport avec la nature ; celle-ci considérée comme « consciente » doit être traitée « impeccablement » de même que la création toute entière. Mieux encore, l'apprenti doit chercher à intérioriser le cosmos, à l'incorporer totalement jusqu'à créer un sentiment total d'unité avec le monde extérieur et pouvoir incarner l'esprit de chacun des éléments du cosmos. Autre thème récurrent de ces ouvrages : celui de la peur. Le « guerrier » cher à Don Juan doit cultiver en lui la force de poursuivre son apprentissage jusqu'au bout sans défaillir et surmonter avec succès toutes les épreuves les plus terrifiantes qui lui sont proposées pour extirper de lui ce fléau. Carlos est mis tout d'abord en situation d'expérimenter la peur afin d'évaluer soigneusement les sensations qu'elle génère et apprendre ensuite à la dominer en lui faisant face. La dominer aussi en se familiarisant avec la mort, et faire de celle-ci une alliée, un guide : « *Il existe un étrange et brûlant bonheur dans le fait d'agir en sachant que cet acte peut tout aussi bien être le dernier de sa vie. Je te demande de reconsidérer la tienne et d'accomplir tes actions en pensant à cela* ».

Sur Castaneda, Anne FRAISSE nous conseille : B. DURANT et M. MARGUERITE, *Castaneda, la voie du guerrier*, éd. de la Maisnie, 1981 ; *Castaneda, le saut dans l'inconnu*, ed. de la Maisnie, 1982. D.C. NOEL, *Carlos Castaneda, ombres et lumières*, Albin Michel, 1981. V. SKAVINSKA, *Rendez-vous sorciers avec Carlos Castaneda*, Denoël, 1989. G.N.V. CARVALAN, *Conversation de fond avec Carlos Castaneda*, Cerf, 1992. M. COCAGNAC, *Rencontres avec*

Carlos Castaneda et Pachita la guérisseuse, Albin Michel, 1991.

Sur le chamanisme amérindien : E. ZOLLA, *Le chamanisme indien dans la littérature américaine*, Gallimard, 1974. M. HARNER, *Chamane, les secrets d'un sorcier indien d'Amérique du nord*, Albin Michel, 1982 ; *Jivaros, hommes des cascades sacrées*, Payot, 1977. J. NEIHARDT, *Elan noir, mémoires d'un sioux*, Stock, 1977. Mc LUHANTERI, *Pieds nus sur la terre sacrée*, Denoël, 1974. S. BRAMLY, *Terre Wakar*, Laffont, 1974. H. SABINE, *Le grand parler, mythes et chants sacrés des indiens d'Amérique du Sud*. SUN BEAR, *La roue de la médecine*, Albin Michel, 1989.

Ecrits des femmes chamanes : L. HANDREWS, *Femme de pouvoir : la chamane*, L'Espace bleu, 1985. V. Mc INTYRE, *Le serpent de rêve*, J'ai lu, 1979. LAKOTA WOMAN, *Ma vie de femme sioux*, Albin Michel, 1992.

II. L'EXPÉRIENCE DU PRÉSENT

Marie-Madeleine DAVY
La connaissance de Soi, PUF, Collection « SUP » 1976.

« *La connaissance de soi se présente comme une recherche du sens de la vie, une recherche de la délivrance... d'une vérité qui apparaît et se manifeste d'une façon toujours neuve... Il est impossible de la définir sans en éprouver l'expérience...* » (p.14). Ainsi définie, la connaissance de soi implique nécessairement une interrogation, l'alternance du doute et de la certitude, une constante et méthodique remise en question. Attention, lucidité, totale acceptation de ce qui est et amour inconditionnel de la lumière sont indispensables au seuil de cet itinéraire qui « transforme l'homme en pèlerin » et font de lui un être en perpétuelle mutation. Mais, « *devenir un homme, se connaître, s'apprend comme un métier* » et des méthodes ainsi que l'aide d'un maître s'avèrent nécessaires car le but de cette démarche est complexe : il consiste à apprendre le silence, déjouer les pièges qui nous retiennent à l'extérieur de nous-mêmes et la crainte qui nous empêche de nous tourner vers notre fond, découvrir notre maître intérieur, celui qui se substituera de plus en plus au maître extérieur ; avoir conscience de notre unité et de notre dimension cosmique, renaître à notre propre lumière, à notre propre soleil. Ce petit ouvrage, clair et concis, va droit à l'essentiel. Il témoigne de l'universalité d'un courant de pensée ontologique en s'appuyant sur des textes issus aussi bien de la tradition occidentale que de celles de l'Orient grec, musulman ou hindou.

Sri Nisargadatta MAHARAJ
Je suis (1982) ; *Graines de conscience,* (1983) ; *Sois !* (1983), Ed. Les Deux Océans, Paris.

Ce grand maître était, semble-t-il, un petit homme modeste qui tenait à Bombay une échoppe de « bidi », les cigarettes indiennes. Né en 1897 et très tôt préoccupé du sens de sa vie, il rencontre en 1933 celui qui allait devenir son maître, *Sri Siddharameshwar Maharaj*, lui-même héritier d'une longue chaîne *(sampradaya)* de maîtres spirituels du Maharashtra. La vie de Nisargadatta n'offre rien d'insolite, jusqu'à sa mort, en 1981, et si son élève et traducteur, Maurice Frydman, ne l'avait rendu célèbre parmi les Occidentaux séduits par le Vedanta, en publiant en 1982 une centaine d'entretiens, il serait resté totalement inconnu. La lecture de ces dialogues maître-disciples n'est pas toujours aisée, car les affirmations jaillissent avec fulgurance, et il faut beaucoup de profondeur, d'écoute, de non-implication du moi pour entendre la fine pointe du message du non-dualisme... On peut penser que les entretiens relatés par les grandes Upanishad ont produit le même effet sur leurs contemporains que, sur nous, ces « Graines de conscience », qui sont aussi des perles de sagesse.

Ramana MAHARSHI

L'évangile de Ramana Maharshi, Paris, Courrier du Livre, 1970

En juin 1896, Venkataram a dix-sept ans et affronte subitement l'angoisse de la mort. En dépit de son désarroi et au-delà de cette peur fondamentale, il parvient à joindre la source de son Etre et découvre, derrière le voile de l'ignorance, l'Immortalité Pure. Il quitte alors sa famille, suit une voix intérieure qui le conduit sur les hauteurs de l'Arunachala, en Inde du Sud, dans un ermitage, et devient Ramana Maharshi. Cet ouvrage rapporte une série d'entretiens que le Maharshi donnait quotidiennement à ses disciples, à la manière de tous les grands sages de l'Inde. Représentant authentique de la pure tradition de l'Advaïta Vedanta, son enseignement est fortement influencé par l'expérience fulgurante et définitive qui le mit, très jeune, en contact avec le Soi. Pour lui, la clé de toute recherche se trouve dans la question : « *Qui suis-je* » et la réponse

« *Je suis le Soi* » ne peut que surgir spontanément d'une certitude acquise par l'expérience.

Ma Ananda MOYI

L'enseignement de Ma Ananda Moyi, Traduction et préface de Josette Herbert, Paris, Albin Michel, Collection Spiritualités Vivantes, 1980.

Une longue préface de Josette Herbert raconte la vie de Ma Ananda Moyi, son étrange « auto-initiation » (puisqu'elle n'eut aucune éducation ni aucun guru), ses fréquents moments d'extase, ses miracles. La sainte comptait un nombre impressionnant de disciples qui la suivaient dans ses continuels déplacements ou vivaient dans les dix-sept ashrams qu'elle fonda en Inde. L'attitude de Ma vis-à-vis d'eux variait d'un extrême à l'autre, selon les circonstances. Tantôt, elle apparaissait sous l'aspect d'une petite fille très douce, tantôt comme l'incarnation de la plus implacable sévérité, tantôt comme une mère ou une sainte paisible et radieuse. Sa compassion et son amour étaient, dans tous les cas, incommensurables. Certains disciples témoignent qu'elle pouvait irradier la joie et une sorte de lumière invisible capable de transformer certains d'un simple regard. Son enseignement, présenté sous forme de dialogues ou de conférences, insiste beaucoup sur l'importance de la *bhakti*. Il décrit avec beaucoup de précision les étapes d'une *sadhâna* (de nombreuses pages traitent du rôle du maître) et donne un éclairage précieux sur la philosophie et la métaphysique de l'Inde.

Svami RAMDAS

Carnet de pélerinage, Albin Michel, 1953.
Présence de Ram, Albin Michel, 1956.

Entretiens de Hadeyah, Albin Michel, 1957.

Svami Ramdas s'est avancé si loin dans la dépossession de soi qu'il ne pouvait plus parler de lui-même qu'à la troisième personne ; similairement, il ne pouvait plus se vouer à un Dieu personnel, mais, comme Ramakrishna d'ailleurs, il invoquait une Réalité transcendante unique qu'il considérait comme étant aussi bien Vishnu que le Christ ou Allah.

Eric EDELMANN

Métaphysique pour un passant, la Table Ronde, 1982.
Eclairs d'éternité, la Table Ronde, 1990.
Plus on est de sages, plus on rit, la Table Ronde, 1992.

L'auteur, qui a fait une thèse d'histoire comparée des religions, a parcouru les grandes sagesses et en a tiré des sortes d'anthologies – si on enlève au terme « anthologie » son sens rébarbatif. Car il a le don de rendre vivants les enseignements, de les replacer dans des situations concrètes, de choisir les symboles, les métaphores et les paraboles les plus frappants. Entre humour et profondeur, de belles leçons d'humanisme !

DHARANA

Revue Française de Yoga, n° 9, Janvier 1994 (Ed. F.N.E.Y., 3 rue Aubriot – 75004 PARIS).

Analyse approfondie de l'état de concentration et des conditions qui permettent d'y accéder et de s'y maintenir. S'y ajoutent, dans une perspective compariste, des études sur la méditation vipassana dans le bouddhisme, sur les Exercices spirituels ignatiens et sur la concentration en Islam.

TRADUCTIONS DES YOGA-SUTRA

I. K. TAIMNI, *La science du Yoga*, Adyar, 1974 ;
J. PAPIN, *La voie du Yoga*, Dervy-Livres, 1984 ;
F. MAZET, *Yoga-sûtras*, Albin Michel, 1991 ;
S. SATYANANDA-SARASVATI, *Propos sur la liberté*, U.E.F.N.Y., 1984.

LE VIDE, EXPERIENCE SPIRITUELLE EN OCCIDENT ET EN ORIENT, Revue Hermès, nouvelle série n° 2, Ed. les deux océans, 1981.

Cet ouvrage remarquable aborde un sujet extrêmement difficile, car il y a un grand paradoxe à vouloir parler du vide. On y trouvera, issues des traditions d'Occident et d'Orient, de nombreuses lumières sur le passage, le présent, la vigilance.

Arnaud DESJARDINS

Approches de la méditation, la Table Ronde, 1989.

Ce tour d'horizon très utile pour évacuer les images toutes faites qu'évoque la méditation présente une troisième partie, plus pratique, bien intéressante pour notre sujet : « litanies pour un retour à soi-même ». L'ici-maintenant, la présence comme « conscience totale de soi » y ont une large place.

III. MUTATIONS AUJOURD'HUI

JALLAN
Psychanalyse et dynamique du souffle, Dunod, 1988.

Cet ouvrage, auquel Françoise

Jeze a participé, est un collectif à six voix, le premier travail de recherche approfondie sur les dimensions psychosomatiques du souffle, et toute la mise en jeu du corps et de l'émotion dans la structuration de la personne. L'une de ses sources théoriques est l'œuvre de S. Ferenczi, qui a été occultée par celle de S. Freud, mais mérite de prendre une large place dans les approches dynamiques de la psyché.

Dominique LEVADOUX-FEUILLETTE
Renaître, Psyché, 1989.

Sous ce très beau titre, l'auteur introduit en France une nouvelle approche issue des mouvements du développement personnel aux Etats-Unis : le rebirthing ou rebirth.

Carl Gustav JUNG
Dialectique du moi et de l'inconscient, Gallimard, 1964.

Ici, Jung présente les différentes étapes du processus d'individuation : rencontre avec l'ombre, différenciation d'avec la personne, découverte de l'anima ou de l'animus, sont autant de seuils dans la relation entre le moi et le soi, qui est à la fois le moteur et la finalité du processus d'individuation.

Carl Gustav JUNG
Ma vie, souvenirs, rêves et pensées, recueillis par Aniela Jaffé, Gallimard, 1973.

La vie de Jung a été sous le signe des passages et des ruptures ; sa grande dépression de 1913-1916 l'a conduit, comme une maladie initiatique, à une profonde mutation intérieure à la lumière de laquelle il fait une relecture de sa pratique de psychanalyste. La notion de changement dont il trouve une remarquable illustration dans le yi-king ; le

sens de sa propre finitude, mais d'une continuité de l'inconscient collectif ; sa quête incessante du « sens » ont fait de Jung un véritable « passant » vivant pleinement au présent sans aucune rigidité.

Elisabeth KUBLER-ROSS
La mort, dernière étape de la croissance, Ed. du Rocher, 1985.

Dans la préface, l'auteur revient sur les circonstances qui, dix ans auparavant, l'ont conduite à animer aux Etats-Unis des séminaires sur l'approche de la mort. Le livre, qui réunit articles et témoignages de différents auteurs, donne une bonne idée des recherches actuelles. Il alterne questions de fond (« *pourquoi est-il si difficile de mourir ?* »), descriptions de rituels dans les traditions religieuses diverses, réflexions sur les soins palliatifs. En abordant vraiment ces questions, « *nous trouvons notre but comme êtres humains, qui est de croître* ».

Patrice VAN EERSEL
La source noire, révélations aux portes de la mort, Grasset, 1986.

Malgré le titre trop « médiatique », ce livre est le fruit d'une très belle enquête d'un journaliste d'*Actuel* parti dans une aventure qui le conduira aux Etats-Unis, en Grande-Bretagne et en Europe de l'Est. La mort serait-elle du même ordre que l'expérience mystique ? En tout cas, l'accompagnement des mourants est une des plus hautes expériences humaines.

Anne FRAISSE
La fontaine de feu, enseignement et initiation avec Elie Humbert, Albin Michel, 1994.

Elie Humbert, psychanalyste jungien, a été président de la Société Française de Psychologie Analytique et rédacteur en chef des

Cahiers de Psychologie jungienne. Anne Fraisse raconte le chemin qu'elle a fait auprès de lui dans les derniers mois de sa vie. Ce très beau livre parle avec amour du passage, de l'ici-maintenant, de la souffrance et du détachement, de cette profonde mutation de tout l'être qui regarde consciemment venir sa propre mort.

Dans le champ psychanalytique, Françoise JEZE conseille de lire aussi : M. BALINT, *Le défaut fondamental*, Payot, 1990 ; M. BAL-MARY, *L'homme aux statues*, Grasset, 1979 ; F. DOLTO, *L'image inconsciente du corps*, Seuil, 1984 ; S. FERENCZI, *Journal clinique*, Payot, 1985 ; S. FREUD, *Le problème économique du masochisme*, in *Névrose, psychose et perversion*, P.U.F., 1974 ; *La science des rêves*, P.U.F. 1973 ; *Inhibition, symptôme, angoisse*, P.U.F. 1974 ; O. RANK, *Le traumatisme de la naissance*, Payot, 1962 ; M. KLEIN, *Psychanalyse d'un enfant*, Tchou, 1973 ; B. THIS, *La requête des enfants à naître*, Seuil, 1982 ; D. VASSE, *L'ombilic et la voix*, Seuil, 1974 ; D.W. WINNICOTT, *De la pédiatrie à la psychanalyse*, Payot, 1969. A quoi il faut ajouter la revue *Souffles*, Palingenèse, 1991.

Ysé TARDAN-MASQUELIER

SOMMAIRE

SOMMAIRE DES NUMEROS PARUS

N° 3 : DE LA SANTÉ AU SALUT
(Janvier 1991)

N° 4 : LES ÉQUILIBRES SUR LES PIEDS
(Janvier 1991)

N° 5 : L'ESPACE DU CŒUR
(Janvier 1992)

N° 6 : POSTURES EN EXTENSION SUR LE VENTRE
(Janvier 1992)

N° 7 : LA VOIX : UNE VOIE
(Janvier 1993)

N° 8 : LES POSTURES DE ROTATION
(Janvier 1993)

N° 9 : DHARANA
(Janvier 1994)

N° 10 : FLEXIONS ET ENROULEMENTS
(Janvier 1994)

Postures de flexion de hanche ou d'enroulement
de la colonne vertébrale · · · · · · · · · · P. TOMATIS
Glossaire · · · · · · · · · · · · · · · · · · P. BRUN
A.D. DEFONTAINES

Nº 11 : LA MÉMOIRE
(Janvier 1995)

« Oublier la mémoire » · · · · · · · · · · · F. ROUX
Mémoire et hiérarchie des espèces · · · · · · G. CHAPOUTHIER
La mémoire · · · · · · · · · · · · · · · · · A. TOMATIS
La mémoire de la matière · · · · · · · · · · D. ALLOIN
Le puits de la mémoire · · · · · · · · · · · E.G. HUMBERT
Les vies ultérieures : genèse du mental · · · J.M. ATLANI
La mémoire : ce qu'en disent les textes tradition-
nels en Inde · · · · · · · · · · · · · · · · A. MAMAN
Enonciation et contemplation : deux modalités de
la mémoire · · · · · · · · · · · · · · · · · C. KELLER
Zacharie et la mémoire biblique · · · · · · · M. COCAGNAC
Bibliographie critique et commentée · · · · · Y. MASQUELIER

Nº 12 : L'ÉTIREMENT POSTURAL
(Janvier 1995)

ANATOMIE
Etirement et assouplissement de la colonne verté-
brale · J.P. CLAEYS
Biomécanique des étirements · · · · · · · · · J.P. LAFFEZ

PRATIQUE
Candide et les sûtra · · · · · · · · · · · · E.C. THIERCELIN
Approche pratique de l'étirement des segments
vertébraux · · · · · · · · · · · · · · · · · Y. MILLERAND
Les étirements · · · · · · · · · · · · · · · R. CLERC
L'étirement de la colonne vertébrale : approche de
la verticalité, de la rectitude, de la force et de la
détermination · · · · · · · · · · · · · · · · P. TOMATIS
L'étirement de l'axe vertébral · · · · · · · J. CASTERMANE

SYMBOLISME
Sushumna, un centre vertical · · · · · · · · A. PADOUX
Le symbolisme de l'architecture gothique : équili-
bre et élan vertical · · · · · · · · · · · · J. MARCHAL

Photocomposition
P.C.A. 44340 Bouguenais

Impression : EUROPE MEDIA DUPLICATION S.A.
F 53110 Lassay-les-Châteaux
N° 4275 - Dépôt légal : Janvier 1996

BULLETIN D'ABONNEMENT A LA REVUE FRANCAISE DE YOGA

à retourner à : F.N.E.Y. – Abonnement R.F.Y. – 3, rue Aubriot – 75004 PARIS

NOM .... Prénom ....

Adresse ....

....

Désire souscrire un abonnement d'un an (deux numéros par an)

A PARTIR DU NUMERO : ....

Au prix de : France .... 210 Francs

Etranger (Mandat international uniquement) ..... 260 Francs

Départements et Territoires d'Outre-Mer .... 260 Francs

Désire obtenir un (des) numéro(s) déjà paru(s) : ....

France : au prix de 120 F le numéro + 25 F de frais d'envoi

Etranger et Dom-Tom : au prix de120 F le numéro + 35 F de frais d'envoi

ou 210 F pour deux numéros + 25 F de frais de port.